죽음의 한계를 넘어선 신앙

창세기 강해설교 5
죽음의 한계를 넘어선 신앙
The Faith
beyond the Limit of Death

1999. 6. 12. 초판 발행
2016. 2. 16. 12쇄 발행

지은이 김서택
펴낸이 정애주
국효숙 김기민 김의연 김일영 김준표 박세정 박혜민
송승호 오민택 오형탁 윤진숙 이한별 임경혜 임승철
임진아 정성혜 조주영 차길환 한미영 허은
펴낸곳 주식회사 홍성사
등록번호 제1-449호 1977. 8. 1.
주소 (04084) 서울시 마포구 양화진4길 3
전화 02) 333-5161
팩스 02) 333-5165
홈페이지 www.hsbooks.com
이메일 hsbooks@hsbooks.com
트위터 twitter.com/hongsungsa
페이스북 facebook.com/hongsungsa
양화진책방 02) 333-5163

ⓒ 김서택, 1999

• 잘못된 책은 바꿔 드립니다.
• 책값은 뒤표지에 있습니다.

ISBN 978-89-365-0466-3 (04230)

창세기 강해설교 ⑤ (22~25장)

죽음의 한계를 넘어선 신앙

김 서 택

머리말

가장 큰 시험

아무리 힘이 좋은 사람도 처음부터 큰 바다를 헤엄쳐 건너지는 못할 것입니다. 먼저 아주 작은 시내부터 건너는 연습을 수없이 해야 합니다.

하나님께서 아브라함에게 마지막으로 요구하신 것은 그의 사랑하는 독자 이삭을 모리아 산에서 제물로 바치라는 것이었습니다. 우리 인간의 한계는 죽음입니다. 사람이 일단 죽어 버리면 모든 것이 끝나 버리고 맙니다. 하나님께서는 아들의 죽음으로 아브라함의 믿음을 시험해 보셨습니다. 그런데 아브라함은 아무 소리 하지 않고 아들을 바치기 위하여 먼 길을 떠납니다. 먼 길을 가야 한다는 것 자체가 그에게는 고통이었습니다. 왜냐하면 중간에서 수십 번도 더 마음이 변할 수 있기 때문입니다.

그런데도 아브라함이 하나님의 이상한 명령에 순종할 수 있었던 것은 그의 한평생이 버리는 훈련으로 이루어졌기 때문입니다. 그는 처음에 본토, 친척, 아비 집을 버렸고, 그 다음에는 조카 롯을 포기했으며, 그 다음에는 소돔의 전리품을 포기했고, 그 다음에는 첩 하갈과 그 아들 이스마엘을 버렸습니다. 이렇게 계속적으로 버리는 훈련을 해 왔기 때문에 마지막에 사랑하는 독자 이삭도 포기할 수 있었던 것입니다. 그리고 그 아들을 죽음의 자리에서 도로 얻음으로써 하나님의 약속은 죽음도 이긴다는 사실을 확인할 수 있었습니다.

아브라함의 신앙은 부활의 신앙입니다. 죽음도 그의 소망을 막을 수 없었습니다. 그리고 그의 순종은 아들을 십자가에 매다신 하나님의 모습을 너무나도 극적으로 보여 주었습니다. 처음부터 위대한 신앙을 가지고 태어나는 사람은 없습니다. 위대한 신앙은 작은 첫걸음에서부터 시작됩니다.

이 설교집이 좀더 많은 믿음의 형제 자매들에게 읽힐 수 있도록 수고하신 홍성사 여러분들과, 이 귀한 축복을 함께 나눈 제자들교회 여러 식구들에게 감사드립니다. 귀한 신앙의 유산을 남기시고 20여 년 전 천국에 먼저 가신 어머니 이옥자 성도를 그리워하며.

1999년 4월
둔촌동 목회실에서

김의택

차 례

머리말 가장 큰 시험

1. 하나님이 주신 시험 (22:1-3) / 9
하나님이 주신 시험 / 하나님의 무리한 요구 / 아브라함의 반응 / 우리 앞에 놓인 시험

2. 모리아로 가는 길 (22:3-8) / 31
가장 어려운 시험 / 아브라함의 순종 / 가장 가슴아픈 말 한마디 / 최고의 믿음

3. 여호와 이레 (22:9-14) / 55
가장 소중한 제물 / 이삭을 살려 주시다 / 여호와 이레의 하나님

4. 시험 후에 오는 영광 (22:15-19) / 79
아브라함의 승리 / 후손의 의미 / 시험을 이긴 후

5. 사라의 죽음과 장사 (23:1-9) / 103
사라의 죽음 / 아브라함이 치른 장례 / 아브라함이 해결해야 할 문제

6. 아브라함의 거래 (23:10-20) / 123
사라의 죽음에 대한 아브라함의 태도 / 아브라함의 거래 / 대가냐, 거룩한 전쟁이냐

죽음의 한계를 넘어선 신앙

7. 이삭의 결혼 (24:1-9) / 147
가장 중요한 임무 / 아브라함이 제시한 기준 / 아브라함의 신앙 고백

8. 하나님의 뜻을 발견하는 법 (24:10-27) / 169
종의 믿음 / 하나님의 인도를 어떻게 적용할까? / 가장 합리적인 기준

9. 아브라함의 종의 진술 (24:28-49) / 193
아브라함의 종의 임무 / 아브라함의 종의 적용 / 아브라함의 종이 전한 내용

10. 이삭의 신부 (24:50-67) / 217
하나님의 뜻이 나타나다 / 신부대금 / 하나님의 뜻에 파고드는 유혹 / 리브가의 아름다운 성품

11. 아브라함의 죽음 (25:1-11) / 243
아브라함에게 주신 또 다른 아들들 / 아브라함의 연주(演奏) /
한 시대의 사람, 아브라함

• 이 설교집은 1996년 9월부터 1996년 12월까지
 제자들교회 주일예배에서 설교한 내용을 정리한 것입니다.

1 하나님이 주신 시험

그 일 후에 하나님이 아브라함을 시험하시려고
그를 부르시되 "아브라함아" 하시니,
그가 가로되 "내가 여기 있나이다."
여호와께서 가라사대
"네 아들 네 사랑하는 독자 이삭을 데리고
모리아 땅으로 가서 내가 네게 지시하는 한 산,
거기서 그를 번제로 드리라."
아브라함이 아침에 일찍이 일어나 나귀에 안장을
지우고 두 사환과 그 아들 이삭을 데리고
번제에 쓸 나무를 쪼개어 가지고 떠나
하나님의 자기에게 지시하시는 곳으로 가더니

창 22:1-3

만약 부모가 실수로 자식을 잃어버리게 되었다면, 그 마음의 상처는 아무리 시간이 지나도 없어지지 않을 것입니다. 얼마 전 신문에는 세 살 때 잃어버린 딸을 스무 살이 넘어서야 다시 만나게 된 엄마의 이야기가 실렸습니다. 안양천의 판자촌에서 살고 있던 그 부부는 살림이 너무 가난해서 두 사람 모두 직장생활을 해야 했습니다. 그런데 어느 날 잠깐 볼일이 있어서 큰아이에게 애를 맡기고 나갔다가 돌아와 보니 아이는 없어지고 큰아이는 울고 있더라는 것입니다. 그 후 고아원이란 고아원은 다 뒤지고 잃어버린 아이들을 보호하는 곳에도 가 보았지만 아이는 찾을 수가 없었습니다. 그 동안에 이 아이는 이탈리아로 입양되었고, 그 곳에서 시인이자 아마추어 화가가 되어 부모를 찾기 위해 다시 한국을 찾아왔습니다.

그 엄마는 아이를 잃고 나서 웃음을 잃어버렸다고 합니다. 딸을 다시 만났는데도 자꾸 눈물만 나오지 웃음은 쉽게 돌아오지 않았습니다. 이 어머니는 선거 때마다 통장이나 반장이 와서 왜 아이의 사망신고를 하지 않느냐는 말에 가장 가슴아팠다고 합니다. 그러나 끝끝내 "내가 우리 아이 죽은 것을 눈으로 보지 않았는데 어떻게 사망신고를 할 수 있겠어요?"라고 버텨서, 호적에는 이 아이가 계속 살아 있는 것으로 되어 있었습니다. 이처럼 아이를 잃어버린다거나 아이가 먼저 죽는 것을 보는 것은 부모에게는 영원히 없어지지 않는 마음의 상처로 남습니다. 그것은 다른 사람은 절대로 이해하지 못하는 상처입니다.

지금까지 아브라함의 삶은 시련의 연속이었다고 할 수 있습니다. 그는 하나님의 말씀에 붙잡힌 후로는 더 이상 평범한 삶을 살 수가 없었습니다. 그를 붙들고 있는 하나님의 말씀과 현실의 차이가 너무나도 심각했기 때문입니다. 하나님의 말씀은 실현된 것이 아직 하나도 없는데 세상은 자꾸 멀어지고 있었습니다. 아브라함은 지금까지 눈에 보이는 현실을 붙들지 않고 말씀을 붙들고 살아왔고, 승리했습니다. 그러나 이제 그는 여태껏 경험하지 못했던 큰 시련을 맞이해야 합니다. 그것은 지금까지 당한 모든 시련을 다 합쳐도 모자랄 만큼 엄청난 것이었습니다.

하나님의 엄청난 요구

어느 날 하나님께서 아브라함을 부르시더니 그에게 한 가지 요구를 하셨습니다. 그것은 바로 그가 가장 사랑하는 아들이요 하나님이 주신 독자인 이삭을 하나님이 지시하는 어느 땅으로 가서 번제물로 바치라는 것입니다. 번제물로 바친다는 것은 사랑하는 아들을 칼로 죽여서 그 몸을 쪼개어 놓고 불로 태우는 것을 의미합니다. 하나님께서 아브라함에게 요구하신 것은 그의 재산을 바치는 것이 아니었습니다. 그의 시간을 바치는 것도 아니었습니다. 사랑하는 아들을 자기 손으로 직접 죽여서 하나님께 제물로 바치는 것이었습니다. 이것은 정신이 완전히 나간 미친 아버지가 아니라면 절대로 할 수 없는 일입니다. 그런데 하나님은 바로 그 일을 요구하셨습니다.

그런데 이 말도 안 되는 하나님의 요구에 아브라함이 어떻게 반응했습니까? 그는 말씀에 순종하기 위하여 나귀에 안장을 지우고, 아들을 데리고 하나님이 지시하신 곳을 향하여 떠났습니다.

우리는 정말 이해하기 어렵습니다. 하나님께서는 도대체 왜 이런 요구를 하시는 것입니까? 아들을 바치는 것은 하나님의 거룩한 성품과 전혀 맞지 않습니다. 이것은 야만인들이나 할 짓입니다. 그런데 어떻게 하나님께서 이런 끔찍한 일을 자기 종에게 요구하십니까? 거기서 한 걸음 더 나아가 왜 아브라함은 이런 요구에 순종하려고 합니까? 한 번 따져 보지도 않고, 거부하지도 않고 왜 길을 떠나려 합니까? 아브라함은 분명히 자기 자식을 사랑합니다. 이 아들은 아브라함의 모든 미래요 이스라엘의 모든 미래입니다. 그런데도 왜 이 아들을 죽음의 자리로 데려갔습니까? 그리고 모세가 이런 사건을 성경에 기록함으로써 이스라엘 백성들과 우리들에게 알리기 원하는 것은 무엇입니까?

이해할 수 없다!

1. 하나님이 주신 시험

성경은 하나님께서 아브라함을 시험하기 위해 이 일을 하셨다고 말씀하고 있습니다.

그 일 후에 하나님이 아브라함을 시험하시려고
그를 부르시되 "아브라함아" 하시니

그가 가로되 "내가 여기 있나이다"(22:1).

여기에서 '시험'이라는 것이 무엇입니까? 그것은 시험받는 사람 속에 들어 있는 생각이나 태도를 알아 내기 위해 어떤 어려움을 주는 것을 가리킵니다.

<small>시험의
신약적 의미</small>

신약 시대에는 이 시험이라는 말보다 더 기독교적인 용어가 없었습니다. 신약 성도들은 신앙을 가진 후에도 수많은 어려움과 유혹에 노출된다는 것을 알았습니다. 예수 믿는 그 자체가 모든 문제를 자동적으로 해결해 주지 않는다는 것을 알았어요. 그래서 신앙을 가진 후에 닥치는 어려움이나 유혹을 모두 시험이라고 불렀습니다. 예를 들어서 신앙 때문에 어려움이나 박해가 올 때 그들은 '시험에 들었다'고 했습니다. 또 신앙과 상관없이 어려움이 생겼을 때나 자신의 정욕과 욕심 때문에 유혹을 받을 때도 '시험에 빠졌다'고 했습니다. 이처럼 '시험에 들었다'는 한마디만으로는 그 사람이 어떤 어려움에 있는지 전혀 이해할 수 없을 정도로, 이 말에는 굉장히 포괄적인 의미가 있었습니다.

야고보서 1장을 보면 여러 가지 의미로 이 시험이라는 말이 사용되고 있습니다. 예를 들어 "여러 가지 시험을 만나거든 온전히 기쁘게 여기라"고 할 때 시험은 그야말로 여러 가지 어려움들을 의미하며, "각 사람이 시험을 받는 것은 자기 욕심에 끌려 미혹됨이니"라고 할 때 시험은 유혹을 의미합니다. 또 "시험을 참는 자는 복이 있도다"고 할 때는 신앙 때문에 겪는 어려움을 의미합니다.

이처럼 그리스도인들은 신앙을 가진 이후에 닥치는 경제적인 어려움,

신앙적인 박해, 건강의 문제, 가난, 성적인 유혹을 시험이라는 말 속에 다 뭉뚱그려서 사용했습니다. 그 이유가 무엇입니까? 내가 신앙을 가진 후에 오는 어려움이 어떤 것이든 간에 하나님께서 함께하시며, 지켜 주시며, 결국 승리하게 하시리라는 믿음이 있었기 때문입니다.

그러나 이런 신약적인 시험의 개념을 아브라함이 당한 일에 바로 적용할 수는 없습니다. 신약의 개념을 그대로 구약에 적용함으로써 구약의 순수함을 파괴시키는 경우가 굉장히 많은데, 여기서 모세가 말하고 있는 시험은 야고보가 말한 의미의 시험이 아닙니다. 모세가 말한 시험은 '사람의 속에 있는 생각과 뜻을 드러내기 위한 테스트'라는 의미입니다. 하나님께서 아브라함에게 이 엄청난 요구를 하신 것은 아브라함 속에 있는 생각과 믿음을 드러내시기 위해서였습니다.

이 시험의 성격

학교에서 시험을 치는 이유가 무엇입니까? 외모로는 학생들의 수업 능력을 알 수 없기 때문입니다. 어떤 학생은 겉으로 보기에는 진짜 공부를 잘할 것처럼 생겼습니다. 앞 뒤 머리가 툭 튀어나온 것이 영락없이 1등 할 것 같아요. 그런데 시험을 쳐 보면 완전히 바닥에서 헤맵니다. 또 어떤 학생은 겉으로 보기에는 꼭 감자같이 생겼고 눈도 작아서 분명히 공부를 못할 것 같습니다. 그런데 시험을 쳐 보면 이 감자가 보통 감자가 아니라는 것이 증명됩니다. 그래서 시험이 필요한 것입니다. 외모만 봐서는 알 수가 없어요.

아브라함의 마음속에는 믿음이 있었습니다. 그러나 그 믿음은 아직 검증되지 않은 것입니다. 그냥 보기에는 아무리 믿음이 있는 것 같아도, 진짜 있는지 없는지는 테스트를 해 봐야 압니다. 그래서 하나님께서는 그의 믿음을 현실로 끌어내서 사용하게 하기 위해 가장 어려운 시험을 주셨습니다. 아브라함이 가장 견디기 힘든 어려움, 그 부분을 건드리면 아무리 아브라함이라고 하더라도 폭발할 수밖에 없는, 불신앙이 튀어나올 수밖에 없는 문제를 주셨습니다.

<small>시험, 믿음을 사용할 기회</small>

속에서만 좋은 믿음은 아무 소용이 없습니다. 구체적인 현실과, 내가 포기하지 못하는 문제에 적용되지 않는 믿음은 아무 소용이 없어요. 실제로 문제를 풀 수 있어야 공부를 잘하는 학생인 것처럼, 구체적으로 어려운 문제가 생겼을 때 불평하지 않고 의심을 억누르며 하나님께 그 문제를 맡길 수 있어야 진정한 믿음이 있는 것입니다.

그래서 하나님께서는 우리를 구체적인 상황에 처하게 하심으로써 속에 있는 믿음을 시험해 보십니다. 이처럼 믿음을 사용할 수밖에 없는 상황, 믿음을 쓰든지 화를 내든지 할 수밖에 없는 상황이 바로 시험입니다.

2. 하나님의 무리한 요구

지금 하나님은 대단히 무리한 요구를 하고 계십니다. 그 요구가 무엇입니까? 2절을 보십시오.

> 여호와께서 가라사대
> "네 아들, 네 사랑하는 독자 이삭을 데리고
> 모리아 땅으로 가서 내가 네게 지시하는 한 산,
> 거기서 그를 번제로 드리라."

하나님의 이 요구는 아브라함에게 너무나도 순종하기 어려운 것이 었습니다. 첫째로 하나님은 이삭을 바치라고 하시면서 그 이유를 전혀 설명하시지 않았습니다. 아무 설명도 없이 사랑하는 독자 이삭을 모리아라는 산에서 태워 죽이라는 것입니다. 이것은 제삼자가 들어도 말이 되지 않는 소리입니다. 하나님은 정말 어처구니없는 요구를 하고 계십니다. 무조건입니다. 무조건 죽여서 불로 태우라는 것입니다.

> 왜 이유 없이 요구하시는가?

그 이유라도 설명해 주셨더라면 조금은 생각할 여유가 있었을 것입니다. 예를 들어 "이삭은 너의 소유가 아니라 영원한 나의 소유이다. 그러니까 나에게 바쳐라"고 하셨다면 '아, 이삭은 하나님의 것이구나. 그러니까 하나님께 바쳐야지' 라고 생각하든지, '아니야. 그래도 이삭은 내 거야' 라고 하든지 결정했을 것입니다. 또는 "너희들은 죄가 너무 많아서 짐승의 피로는 내가 만족할 수 없다. 네 아들의 피를 흘려야겠다"고 하셨다면 '아, 우리 죄가 이토록 무서운 것이구나. 우리 죄를 위하여 아들이 죽어야 하는구나' 하고 생각했을 수도 있습니다. 또 "너희가 가나안 땅을 차지하기 위해서는 엄청난 희생이 필요하다. 그러니까 네 아들을 죽여라"고 하셨다면 '가나안 땅을 소유하기 위해서는 엄청난 희생이 있어야 하는구나' 하면서 아들을 바쳐야 할지 바치지 말아야 할지 생각했을 것입니다.

그런데 문제는 도대체 아무런 설명이 없다는 것입니다. 무조건 사랑하는 독자 이삭을 데리고 모리아 산으로 가서 번제로 드리라는 것입니다. 도대체 이렇게 하시는 이유가 무엇입니까? 하다못해 애들도 아버지가 때리면 이유를 묻습니다.

"왜 저를 욕하고 때리는 거예요? 이유를 설명해 주세요."

1. 하나님이 주신 시험 *17*

"이유야 많지!"

"구체적으로 설명해 달라니까요."

> 이 요구는
> 하나님에
> 반(反)한다

두 번째로 이러한 하나님의 요구는 지금까지 나타났던 하나님의 성품과 너무나도 일치하지 않습니다. 이방 족속들 가운데에는 자기 자식을 죽여서 제물로 바치는 의식이 있었습니다. 그러나 하나님께서는 한 번도 그런 일을 요구하신 적이 없습니다. 하나님은 절대로 그런 하나님이 아닙니다. 산 아들을 죽여서 제물로 바치기를 원하시는 잔인한 신이 아닙니다. 그런데 바로 그 하나님 자신이 주신 아들을 죽여서 제물로 바치라는 것입니다.

아브라함이 지금까지 발견한 하나님은 윤리적인 하나님이었습니다. 공의의 하나님이었습니다. 그런데 지금 아들을 죽이라는 끔찍하고 야만적인 일을 요구하고 계십니다. 아브라함은 여태껏 말씀을 붙들고 살아왔습니다. 하나님을 믿었기 때문입니다. 그래서 이스마엘도 내쫓았습니다. 그런데 이제 와서 이삭을 죽이라는 것입니다. 다른 사람들이 이것을 보면 뭐라고 하겠습니까? "저 영감탱이가 빨리 죽어야 하는데 너무 오래 살아서 저런 미친 짓을 하는구나" 하지 않겠습니까?

> 이 요구는
> 그의 약속에
> 반(反)한다

세 번째로 중요한 것은 이 요구가 하나님의 약속과 일치하지 않는다는 점입니다. 하나님께서는 아브라함에게 분명히 말씀하셨습니다. "이삭에게서 나는 자라야 네 씨라 칭할 것임이니라." 그러니까 이삭은 무슨 일이 있어도 결혼을 해야 하고 아들을 낳아야 합니다. 그래야 그에게서 후손이 나오고 씨가 나오지요. 그런데 하나님께서는 지금 아브라함에게 이 약속의 아들을 죽이라고 말씀하십니다. 결혼하기에는 너무나도 어린, 아직 씨를 가지지 못한 이 아들을 죽이라고 하십니다. 어떻게 자신이 하신 말씀과 이렇게도 모순되는 요구를 하실 수 있습니까?

3. 아브라함의 반응

이삭은 아브라함의 모든 것이었습니다. 이삭은 단순한 아들이 아닙니다. 아브라함의 신앙이요, 이스라엘의 미래요, 수많은 민족의 구원이 약속되어 있는 사람입니다. 그런데 하나님께서는 바로 그 이삭을 죽이라고 하십니다. 우리 같으면 어떻게 했겠습니까? 이 말씀을 듣자마자 하나님을 불신하고 관계를 끊고 그 다음부터 내 마음대로 모든 것을 해 버렸을 것입니다. "하나님, 이것으로 끝입니다. 당신과 나는 이제 아무 상관이 없습니다. 저는 제 갈 길로 가겠습니다."

반역이냐, 순종이냐

이스라엘 백성이 한 일이 바로 이런 것이었습니다. 애굽에서 나온 이스라엘 백성은 자신들의 기대와 조금만 다른 상황에 봉착하면 그 때마다 하나님과의 관계를 끊고 제멋대로 행동해 버렸습니다. 모세는 그것을 '이스라엘 백성들이 하나님을 시험했다'고 표현했습니다. 여기서 '시험했다'는 것은 과연 하나님이 살아 계신지, 과연 그분에게 능력이 있는지 테스트해 보았다는 뜻이 아닙니다. 하나님과의 관계를 끊고 자기 마음대로 반역하며 제 갈 길로 갔다는 뜻입니다.

그런 의미에서 지금 아브라함이 받고 있는 시험은 정말 시험이 될 수 있는 것입니다. 하나님의 능력과 신실하심을 부정하고 제멋대로 이삭을 보호하면서 살 가능성이 충분히 있었습니다. "자식을 주실 때는 언제고 이제는 주신 자식을 도로 데려가십니까? 그것도 제 손으로 자

1. 하나님이 주신 시험 *19*

식을 죽여서 바치라구요? 저는 절대로 그렇게 할 수 없습니다. 이제부터 하나님은 하나님이고 저는 접니다. 하나님은 하나님 가실 길로 가십시오. 저는 제 갈 길로 가겠습니다." 이렇게 하면서 반역할 수 있습니다. 이 때는 정말 시험이 '시험' 되는 것입니다.

이처럼 하나님께서 우리 안에 있는 믿음을 사용하도록 어려운 환경에 몰아넣으실 때, 믿음이 없는 사람에게는 하나님을 반역하는 기회가 될 수 있습니다. 처음에는 하나님과 사이가 좋았습니다. 그런데 어떤 이해할 수 없는 상황이 오면 '당신은 당신 갈 길로 가라. 나는 내 갈 길로 가겠다' 고 해 버립니다. 그러나 아브라함은 그렇게 하지 않았습니다. 그 이유가 무엇일까요?

아브라함은 어떻게 순종했을까?

저는 아브라함이 기계적으로 하나님의 뜻에 순종하는 사람이었기 때문에 그렇게 했다고 생각하지 않습니다. 아브라함이 맹목적으로 순종하는 순종파였기 때문에 이삭을 바쳤다고 생각하지 않습니다. 이삭은 그렇게 맹목적으로 바치기에는 너무나도 귀중한 존재였습니다. 아무리 미련하고 의식이 없는 사람이라 하더라도 그런 식으로 자기 아들을 바치지는 않습니다.

이삭을 바치는 문제는 "바치라면 바치지요, 뭐. 전지전능하신 하나님의 명령이니까 바칠게요"라고 할 수 있을 만큼 쉬운 문제가 아닙니다. 아무 생각 없이 줄줄 풀 수 있는 문제만 나온다면 아무도 시험 걱정을 하지 않을 것입니다. 시험은 자신의 모든 지식을 다 짜낼 때 비로소 풀 수 있는 것입니다.

아브라함은 순종하기 전에 몇 가지를 확인해 보았을 것입니다. 가장 중요한 것은 과연 이 말씀이 진정한 하나님의 말씀인가 하는 점입니다. 왜냐하면 이것은 도저히 이해할 수 없는 말씀이었기 때문입니다. 본문이 구체적으로 설명하고 있지는 않지만, 이 계시는 이전과 동일한 방법으로 왔습니다. 전과 동일하게 아브라함을 부르셨고, 전과 동일하게 말씀하셨습니다. 그렇다면 이것은 분명한 하나님의 말씀입니다.

그러나 이 하나님의 말씀은 모순으로 가득 차 있습니다. 그렇게도 이 아들을 기다리게 하시더니 이제는 죽이라고 하시니 말입니다. 이것은 아브라함이 알고 있는 하나님의 성품과도 맞지 않습니다. 하나님이 하신 약속의 말씀과는 더욱 맞지 않습니다. 그러면 어떻게 해야 합니까? 순종할 수도 없고 순종하지 않을 수도 없습니다. 하나님의 말씀인 것은 분명한데, 도대체 순종할 수가 없는 말씀입니다.

이 때 아브라함의 어려움을 해결해 준 것이 무엇입니까? 그것은 딱 하나의 말씀이었습니다. "이삭에게서 나는 자라야 네 씨라 칭할 것임이니라." 다른 것은 모르겠습니다. 왜 이런 요구를 하시는지, 또 앞으로 뭐가 어떻게 될지 모르겠습니다. 그러나 적어도 이삭이 죽을 수 없다는 건 분명합니다. 왜냐하면 이삭은 아들을 낳아야 하니까요. 그래야 하나님의 약속이 성취되지 않겠습니까? 그런데 하나님께서는 이삭을 죽이라고 하십니다. 도대체 일이 어떻게 돌아가는 건지 모르겠어요. 그러나 아브라함의 마음속에는 한 가지 뜨거운 확신이 솟아오릅니다. '이삭은 죽지 않는다. 죽어도 산다. 어떻게 되는지 그 과정은 모르겠지만 이삭은 분명히 살게 되어 있다. 왜냐하면 이삭에게서 나는 자라야 나의 씨라 칭하리라고 말씀하셨기 때문이다!'

아브라함의 문제는 굉장히 어려운 것이었습니다. 분명히 하나님의 말씀인데 도무지 하나님의 말씀 같지가 않습니다. 모든 것이 모순으로

말씀, 유일한 해법

I. 하나님이 주신 시험 *21*

가득 차 있습니다. 받아들일 수가 없습니다. 그런데 그는 이 어려운 문제를 하나님의 말씀으로 풀었습니다. "이삭에게서 나는 자라야 네 후손이라 칭하리라"는 이 하나의 말씀으로 부활의 신앙을 끄집어 냈습니다. 이에 대해 히브리서 기자는 이렇게 말씀하고 있습니다.

> 저에게 이미 말씀하시기를
> "네 자손이라 칭할 자는 이삭으로 말미암음이라"
> 하셨으니 저가 하나님이 능히 죽은 자 가운데서
> 다시 살리실 줄로 생각한지라.
> 비유컨대 죽은 자 가운데서 도로 받은 것이니라
> (히 11:18,19).

아브라함의 신앙은 어떤 신앙입니까? 오직 말씀 하나 붙드는 신앙입니다. 현실은 그를 수없이 넘어지게 만들었고 수없이 방황하게 만들었습니다. 그러나 그는 현실을 보지 않고 끝까지 하나님의 말씀을 붙들며 오늘까지 왔습니다. 그리고 드디어 최고의 걸림돌에 직면했습니다. 눈에 보이는 아들과 말씀 중에서 하나를 택해야 했습니다. 그는 말씀을 택하고 아들을 버렸습니다.

이삭은 죽어도 산다!

이삭이라는 아들은 도저히 포기할 수 없는 아들입니다. 앞으로 어떻게 아들을 더 낳을 수 있겠습니까? 아브라함은 곰곰이 생각해 봅니다. 하나님은 분명히 이 아들을 통해서 후손을 주시겠다고 하셨는데, 또 한편으로는 이 아들을 데려가시려고 합니다. 도대체 어떻게 되어 가는 것입니까? 눈에 보이는 이 아들을 믿어야 합니까, 하나님의 말씀을 믿어야 합니까? 그 때 아브라함의 마음속에 불같이 솟아오르는 생각이 있었습니다. '하나님의 말씀은 틀림없다! 이 아들은 반드시 산다!' 이 뜨거운 확신이 아브라함으로 하여금 아들을 죽음의 자리로 데려가게 했습니다.

예수님께서 말씀하신 것이 무엇입니까? "나를 믿는 자는 죽어도 살겠고 무릇 살아서 나를 믿는 자는 영원히 죽지 아니하리니 이것을 네가 믿느냐?" 바로 이것입니다. 이삭이 죽지 않으면 그대로 살 것입니다. 또 만약 죽는다고 하더라도 하나님은 그를 살리실 것입니다. 아브라함은 바로 이 믿음으로 시험을 이겼습니다. 그는 말씀을 붙든 채 솟아오르려는 불신앙과 분노와 불평을 누르고 갔습니다.

> 아브라함이 아침에 일찍이 일어나 나귀에 안장을 지우고
> 두 사환과 그 아들 이삭을 데리고
> 번제에 쓸 나무를 쪼개어 가지고 하나님의 자기에게
> 지시하시는 곳으로 가더니 (22:3)

하나님께서는 아들의 죽음이라는 마지막 극한 상황 앞에서도 말씀을 붙들겠느냐 하는 것으로 아브라함을 시험하셨습니다. 이삭을 바치라는 것은 단순히 자식의 죽음을 의미하지 않았습니다. 이삭은 그의 모든 미래이자 운명이며 비전이었습니다. 그럼에도 말씀을 택하겠느냐는 것이 아브라함이 맞이한 최대의 시험이었습니다.

그러나 아브라함은 하나님의 말씀을 붙들고, 시험이 시험 되지 않게 했습니다. 그는 어려운 상황 속에서도 하나님께 불평하지 않았고, 자

말씀으로 첫 문을 넘다

기 속에 있는 더러운 죄성이 나와 제멋대로 활동하게 하지 않았으며, 오히려 이것을 누르고 자신을 굴복시켜서 하나님의 말씀이 이루어지게 했습니다. 이 모든 것이 가능했던 이유는 그가 오직 "이삭에게서 나는 자라야 네 후손이라 칭할 것임이니라"는 말씀을 붙들었기 때문입니다.

4. 우리 앞에 놓인 시험

현실과 말씀 사이에서

만약 이 세상에서 편안한 삶만 계속된다면 믿음을 사용할 필요가 전혀 없을 것입니다. 그러나 현실과 말씀 사이에는 끊임없는 갈등이 일어납니다. 다른 사람들은 현실적으로 잘 살고 있어요. 내가 신앙을 가지지 않았더라면 그들처럼 잘 살 수 있을지도 모릅니다. 그러나 하나님의 말씀이 그것을 허락하지 않습니다. 그 때 우리는 하나님을 반역하고 내 멋대로 살 것인지, 바보처럼 현실을 버리고 말씀을 붙들 것인지 결정하게 됩니다. 그러나 사실 이것은 결정이 아닙니다. 속에 있는 믿음이 드러나는 것입니다.

구체적인 상황에 부딪쳐 봐야 신앙이 있는지 없는지가 드러납니다. 신앙이 없는 사람은 길길이 날뜁니다. 왜 이런 상황을 나에게 허락하셨냐고 막 화를 내면서 '알았습니다. 저도 생각이 있어요. 제가 그렇게 호락호락하게 넘어갈 줄 압니까?' 하며 하나님을 시험합니다. 그러나 속에 믿음이 있는 사람은 튀어나오는 불평과 원망을 결사적으로 누릅니다. '뭔가 이유가 있을 거야. 하나님이 이런 어려움을 주신 데는 분명히 이유가 있을 거야. 나는 원망하면 안 돼. 말씀을 붙들어야 해.' 그래서 그 시험 가운데서 승리합니다. 외형만 봐서는 알 수가 없습니다. 부딪쳐 봐야 해요. 돈이 떨어져 봐야 합니다. 자식이 병들어 봐야 합니다. 자신이 가지고 있는 꿈이 무산되어 봐야 합니다.

하나님께서는 우리에게 가장 중요한 질문을 던지십니다. 그것은 우리의 모든 미래와 꿈과 가능성을 말씀 안에 제한할 수 있느냐는 질문입니다. 하나님께서는 우리에게 축복을 약속하셨습니다. 그 축복이 결혼일 수도 있고 자녀일 수도 있으며 나의 미래에 대한 비전일 수도 있습니다. 하나님께서는 그 모든 것과 말씀 가운데 어떤 것을 택하겠느냐고 물으십니다. 때로는 나의 이성적인 판단과 말씀 가운데 어느 것을 택하겠느냐고 물으십니다. 나의 죽음 앞에서, 내 자식의 죽음 앞에서 무엇을 택하겠느냐고 물으십니다.

> 너는 무엇을 택하겠느냐

우리에게는 중요한 것들이 아주 많습니다. 예를 들어 하나님께서 허락하신 사업이 있습니다. 그런데 말씀대로 하려고 하니까 사업이 잘 안 됩니다. 분명히 하나님이 허락하신 비전인데 그 비전이 실현될 가능성이 없는 것입니다. 하나님께서 허락하셨다고 해서 다 잘 되는 것이 아닙니다. 그 때 하나님께서 요구하시는 것이 무엇입니까? 도저히 이해할 수 없는 극한의 상황이나 여건 앞에서도 오직 하나님의 말씀만 붙들 수 있느냐는 것입니다. 나의 죽음 앞에서, 나의 사랑하는 아내의 죽음 앞에서, 자식의 죽음 앞에서 하나님의 말씀만 붙들 수 있느냐는 것입니다.

우리 각자에게는 모두 소중한 미래가 있습니다. 아브라함에게 이삭이 그토록 소중했듯이 우리에게도 소중한 미래가 있고 포기할 수 없는

1. 하나님이 주신 시험

꿈이 있습니다. 하나님께서 '이 꿈 대신에 말씀을 택할 수 있느냐?' 고 물으실 때 무엇이라고 대답하겠습니까?

저에게는 하고 싶은 일이 많이 있었습니다. 그러나 도저히 제가 어찌할 수 없는 사실이 하나 있었는데, 그것은 이 세상이 저항할 수 없는 힘으로 멸망을 향하여 달려가고 있다는 것이었습니다. 저에게도 꿈이 있었지만, 이 세상은 멸망으로 치닫고 있었습니다. 내 꿈을 택할 것인가, 말씀을 택할 것인가 결정해야 했습니다.

<small>말씀을 붙드는 자의 확신</small>

지금 중요한 것은 우리 한 사람 한 사람의 행복이나 내 아들 딸이 잘 되는 것이 아닙니다. 이 사회 전체가 멸망을 향하여 달려가고 있습니다. 아무도 이 흐름을 돌이킬 수 없으며, 자신의 미래를 장담할 수 없습니다. 우리는 곤두박질치면서 이 세태를 따라 흘러가고 있습니다. 우리의 허파에는 이미 이 세상 물이 많이 들어와 있습니다. 절망감이 듭니다. 도대체 어떻게 해야 이 세상도 망하지 않고 우리도 망하지 않을 수 있습니까? 하나님께서는 우리에게 한 가지 약속을 주셨습니다. 그것은 만약 우리가 말씀을 붙든다면 어떤 상황에서도 멸망하지 않으리라는 약속입니다.

우리는 굉장히 불안합니다. 계속 이렇게 있어도 내 사업이 잘 되는지, 이렇게 기다리고만 있어도 언젠가 결혼을 할 수 있을는지, 혹시 '처녀 권사님'이라는 말을 듣게 되는 건 아닌지, 내가 계속 이런 식으로 살아도 서울에서 쫓겨나지 않고 등 붙이고 살 수 있을는지 알 수가 없습니다. 또 친척들과 관계가 좋지 않을 때, 회사 안에서 관계가 원활하지 못할 때, 과연 내가 계속 버틸 수 있을지 불안합니다.

그럴 때 한번 보십시오. 나는 말씀을 붙들고 있습니까? 그렇다면 이 모든 불안을 떨쳐 버려도 좋습니다. 이 세상이 아무리 죄악에 빠져 있고 죄악의 시궁창이 되었다 하더라도 하나님의 말씀만 붙들고 있으면 살 수 있습니다. 우리 가족이 하나님의 말씀만 붙들고 있으면 절대로 쫓겨나지 않습니다. 분명히 살게 되어 있습니다.

불안을 내쫓는 길이 무엇입니까? 나의 모든 비전과 불안 앞에서 생명을 걸고 하나님의 말씀을 붙드는 것입니다. 그러면 세상이 몇 번 곤두박질쳐도 우리는 살 것입니다. 나이아가라 폭포에서 떨어져도 우리는 살 것입니다. 이 세상에서 딱 한 명만 살 수 있다면 그 한 명은 바로 나일 것입니다. 모두 다 죽는다고 해도 나는 살게 되어 있습니다. 이런 확신이 어디에서 나옵니까? 하나님께서 말씀을 붙드는 자는 멸망할 수 없다는 것을 약속하셨으며 나는 그 하나님의 말씀을 붙들고 있다는 사실에서 나옵니다.

우리는 불안하기 때문에 뭔가 다른 것을 붙잡으려고 합니다. 불안하기 때문에 뭔가 계획을 세우려고 하고, 집이라도 장만하려고 하고, 저축을 해 놓으려고 하고, 사람과의 관계를 지속하려고 합니다. 그러나 이렇게 세상과 함께 곤두박질치는 것은 소용 없는 짓입니다. 함께 뒤집히고 말 것입니다.

저는 우리 사회의 멸망에 대해 굉장히 고민을 많이 했습니다. 저는 살고 싶었습니다. 우리 가족도 살아야 했습니다. 그러려면 내 야망이나 행복보다 하나님의 말씀을 붙드는 길밖에 다른 길이 없었습니다. 제 마음속에도 불안이 있었습니다. 두려움도 있었습니다. 그러나 하나님의 말씀이 내게 있으며 내가 이 말씀을 붙들고 있다는 확신이 이 모든 두려움과 불안을 내몰았습니다.

어떻게 말씀을 붙들까?

저는 말씀을 붙든다는 것이 성경의 어느 한 구절만 붙들고 달달 외우는 것이라고 생각하지 않습니다. 성경 속에 들어 있는 모든 비밀을 한 구절 한 구절 온 힘을 다하여 신실하게 밝혀 나가며, 성경 속에 있는 진리를 드러내는 일을 교회의 사명으로 생각하는 것이 바로 말씀을 붙드는 것입니다. 나 한 사람만 교회에서 인정받고 나의 비전과 꿈을 실현하며 내가 하고 싶은 일을 찾아 내고 내 은사를 발견하는 것이 아니라, 우리 가운데 하나님의 말씀이 밝혀지고 하나님의 말씀이 신실하게 설교되며 우리 모두 그것을 아주 소중한 비전으로 삼을 때, 우리는 살게 되어 있습니다.

우리가 세상에 있는 모든 죄와 싸울 수는 없습니다. 모든 위험을 다 막을 수도 없습니다. 하나님께 순종하지 못하는 부분도 많습니다. 알면서 순종 못 하는 것도 많고, 몰라서 못 하는 것은 더 많습니다. 그러나 아무리 이 세상이 악하고 우리가 할 수 있는 일이 없다 하더라도, 상황이 아무리 절망적이라 하더라도, 신실하게 하나님의 말씀을 밝히는 것을 사명으로 여기기만 한다면 우리는 살게 되어 있습니다.

여러분, 형식적으로 예배드리려고 하지 마십시오. 예배드릴 때마다 '하나님의 말씀이 밝혀져야 하며 그 자리에 내가 반드시 있어야 한다. 이것만이 우리 가족과 우리 나라를 살리는 길이다. 무슨 특별한 순서를 맡지 않았다고 하더라도 나는 거기 있어야 하며 한 공동체가 되어 함께 진리를 밝혀야 한다'는 생각이 없다면, 여러분은 세상과 함께 떠내려가고 있는 것입니다. 내가 뭔가 하고 있고 뭔가 구체적인 비전을 가지고 있기 때문에 살아 있다고 생각하는 사람은 그 비전과 함께 곤두박질칠 가능성이 많습니다.

여러분 가운데 자신의 미래를 두고 불안해하는 사람이 많다는 것을 알고 있습니다. 자녀들을 어떻게 키우려고 그럽니까? 지금 여러분 자신이 불안하면 여러분의 자녀들이 살 세상은 어떻게 보장할 수 있겠습니까? 아마 '무자식이 상팔자'라는 소리가 절로 나올 것입니다. '지금이라도 이 배에서 뛰어내려 나의 살 길을 찾아야 되는 것이 아닌가' 하는 생각이 들 수도 있습니다. 때로는 하나님께서 하시는 일이 너무나도 모순되게 느껴질 때도 있을 것입니다. 나이는 먹어 가는데 눈에 보이는 것은 아무것도 없고, 하나님의 말씀은 계속 약속하고 있는데 세상은 벌써 저 멀리 가 버렸습니다. 우리는 그 때를 반역의 기회로 삼을 가능성이 많습니다. 그러나 그것은 믿음에서 파선하는 것입니다.

교회의 가장 큰 사명은 내 은사를 개발하고 어떤 일들을 하는 것이 아닙니다. 하나님의 말씀을 무한히 밝히는 것입니다. 그리고 그 말씀을 함께 붙들고 믿는 것입니다. 그렇게 할 때 우리는 절대로 멸망하지 않습니다. 이 세상이 몇 번 뒤집혀도 말씀을 붙드는 자는 삽니다. 어떻게 사는지 그 구체적인 과정은 모르겠어요. 그러나 분명한 것은 하나님의 말씀이 이 세상을 창조하셨고 지금도 이 세상을 붙들고 있다는 것입니다.

> 함께 밝히고
> 함께 붙든다

어떤 어려움이 생겨도 하나님의 말씀이 생각나면 '아! 나는 살았구나' 생각하십시오. 보혜사 성령은 우리 마음속에 하나님의 말씀을 생각나게 하겠다고 약속하셨습니다. 눈에 보이는 현실보다, 나의 이성적인 판단보다, 나 자신의 목숨보다, 내 자식의 목숨보다, 내 자식이 잘 되는 것보다 하나님의 말씀을 붙드십시오. 그러면 살게 되어 있습니다.

하나님께서는 위기가 왔을 때 내 믿음이 작동하기를 바라십니다. 우리들 속에 들어 있는 믿음은 검증되지 않은 믿음입니다. 그냥 보기에는 믿음이 좋은 것 같아요. 그러나 어려운 상황이 생겼을 때 믿음을 어디론가 내팽개치고 하나님과는 결별한 채 모든 것을 제멋대로 해 버린다면, 그것은 믿음에서 파선한 것입니다.

언제 믿음을 사용해야 합니까? 이해할 수 없는 상황이 일어날 때 사용해야 합니다. 내 속에 있는 믿음을 끄집어 내서 모든 불안과 의심을 억누르고 하나님을 찬양하며 하나님의 신실하심을 믿고 하나님께 나를 굴복시키는 것이야말로 최대의 전쟁입니다. 위기의 상황이 왔을 때 하나님을 신뢰할 수 있는 사람은 세상에서 어떤 어려움이 닥쳐온다 해도 다 이겨 낼 수 있습니다.

주님은 지금 "왜 너의 믿음을 사용하지 않느냐"고 책망하고 계십니다. "왜 네 믿음을 예배당만 왔다갔다 하고 봉사하는 데만 써먹고 구체적인 어려움을 당했을 때는 사용하지 않느냐"고 책망하고 계십니다.

여러분, 자신의 어려움만 보지 마십시오. 말씀만 붙들고 있으면 분명히 살게 되어 있습니다. 하나님께서 그 말씀을 통하여 모든 불안을 떨쳐 버리고 승리하게 하실 것입니다. 내 속에 약속의 말씀이 있습니까? 그렇다면 불안해하지 마십시오. 그러나 신앙을 가지고 있으면서도 눈에 보이는 것을 붙잡으려고 쫓아가고 있다면 그 신앙은 반드시 소돔과 고모라를 향해 곤두박질칠 때가 있습니다. 눈에 보이는 상황을 붙들지 말고 말씀을 붙드십시오. 나의 목숨보다, 나의 자식의 목숨보다 하나님의 말씀을 붙드십시오. 이것만이 사는 길입니다.

2 모리아로 가는 길

아브라함이 아침에 일찍이 일어나 나귀에 안장을
지우고 두 사환과 그 아들 이삭을 데리고
번제에 쓸 나무를 쪼개어 가지고 떠나
하나님의 자기에게 지시하시는 곳으로 가더니
제삼일에 아브라함이 눈을 들어
그 곳을 멀리 바라본지라.
이에 아브라함이 사환에게 이르되
"너희는 나귀와 함께 여기서 기다리라. 내가 아이와
함께 저기 가서 경배하고 너희에게로 돌아오리라"
하고 아브라함이 이에 번제 나무를 취하여
그 아들 이삭에게 지우고 자기는 불과 칼을
손에 들고 두 사람이 동행하더니
이삭이 그 아비 아브라함에게 말하여 가로되
"내 아버지여" 하니
그가 가로되 "내 아들아, 내가 여기 있노라."
이삭이 가로되 "불과 나무는 있거니와
번제할 어린 양은 어디 있나이까?"
아브라함이 가로되 "아들아, 번제할 어린 양은
하나님이 자기를 위하여 친히 준비하시리라"
하고 두 사람이 함께 나아가서

창 22:3-8

가끔 종합병원의 수술실 앞에서 교우들을 만나야 할 때가 있습니다. 이들은 이 세상에서 가장 사랑하는 사람을 수술실 안에 들여보내 놓고, 가슴을 졸이면서 몇 시간째 기다리고 있습니다. 그들이 뚫어져라 바라보는 것은 수술실 앞에 걸려 있는 환자 명단의 전광판입니다. 가족의 이름이 회복실로 옮겨져 불이 켜지면 수술은 무사히 끝난 것입니다. 그러나 만약 그 이름이 중환자실로 옮겨지거나 없어져 버릴 경우 무슨 좋지 않은 일이 생긴 것은 아닐까 해서 가족들의 가슴은 덜컥 내려앉습니다.

가장 사랑하는 사람을 수술실 안에 들여보내 놓고 밖에서 기다리는 이 시간은, 단 한 시간이라고 해도 며칠이나 몇 달은 되는 것처럼 길게 느껴질 것입니다. 아마 그 때의 몇 시간은 인생에서 가장 긴 시간으로 기억될 거예요. 그래서 어떤 사람은 초조하게 계속 줄담배를 피워 대고, 어떤 사람은 손을 만지작거리면서 다리를 떱니다. 또 어떤 사람은 기도를 드리는가 하면 어떤 사람은 벌써부터 훌쩍거리면서 울기도 합니다.

**인생에서
가장 긴 사흘**

믿음의 조상 아브라함도 자신의 인생에서 가장 긴 시간을 보낸 적이 있었습니다. 그것은 사랑하는 아들을 번제물로 바치기 위해 집을 떠나 모리아 산으로 가는 사흘이었습니다. 이 사흘은 그의 인생에서 가장 긴 시간이었습니다. 그러나 그는 그 사흘을 잘 참아 냈고 믿음의 큰 승리를 거두었습니다.

하나님께서는 아브라함에게 도무지 이유를 알 수 없는 요구를 하셨습니다. 사랑하는 아들 독자 이삭을 데리고 모리아 산에 가서 하나님께 번제물로 바치라는 것입니다. 지금 아브라함은 큰 병에 걸린 아들을 수술실 안에 들여보내 놓고 그 결과를 초조하게 기다리고 있는 것이 아닙니다. 차라리 그렇다면 훨씬 낫지요. 이삭은 건강하게 잘 자라고 있었습니다. 하는 짓도 그렇게 아름답고 착할 수가 없었습니다. 그런데 하나님께서는 이 사랑스러운 아들을 모리아 산으로 데려가서 죽이라는 것입니다. 적군이나 나쁜 사람들이 와서 아이를 죽이려는 것이 아닙니다. 아버지가 직접 죽여서 하나님께 바쳐야 하는 것입니다. 물론 이 요구는 그 때도 이해가 되지 않았지만 지금도 이해가 되지 않습니다.

이 이해되지 않는 하나님의 명령에 순종하기 위해 아브라함은 아들을 데리고 모리아 산으로 가고 있습니다. 이 사흘은 아브라함의 인생에서 가장 긴 사흘이었습니다.

1. 가장 어려운 시험

　성경에서는 그리스도인들이 당하는 여러 가지 시험에 대해 많은 말씀을 하고 있습니다. 오늘 본문을 보면 하나님께서 아브라함에게 이렇게 하신 것은 그의 믿음을 시험하기 위해서라고 합니다. 학교에서 시험을 치는 이유가 무엇입니까? 시험을 치지 않으면 속에 있는 실력이 드러나지 않기 때문입니다. 하나님께서 자기 백성들에게 여러 가지 어려움을 주시는 이유는 그런 어려움이 없으면 속에 있는 믿음이 드러나지 않기 때문입니다.

　그러나 하나님께서 아브라함에게 주신 시험은 몇 가지 점에서 특이합니다. 우선 이 시험은 하나님이 직접 주신 것입니다. 우리들이 당하는 거의 대부분의 시험은 환경적인 것입니다. 하나님께서 직접 우리에게 어떤 요구를 하셨기 때문에 어려움과 좌절에 빠지는 것이 아니라, 환경이 어렵기 때문에 힘든 것입니다. 예를 들어 사업이 실패했기 때문에 힘들거나, 가족 중에 누군가가 병들어 자리에 누워 있기 때문에 힘들거나, 좋지 않은 사람들에게 시달리고 있기 때문에 힘듭니다.

　이런 것들도 시험은 시험입니다. 그러나 하나님께서 직접 찾아오셔서 어떤 요구를 한 것은 아닙니다. 물론 하나님은 세상에서 일어나는 모든 일을 다 알고 계시며, 하나님이 허락지 않으시면 참새 한 마리도 땅에 떨어지지 않습니다. 그러나 우리들이 당하는 거의 대부분의 시험들은 환경적인 것이지 하나님께서 직접 찾아와서 주시는 것은 아닙니다. 반면에 아브라함이 당한 시험은 하나님이 직접 아브라함을 찾아오셔서 "네 아들 네 사랑하는 독자를 데리고 모리아 땅으로 가서 내가

이 시험은 특별하다

네게 지시하는 산에서 번제로 바치라"고 요구하심으로써 생긴 시험입니다.

또한 다른 시험들은 대개 인과법칙으로 나타나는 것들입니다. 대개의 경우 자신이 왜 이런 어려움에 빠졌는지 납득할 수 있습니다. 물론 다른 사람들도 많이 있는데 왜 하필 나에게 이런 좋지 않은 일이 일어나야 하는지 이해가 안 될 때도 있지만, 곰곰이 생각해 보면 다 그럴 만하기 때문에 일어나는 경우가 많습니다.

그러나 아브라함의 시험에는 그럴 만한 이유가 없었습니다. 만일 하나님께서 이스마엘을 번제물로 바치라고 하셨더라면 '아, 내가 하나님의 방법이 아닌 인간의 방법으로 아들을 얻었기 때문에 하나님께서 **빼앗아 가시는구나**'라고 생각할 수 있습니다. 그러나 이삭은 바로 하나님께서 주시겠다고 약속하신 그 아들이 아닙니까? 이 아들 때문에 얼마나 오랫동안 기다렸는지 모릅니다. 그런데 바로 이 아들을 바치라는 것입니다. 아브라함이 당한 시험은 최고로 어려운 시험이었습니다.

최고의 시험 사람들이 당하는 시험은 그 난이도가 각각 다 다릅니다. 그런데 이 세상에서 당할 수 있는 가장 어려운 시험이 바로 아브라함이 당하는 이런 시험입니다. 하나님이 직접 찾아오셔서 도무지 이해되지 않는 요구를 하시는 이 시험이야말로 인간이 이 세상에서 당할 수 있는 최고의 시험입니다. 삶 전체를 통하여 이런 시험을 당한 사람은 성경에서도 얼마 되지 않습니다. 이러한 시험을 당한 사람은 보통 사람이 아닙니다. 우리 같은 사람들은 이런 시험을 이겨 낼 수도 없고, 아예 이런 시험이 오지도 않습니다. 우리에게 이런 시험은 전혀 시험이 되지 못합니다. 우리는 당장 하나님을 부인하고 제멋대로 살 것이기 때문입니다.

아브라함이 당한 시험과 가장 비슷한 시험이 있다면 예수의 모친 마리아가 당한 시험일 것입니다. 어느 날 하나님의 천사가 찾아와서 마리아에게 아이를 잉태하리라는 말을 합니다. 이것은 환경적인 시험이 아닙니다. 갑자기 집이 도산했거나 병에 걸렸기 때문에 생긴 시험이 아닙니다. 하나님이 직접 찾아오셔서 이해할 수 없는 요구를 하신 것입니다. 처녀가 임신을 하면 어떻게 되겠습니까? 더구나 도덕적이며 율법적이었던 그 당시 사회에서 임신을 하면 어떻게 되겠습니까? 이런 시험이 가장 어려운 시험입니다. 오늘 우리들이 당하는 시험이나 어려움이라고 하는 것은 여기에 비하면 너무나도 쉬운 것입니다.

그러나 마리아가 당한 시험보다 더 큰 시험이 있습니다. 그것은 자신의 십자가를 지기 위해 예루살렘으로 올라가시는 예수님에게 닥친 시험입니다. 예수님은 죄가 없습니다. 십자가를 져야 할 이유가 없습니다. 그러나 그분은 하나님의 뜻을 믿고, 자발적으로 십자가를 향하여 한 걸음 한 걸음 나아가셨습니다.

모세의 설교를 듣고 있는 이스라엘 백성들은 어떤 사람들입니까? 그들은 애굽을 갓 탈출한 사람들로서, '하나님이 우리에게 큰 시험을 주셔서 이 고된 광야 길을 걷게 하고 있다'고 생각하고 있습니다. 그들은 지금까지 노예 생활에 길들여져 왔기 때문에 참된 믿음이 어떤 것인지 모르고 있습니다. 그래서 광야 길에서 조금만 불편한 일이 생겨도 하나님을 원망하고 모세를 욕했습니다. "모세야! 우리를 죽이려고 여기로 데리고 왔느냐?" 조금만 힘들어도 삿대질을 하고 조금만 힘들어도 돌을 집어 들었습니다. 그들은 하나님께서 아브라함에게 주신

모세의 의도

시험과는 비교도 되지 않는 환경적인 어려움 때문에, 그저 생활이 힘들고 약간 불편한 것 때문에 하나님 앞에서 있는 불평 없는 불평을 다 했습니다. 그들은 믿음이라는 것을 본 적이 없는 사람들입니다. 아예 믿음이라는 개념을 모릅니다.

_{너희가
믿음을 아느냐?} 모세는 그런 그들에게 '너희들처럼 조금만 힘들면 원망하고 반역하는 것은 믿음이 아니다. 도대체 이해할 수 없는, 말도 되지 않는 하나님의 말씀에 순종하기 위해서 그냥 밀어부치는 이것이야말로 믿음이다' 는 의미에서 아브라함의 믿음을 소개하고 있습니다.

자라면서 가정의 아름다움을 본 적이 없는 사람은 결혼하고 난 후에도 가정을 이끌어 가는 데 어려움을 많이 느낍니다. 미국에 유명한 그리스도인 상담 심리학자가 있었습니다. 그는 어렸을 때 아버지와 대화가 잘 되지 않았습니다. 아버지가 알콜 중독자였기 때문입니다. 그런데 어른이 되었을 때 자신도 아들과 대화가 잘 되지 않는다는 것을 발견했습니다. 엄마한테는 싱크대까지 찾아가서 시시콜콜한 것까지 조잘조잘 잘도 이야기하는데, 자기만 나타나면 싹 사라지는 것입니다.

나중에 그 이유를 알고 보니 너무 잘해 주는 것이 문제였습니다. 이 아버지는 자기가 성장기에 많은 상처를 받았기 때문에 혹시라도 아이들이 상처를 받을까 봐 무조건 잘해 주었는데, 그것이 문제였어요. 아이들은 아버지가 어떤 기준을 제시해 주기를 바랍니다. 이것은 옳고 저것은 그르다고 알려 주기를 원합니다. 그런데 너무 잘해 주는 나머지 못한 것도 잘했다고 하는 겁니다. '오늘 한 판 터지겠지' 생각하고 집에 왔는데, 무조건 '잘했다' 고 하니까 도무지 기준이 서지 않는 거예요. 그래서 아이들이 눈치를 보면서 슬슬 피했던 것입니다.

왜 이런 일이 일어났습니까? 아버지에게 기준이 없었기 때문입니다. 그는 심리학자였지만 마음속에 좋은 아버지의 모델이 없었습니다. 어디까지 야단치는 것이 좋은지 구분이 안 됩니다. 자기 아버지는 조금만 잘못하면 반 죽을 정도로 두들겨 팼기 때문에 어디까지 벌을 주어야 하고 어디까지 용납해야 하는지 기준이 없었습니다.

저는 교인들에게서도 이런 현상을 많이 봅니다. 문제가 있고 병든 교회에서 신앙생활을 한 사람의 마음속에는 근본적으로 교회나 목회자에 대한 불신이 깔려 있습니다. 그래서 교회생활을 해도 항상 부정적이고, 자기 자신을 지키려는 방어적인 자세로 신앙생활을 합니다. 이런 사람에게는 교회를 향한 소망이 없습니다. 교회는 그저 최소한의 기능만 하면 된다고 생각하면서 개인 중심으로 무언가를 하려고 합니다. 그러니까 예배에 빠지지 않고 시킨 일이나 겨우 감당하는 것이 신앙의 전부이지요. 이런 사람은 교회와 처갓집은 멀면 멀수록 좋다고 생각합니다. 왜 그렇습니까? 건강하고 아름다운 교회상이 없기 때문입니다. 교회를 통한 소망이 없습니다. 그런데 어린시절 아름답고 건강한 교회생활을 했고 목사님을 참으로 존경했던 사람은 어떻게 해서든지 그 아름답고 건강한 교회의 모습을 만들어 내려고 애씁니다.

모세가 아브라함의 신앙을 여기서 크게 클로즈업 하는 이유가 무엇입니까? 지금 광야를 여행하고 있는 이스라엘 백성들은 신앙이 어떤 것인지 본 적이 없습니다. 그저 '신앙은 이 땡볕에 끝없이 걷는 것'이라고 생각하는 정도입니다. 그러니까 매순간 입에서 욕이 나오고 불평이 나옵니다. 모세는 이들 앞에서 "진짜 신앙이란 바로 이런 것이다. 너희들이 지금 겪는 것처럼 좀 힘들고 뜨겁고 고생스러운 것이 아니라

아브라함,
믿음의 모델

하나님이 직접 찾아오셔서 말도 되지 않는 것을 요구하실 때, 온 마음과 뜻과 정성을 다해서 모든 장애를 이겨 가며 자신을 순종으로 몰고 가는 것이다"라고 말합니다.

아브라함은 하나님이 요구하시는 것을 이해할 수 없습니다. 만일 그가 아들을 죽이고 돌아오면 모든 사람들에게 미친 사람 취급을 받을 것입니다. 미쳐도 아주 더럽게 미쳤다고 욕먹을 것입니다. 그런데도 그는 갑니다. '더럽게 미치든 좋게 미치든 하나님이 하시는 일에는 반드시 선한 뜻이 있고, 나는 여기에 순종해야 한다'는 생각으로 자기를 몰아갑니다. 그에게서 억지라고는 조금도 찾아볼 수 없습니다. 피하려면 얼마든지 피할 수 있습니다. 이 사흘은 피할 수 있는 좋은 기회입니다. 그러나 그는 너무나도 긍정적으로 이 시험을 받아들이고 있습니다. 모르는 체하지 않습니다. 이것은 이스라엘 백성들에게는 충격 그 자체입니다. 영원히 지울 수 없는 충격입니다.

여러분, 신앙은 억지가 아닙니다. 신앙은 엄청난 불평과 불만으로 마지못해서 억지로 걸어가는 것이 아니라 도무지 이해할 수 없는 하나님의 요구를 전심전력을 다하여 이루어 드리기 위해서 자기를 몰아가며 자기를 설득해 나가는 것입니다.

2. 아브라함의 순종

<small>이해할 수는 없어도</small>

이 이해할 수 없는 하나님의 시험 앞에서 아브라함이 보여 준 모습은 어떤 모습입니까? 끝없는 질문과 토론이 아닙니다. 그는 자기가 납

득할 때까지 계속 이 요구를 지연시키면서 납득이 되어야 움직이겠다고 버티지 않았습니다. 이해할 수는 없었지만 대단히 적극적으로 하나님의 요구를 받아들였습니다. 그는 하나님의 요구 앞에서 될 대로 되라는 식으로 행동하지 않았습니다. '나는 이해하지 못하지만 이 하나님의 뜻은 반드시 이루어져야 한다' 고 생각했습니다. 그가 가만히만 있으면 이 하나님의 뜻은 취소될 것입니다. 그러나 그는 장애를 하나씩 극복하면서 모리아 산을 향하여 가고 있습니다. 참으로 원망과 불평이 생길 만한 자리에 오히려 기쁨이 있습니다.

아브라함이 하나님의 뜻을 이루어 드리는 것을 막는 장애는 어떤 것이었습니까? 무엇보다 큰 장애는 자기 자신이었습니다. 아브라함의 마음속에는 이 말씀에 순종하기 싫다는 아주 강한 생각이 있었습니다. 그래서 어떻게 했습니까?

> 아브라함이 아침에 일찍이 일어나 나귀에 안장을 지우고
> 두 사환과 그 아들 이삭을 데리고
> 번제에 쓸 나무를 쪼개어 가지고 떠나
> 하나님의 자기에게 지시하는 곳으로 가더니 (22:3)

아브라함은 일찍 일어났습니다. 아브라함은 순종하기 어려운 문제가 있을 때마다 항상 이런 식으로 행동했습니다. 하나님께서 이스마엘을 내보내라고 하셨을 때에도 아침에 일찍이 일어나 내보냈습니다. 그렇게 한 이유가 무엇입니까? 자기 자신을 잘 알고 있었기 때문입니다. 시간이 지나면 자신의 마음이 변할 수 있다는 것을 알았어요. 조금이

지체 없이 순종하다

라도 빠질 구멍이 있으면 그것을 핑계 삼아 빠져 나가는 기질을 잘 알고 있었습니다. 그래서 그는 자기 자신을 다스렸습니다. 모리아 산으로 갔다가 거기에 제사에 쓸 나무가 없으면 그것을 핑계 삼아 불순종하리라는 것을 알고, 아예 나무를 준비해 갔습니다. 자기의 기질을 너무나 잘 알고 있기 때문에 아예 원천봉쇄를 했던 것입니다.

신앙에는 핑계가 없다

여러분, 신앙에는 핑계라는 것이 있을 수 없습니다. 남편은 아내 핑계를 댑니다. "나는 신앙생활 하려고 하는데 이 사람이 말을 들어야지요." 또 아내는 남편 핑계를 댑니다. "남편이 곰 같아서 도대체 움직여 줘야 말이지요." 그러나 그 깊은 사정을 보면 말과 다릅니다. 사실은 자기가 원하지 않는 것입니다. 어떤 사람이 약속 시간에 늦었습니다.

"왜 늦었습니까?"

"교통이 막혀서 꼼짝을 못했어요"

그런데 그의 속 깊은 곳을 보면 실제로 그 약속을 중요하게 생각하지 않는 마음이 있다는 것을 알 수 있습니다. 그 약속을 꼭 지킬 생각이 있었다면 교통이 막히는 것을 감안해서 훨씬 더 일찍 집을 떠났을 것입니다.

전에 안산에 있는 어느 기독교 학교에서 아침 9시에 설교를 하게 되었습니다. 저는 그 전날 밤에 한잠도 못 잤습니다. 아침에 깊이 잠들거나 길이 막히면 분명히 약속을 지키지 못할 것 같아서였습니다. 그래서 한숨도 자지 않고 새벽 4시에 집에서 출발했습니다. 9시에 맞추려고 중간에 휴게소에서도 한 번 자고 학교 가까운 곳에 가서도 한 번 더 잤습니다. 잠에서 깨니까 9시 10분 전이었고, 정확하게 시간을 지킬 수 있었습니다. 자기가 원하기만 한다면 어떤 장애도 핑계가 되지 않습니다. 문제는 자기 자신이 원하지 않는다는 데 있습니다.

 신앙생활을 하려면 자기를 잘 파악해야 합니다. 어떻게 하면 내 감정이 걷잡을 수 없게 되는지, 어떻게 하면 하나님의 말씀이 내 안에서 무력하게 되는지 스스로 잘 알아야 합니다. 그래서 나의 상황이나 상태나 마음이 하나님의 통제에서 벗어나지 않도록 미리 예방하고 통제하는 것이 믿음입니다. "하나님, 저는 그렇게 하고 싶었는데, 못 했어요. 마음으로는 하고 싶었지만 그 날 제 컨디션이 굉장히 안 좋았거든요. 저도 순종하기 싫어서 그런 건 아니에요. 그런데 갑자기 감정이 폭발해 버리는 걸 어쩌겠어요?" 그런 핑계는 하나님 앞에서 통하지 않습니다. 하나님께서는 이렇게 질문하실 것입니다. "너는 신앙생활을 한다고 하면서 그것도 몰랐느냐? 네가 얼마나 간사하고 잘 빠져 나가며, 그런 상황에서는 감정이 폭발해서 도대체 수습이 되지 않는다는 걸 잘 알고 있지 않느냐? 친구들과 밤새워 놀면 다음 날 아무것도 할 수 없다는 것을 알면서도 밤새도록 논 것은 원래부터 순종할 생각이 없었기 때문이 아니냐?"

 신앙은 자기와의 싸움입니다. 자기를 알아야 합니다. '이렇게 하면 내일 내 컨디션이 굉장히 떨어질 것이다', '내가 새벽 2시까지 놀면 그 다음 날 급격하게 체력이 저하된다', '내가 이런 식으로 사람들과 만나서 지내면 이것을 수습하는 데 몇 주일이 걸린다'는 사실을 알아야지요. 그것도 모르면서 '컨디션이 안 좋아서', '친구들과 어울렸더니 머리가 아파서'라고 하면 안 됩니다. 그 때 하나님은 "너는 원래부터 순종하기를 원하지 않았다. 왜 그런 기질도 모르고 신앙생활 하느냐"고 하실 것입니다.

너 자신을 알라

화내고 싶을 때 화내고, 자고 싶을 때 자고, 깰 때 깨고, 밥 먹고 싶을 때 먹는 것이 무슨 신앙입니까? 하나님 앞에서는 변명이 통하지 않습니다. "애가 너무 울어서요." 애가 그렇게 잘 운다는 것을 전에는 몰랐습니까? 우리가 하루 이틀 살아 봅니까? 자기 자신을 다 알지 않습니까? 어떻게 하면 감정이 폭발하고 침체되고 수습이 안 되는지 다 알고 있지 않습니까? 하나님 앞에서는 핑계가 통하지 않습니다.

이것은 사라의 시험이 아니다

아브라함은 이삭을 제물로 드려야 한다는 사실을 아내 사라에게도 말하지 않았습니다. 이 시험은 자신의 시험이지 사라의 시험이 아니라는 것을 알았기 때문입니다. 사라에게는 이삭을 바친다는 것이 시험이 될 수 없었습니다. 왜냐하면 사라는 그런 믿음을 가지고 있지 못했기 때문입니다. 사라에게 그것은 시험이 아니라 미친 짓입니다. 그래서 아브라함은 자기에게 찾아온 시험을 사라에게 밀어 놓지 않았습니다. 반대할 줄 분명히 알면서도 물으면 안 됩니다.

"사라, 이거 어떻게 할까?"

"절대 안 됩니다."

"부부는 일심동체지? 안 된다는데요, 하나님?"

남편이 자기 문제를 아내의 책임으로 돌리는 것은 비겁한 행동입니다. 아내가 자기 문제를 남편에게 넘기는 것도 정직하지 않은 행동입니다.

아브라함은 사라의 믿음의 분량이 어느 정도인지 알았습니다. 만약 이 문제를 사라에게 이야기한다면, 이것은 시험이 아니라 그를 완전히 멸망시키는 일이 되고 말리라는 것을 알았습니다. 부부나 가족들은 서로의 믿음의 분량이 얼마나 되는지 알고 있습니다. 그 사실을 알면서도 이야기하는 것은 책임을 회피하는 행동이고, 정직하지 못한 행동입니다.

종들도 장애가 될 수 있었습니다. 만일 종들이 아브라함의 팔을 붙들고 이삭을 죽이지 못하게 하면 어떻게 합니까? 아브라함은 이 모든 장애들을 하나씩 둘씩 극복하면서 이해할 수도 없고 말도 안 되는 하나님의 말씀을 성취시키기 위해 온 힘과 열심과 정열을 다해서 모리아로 나아갔습니다.

아브라함은 도대체 어떻게 이렇게 할 수 있었을까요? 그는 이미 많은 훈련이 되어 있었습니다. 큰 호수를 한 번에 건널 수 있는 사람은 없습니다. 그 전에 작은 웅덩이를 수없이 건너 보아야 합니다. 그러면 자기 자신에 대해 아주 잘 알게 됩니다. 어떻게 하면 다리에 쥐가 나고 어느 정도 가면 호흡이 곤란해지며 어떤 속도로 헤엄을 치면 가장 수월하게 먼 거리를 갈 수 있는지 깨닫습니다. 시험을 전혀 쳐 보지 않은 사람에게 어려운 문제를 주면 문제지를 찢어서 코풀어 버립니다. 그러나 수없이 시험을 쳐 본 사람에게 어려운 문제를 주면 아주 긴장하면서 호흡을 조절하고 감정을 통제하고 정신을 집중해서 결국 그 문제를 풀어 냅니다.

이삭을 바치라는 것은 어느 날 불쑥 내민 시험이 아닙니다. 지금까지 아브라함은 수없이 버리는 훈련을 해 왔습니다. 그는 본토, 친척, 아비 집을 버렸습니다. 눈앞에 있는 소돔의 비옥한 초장을 버렸습니다. 사람과의 관계도 버렸습니다. 전리품으로 얻은 소돔과 고모라의 재물도 버렸습니다. 큰 아들 이스마엘을 버리는 훈련도 했습니다. 그는 작은 호수들을 수없이 헤엄쳐 건넜습니다.

수많은 훈련 후에

그리고 난 지금 하나님께서 요구하시는 것이 무엇입니까? 엄청나게 큰 호수를 건너가라는 것입니다. 모리아 산에서 사랑하는 외아들을 죽여서 바치라는 것입니다. 이 호수는 너무 크고 깊어서 꼭 빠져 죽을 것 같습니다. 헤엄치다가 중간에서 하나님을 원망할 것 같습니다. "하나님은 이걸 말이라고 합니까? 이걸 시험이라고 줍니까?" 이런 말이 막 나올 것 같습니다. '하나님하고 나하고 갈라서자는 것인가?' 하는 마음도 듭니다. 그러나 한편으로는 건널 수 있을 것 같습니다. 지금까지 수없이 연습하지 않았습니까? 물론 자신은 없습니다. 이삭을 버리러 가다가 하나님을 반역할 것도 같습니다. 그러나 갈 수 있을 것 같은 마음이 들기도 합니다.

하나님께서 우리에게 요구하시는 것이 무엇입니까? 마지못해서 억지로 순종하는 것이 아닙니다. 자기 혼자 열정에 도취되어 날뛰는 것이 아닙니다. 그것은 순종도 아니고 믿음도 아닙니다. 그런 것은 누구든지 할 수 있습니다. 하나님께서 원하시는 것은 아브라함이 했던 것처럼, 예수 그리스도가 하셨던 것처럼, 피하려면 얼마든지 피할 수 있는 이 고난을, 핑계 대려면 얼마든지 핑계 댈 수도 있는 이 말도 되지 않는 하나님의 요구를 온 힘과 열정을 다해서 이루어 드리는 것입니다.

장애를 이기는 기쁨

그리스도인들은 행복과 기쁨을 구분할 수 있는 사람들입니다. 행복은 그냥 기쁜 것입니다. 아무 문제나 사고가 없기 때문에 기쁜 것입니다. 그러나 기쁨은 대단히 적극적인 것입니다. 그 안에는 힘이 들어 있습니다. 반대되는 여러 가지 장애들을 극복하고 이기는 힘을 가진 것이 기쁨입니다. 아브라함은 이 고난의 길을 기쁨으로 걸어가고 있습니다. 그것은 자기 자신을 이긴 데서 오는 기쁨이며, 나의 온 힘과 열정과 나의 모든 것을 다하여 말도 되지 않는 하나님의 뜻을 이루어 드리려는 데서 오는 기쁨이었습니다.

3. 가장 가슴아픈 말 한마디

아브라함은 반대가 될 만한 모든 장애들을 제거하면서 한 걸음 한 걸음 온 힘을 다하여 모리아 산을 향하여 가고 있습니다. 그런데 중간에 이 모든 노력을 수포로 돌릴 뻔한 아주 강력한 총알이 날아왔습니다. 이 한마디 말 때문에 아브라함은 지금까지의 모든 수고와 모든 노력을 전부 다 팔아먹고 하나님을 원망할 뻔했습니다. 그것이 무엇입니까? 사랑하는 이삭의 말 한마디였습니다.

마지막 장애물

> 이삭이 그 아비 아브라함에게 말하되
> "내 아버지여" 하니
> 그가 가로되 "내 아들아, 내가 여기 있노라."
> 이삭이 가로되 "불과 나무는 있거니와
> 번제할 어린 양은 어디에 있나이까?" (22:7)

아버지와 함께 가던 이삭은 이상한 생각이 들었습니다. 아버지가 제사를 드리러 간다고 하면서 나무도 쪼개어 가고 불도 가져가는데 제사드릴 양은 준비하지 않는 것입니다. 아무래도 너무나도 서두르는 바람에 중요한 것을 빠뜨린 것 같습니다. 그래서 묻습니다. "아버지, 불과 나무는 있는데 번제할 양은 어디 있어요?"

완전히 저격병의 총 한 방입니다. 지금까지는 잘 참아 왔습니다. 그런데 사랑하는 아들의 이 말 한마디에 아브라함은 무너질 뻔했습니다. 어떻게 이 순진한 아들을 버릴 수 있습니까? 오직 아버지를 믿고 따라오는 이 아들을 어떻게 죽일 수가 있습니까? 이것은 마지막 시험이었습니다. 8절을 보십시오.

아브라함이 가로되
"아들아, 번제할 어린 양은 하나님이
자기를 위하여 친히 준비하시리라" 하고
두 사람이 함께 나아가서

아브라함은 자칫하면 균형을 잃고 하나님을 원망할 뻔했습니다. 이 사랑하는 아들의 말 한마디가 아브라함의 모든 믿음을 끝장낼 뻔했습니다. 이것은 마지막 암초였습니다.

고비를 넘는 힘 프로이드 계통에 있는 심리학자들은 아무렇게나 하는 농담 속에 그 사람의 진심이 들어 있는 경우가 많다고 합니다. 사람이 예의를 갖추어서 하는 말은 언제나 겉포장이 되어 있기 때문에 믿을 수가 없습니다. 오히려 한순간에 입에서 튀어나온 말이 그 사람의 진심일 가능성이 많습니다. 아브라함이 지금까지 불만을 가지고 여기까지 왔다면 이삭의 한마디로 무너졌을 것입니다.

"아버지, 양은 어디 있어요?"

"바로 그게 문제야! 하나님께서 너를 잡아죽여 제물로 바치라고 하시지 않겠니? 내가 지금까지는 참았지만 이제 도저히 안 되겠다. 이삭아, 멀리 도망쳐라! 차라리 내가 가서 죽으마. 빨리 도망쳐!"

아브라함은 지금 굉장히 큰 위험에 처해 있습니다. 가슴에 한 방을 맞았습니다. 그러나 그의 마음은 이미 정리되어 있었습니다. "나는 잘 모르겠구나. 그러나 하나님이 준비하실 테니, 가자." 그리고 속으로 다시 한 번 다짐했을 것입니다. '이삭아, 너는 지금 얼마나 내 마음을 아프게 하는 말을 했는지 모르지? 나도 이 일을 이해할 수 없단다. 하지만 분명한 것은 내가 이 시험에서 이길 것이며 분명히 승리해서 돌아오리라는 거야. 하나님은 계획을 가지고 계신단다. 그것이 무엇인지는 나도 몰라. 그러나 우리는 분명히 함께 돌아갈 거야.'

여러분, 하나님의 뜻을 순종하는 데 가장 방해가 되는 사람은 내가 가장 사랑하는 사람입니다. 사랑하는 어머니, 사랑하는 아내, 사랑하는 남편, 사랑하는 자식보다 더 장애가 되는 것이 없습니다. 그들은 나를 사랑하기 때문에 내가 고생하는 것을 참지 못하고 내가 방황하는 것을 견디지 못하며 내가 위기 가운데 처하는 것을 보지 못합니다. 그래서 기회만 있으면 안정된 길을 걸으라고 하고, 위기가 올 때마다 하나님으로부터 도망치라고 소리지릅니다.

_{사랑하는 이보다 더 중요한 것}

주님께서 하신 말씀이 무엇입니까? "무릇 내게 오는 자가 자기 부모와 처자와 형제와 자매와 및 자기 목숨까지 미워하지 아니하면 능히 나의 제자가 되지 못하고"(눅 14:26). 신앙은 저절로 믿어져서 믿는 것이 아닙니다. 그런 신앙은 앉은뱅이 신앙이요 죽은 신앙입니다. 결혼식도 없고 재미있는 TV 프로그램도 없어서 할수없이 교회에 오는 믿

2. 모리아로 가는 길

음은 죽은 믿음입니다. 신앙은 장애를 극복해 나가는 것입니다. 전심을 다하여 하나님을 사랑하는 것입니다. 온 힘을 다해 찬양하는 것입니다. 하나님을 사랑하는 데 장애가 되는 것은 전부 다 버리는 것입니다.

그래서 하나님의 백성은 자기가 가장 사랑하는 사람을 향하여 "아니오"라고 말할 수 있는 용기가 있어야 합니다. 사랑하는 사람이라고 해서 한순간에 약해지면 지금까지의 믿음은 전부 엉망이 되고 맙니다.

아브라함의 시험에서 가장 위험한 고비는 아들 이삭이 순진하게 질문한 그 때였습니다. 잘 나가다가 거기서 넘어질 뻔했습니다. 그러나 그 순간에도 아브라함은 하나님의 신실하심을 붙들었습니다. "아들아, 난 모르겠구나. 그러나 하나님은 선하시다. 가자."

이렇게 두 사람은 함께 산으로 올라갔습니다.

4. 최고의 믿음

가장 귀한 것을 버리는 믿음

최고의 믿음은 어떤 믿음입니까? 많은 시련에서 승리한 믿음이 아닙니다. 자기에게 최고로 귀한 것을 하나님 앞에서 포기할 수 있는 믿음입니다. 아브라함에게 가장 귀한 것은 아들 이삭이었고, 마리아에게 가장 귀한 것은 처녀성이었습니다. 그리고 예수 그리스도께 가장 귀한 것은 그의 신성과 생명과 영광과 능력이었습니다.

하나님이 우리에게 주시려고 하는 것이 어떤 것입니까? 그것은 말도 되지 않는 축복입니다. 하나님께서 우리에게 주시려는 은혜들을 우리로서는 이해할 길이 없습니다. 하나님께서는 정말 터무니없는 축복을 우리에게 주려고 하십니다. 그래서 아브라함에게 말도 되지 않는 시험을 주셨고, 마리아에게도 말도 되지 않는 명령을 하셨으며, 하나님의 아들을 사람으로 이 세상에 보내셔서 말도 되지 않는 일을 하게 하신 것입니다. 이것이 복음입니다.

저는 신앙은 이성적이라는 것을 늘 강조합니다. 신앙의 표현은 이성적인 것이며 말이 되는 것입니다. 그러나 그 안에 들어 있는 하나님의 사랑은 도무지 말이 되지 않는 것입니다. 하나님께서 우리를 이토록 사랑하신다는 것을 우리는 사실 믿지 않습니다. 입으로는 "하나님은 날 사랑하신다"고 고백하지요. 그러나 실제로는 말도 되지 않는다고 생각합니다. 우리는 하나님께서 우리를 위해 독생자를 주셨다는 것이 무슨 뜻인지 모릅니다. 하나님께서 앞으로 우리에게 주실 그 모든 영광이나 축복도 이해하지 못합니다. 결국 신앙은 너무나도 엄청나서 우리의 이성적인 판단이나 사고로는 도저히 이해할 수 없는 것입니다. 하나님은 그 한 부분을 보여 주시기 위해 아브라함에게 말이 안 되는 명령을 하셨습니다.

> 이 사랑을 아느냐?

자기 아들을 죽이기 위해 산으로 데려가는 아버지의 심정이 어떻겠습니까? 너무나도 사랑스럽고 순진한 이 아들을 어떻게 칼로 죽일 수 있습니까? 그러나 아버지는 아들을 죽이기 위하여 한 손에는 불을 들고 다른 한 손에는 칼을 잡고 앞으로 나아가고 있습니다. 아버지의 얼굴에는 말할 수 없는 고민과 갈등의 표시가 역력하게 떠오릅니다. 그는 엄청나게 번민하고 있습니다. 할 수만 있으면 아들을 살리고 싶습니다. 이것은 바로 하나님의 심정입니다.

자기가 죽을 나무를 등에 짊어지고 산으로 올라가는 이 아들의 모습은 예수 그리스도의 모습입니다. 예수께서 자기가 달려 죽을 십자가 나무를 등에 지고 언덕을 오르신 것처럼, 이삭도 자기가 죽을 나무를 등에 지고 올라가고 있습니다. 아브라함과 이삭의 순종은 하나님과 그 아들 예수 그리스도의 모습을 생생하게 보여 주고 있습니다.

복음, 가장 엄숙한 부르심

이 세상에서 가장 엄숙한 요청은, 자기 아들을 죽여 놓고 죄인들을 초청하는 복음의 부르심입니다. 이보다 더 엄숙하고 진지한 부르심이 없습니다. 아들을 자기 손으로 죽임으로써 다른 사람을 용서하는 이 엄청난 복음의 부르심을 누가 이해할 수 있겠습니까?

오늘 이 말씀이 우리에게 보여 주는 것이 무엇입니까? 신앙은 가기 싫은 교회를 억지로 가거나, 좋은 말씀을 듣고 삶의 유익을 얻는 정도의 것이 아니라는 사실입니다. 우리는 참된 신앙의 모습을 아브라함과 우리 주 예수 그리스도에게서 볼 수 있습니다. 그들은 하나님이 어떤 분이신지 알았습니다. 그리고 말이 안 되는 하나님의 요구를 이루기 위해 자신의 온 삶을 드리며 온 힘과 뜻과 열정을 기울였습니다. 이것이 참신앙입니다. 내 마음에 들면 기뻐하고 조금만 불편하면 원망하는 것은 아주 유치한 신앙입니다. 우리는 지금 어떻게 살고 있습니까? 조금만 불편하면 원망하고 욕하지 않습니까? 이것은 신앙을 팔아먹는 것입니다.

우리에 대한 하나님의 뜻을 우리는 잘 모릅니다. 그러나 하나님께서 원하시는 것이 무엇이든지 간에 그분을 기쁘게 하기 위해서, 그분의 뜻을 온전히 이루기 위해서 자기 자신을 설득해 가면서 앞으로 몰아가는 것이 신앙입니다. 남들은 미쳤다고 할지도 모릅니다. 그러나 나는 하나님의 선하신 뜻을 믿습니다. 나를 사랑하는 사람들이 하는 한마디에 주저앉지 않습니다. 이렇게 이해할 수는 없지만 내 온 힘과 뜻을 다해 하나님을 기쁘시게 하기 위해 나아갈 때 하나님의 모습이 온전히 드러납니다.

아브라함처럼 순종하려면 자기를 수없이 버리는 훈련을 해야 하며 자기 자신을 잘 알아야 합니다. 신앙생활을 제대로 하려면 자식을 버리기 전에 간과 쓸개를 먼저 버려야 합니다. 자기 자존심이나 감정을 버리지 않는 사람은 수없이 하나님을 원망하며 대적할 것입니다. 작은 호수를 자꾸 건너 봐야 합니다. 자기를 버리는 훈련을 해야 합니다. 내 감정은 거짓된 것이라는 사실을 자꾸 고백하며, 감정이 동의하지 않아도 자꾸 순종해 봐야 합니다. 그렇지 않으면 절대로 큰 호수를 건너지 못합니다.

자기의 가장 귀중한 것을 하나님 앞에서 포기할 때, 말도 되지 않는 하나님의 뜻에 자신을 복종시킬 때, 사람들은 복음이 얼마나 엄숙하며 진지한 부르심인가를 알게 될 것입니다. 자꾸 자기를 부인하는 훈련을 하십시오. 생각나는 대로, 감정이 동하는 대로 움직이는 사람은 노예입니다. 만나를 먹으면서도 원망하고 불평하다가 입에 메추라기를 물고 죽는 사람입니다.

만일 나의 삶에 하나님께서 말도 되지 않는 요구를 하신다면 천하에 둘도 없는 기회로 생각하십시오. "하나님, 감사합니다. 나에게 이 엄청난 시험을 주시다니요. 제가 한번 해 보겠습니다."라고 말씀드리십시오.

작은 어려움이나 불편에 불평하거나 원망하지 마십시오. 아주 작은 환경적인 어려움으로 불평하면 백 명이면 백 명 다 바다에 빠져 죽게 되어 있습니다. 신경질내면서 신앙생활 하지 마십시오. 신앙은 엄청나게 긍정적인 것이고, 엄청나게 위대한 것이며, 모든 어려움 가운데서도 기뻐하고 감사하는 힘을 가진 것입니다. 신앙은 도저히 이해할 수 없는 하나님의 뜻을 이루어 드리기 위해 기쁨으로 달려가는 것입니다.

3 여호와 이레

하나님이 그에게 지시하신 곳에 이른지라.
이에 아브라함이 그 곳에 단을 쌓고
나무를 벌여 놓고 그 아들 이삭을 결박하여
단 나무 위에 놓고 손을 내밀어 칼을 잡고
그 아들을 잡으려 하더니, 여호와의 사자가
하늘에서부터 그를 불러 가라사대
"아브라함아, 아브라함아" 하시는지라.
아브라함이 가로되 "내가 여기 있나이다"
하매 사자가 가라사대
"그 아이에게 네 손을 대지 말라.
아무 일도 그에게 하지 말라.
네가 네 아들 네 독자라도 내게 아끼지
아니하였으니, 내가 이제야
네가 하나님을 경외하는 줄을 아노라."
아브라함이 눈을 들어 살펴본즉
한 숫양이 뒤에 있는데 뿔이 수풀에 걸렸는지라.
아브라함이 가서 그 숫양을 가져다가
아들을 대신하여 번제로 드렸더라.
아브라함이 그 땅 이름을 '여호와 이레' 라
하였으므로 오늘까지 사람들이 이르기를
"여호와의 산에서 준비되리라" 하더라.

창 22:9-14

우리는 다른 사람들이 나를 대신하여 수고하는 것이 얼마나 귀중한 일인지 깨닫지 못할 때가 많습니다. 요즘 강원도에는 남파된 무장 간첩들을 색출하기 위해 많은 군인들이 투입되고 있습니다. 그러나 거의 대부분의 사람들은 마치 그 일이 자기와는 아무 상관 없는 일인 것처럼 무관심하게 지내는 것 같습니다. 그러나 그 일은 나와 무관한 일이 될 수 없습니다. 실제로 이 작전에서 많은 젊은이들이 희생되었습니다. 간첩이 쏜 총에 맞아 죽은 사람도 있고 오발 사고로 다치거나 죽은 사람도 있습니다. 버섯을 따러 산에 올라갔다가 간첩으로 오인되어 죽은 사람이 있는가 하면, 간첩을 만나 총에 맞아 죽은 사람도 있습니다. 자기 아들이 이 작전에 투입된 부모는 이 일이 결코 남의 일로 느껴지지 않을 것입니다. 또 버섯을 따러 산에 올라간 가족이 시간이 많이 지났는데도 내려오지 않는 집에서는 이 일이 결코 남의 일이 될 수가 없습니다.

우리는 하나님께 예배를 드리면서도 이 예배가 나와 무슨 상관이 있는지 잘 깨닫지 못합니다. 단지 그리스도인으로서 종교적인 의무를 이 행하는 것으로 생각하기 쉽습니다. 이스라엘 백성들도 예배를 단지 하나님의 백성으로서 어쩔 수 없이 짐승을 죽이는 의무 정도로만 생각해 왔습니다. 그러나 예배나 제사는 단순히 종교적인 의무만을 행하는 것이 아닙니다. 중요한 것은 이 예배를 통하여 하나님이 어떤 일을 하시느냐 하는 것입니다.

<small>우리의 예배에 원하시는 것</small>

우리는 성경에서 예수께서 우리 죄를 대신해 죽으셨다는 말을 듣고 '하나님이 우리를 너무 사랑하시니까 아들을 십자가에 못박혀 죽게 할 수도 있는 거지, 뭐. 이렇게 죽는 사람도 있고 저렇게 죽는 사람도 있는 것 아니야?' 라고 생각합니다. 그러나 당사자인 하나님이나 예수 그리스도께는 십자가 사건이 그렇게 단순한 문제가 아닙니다. 이것은 그분들에게 가장 고통스러운 사건이었고, 가장 고귀한 것을 바치는 일이었으며, 가장 엄청난 희생이었습니다. 하나님께서는 우리가 드리는 이 예배를 통하여 그 십자가 사건의 천 분의 일, 만 분의 일이라도 체험하고 나누기를 바라십니다. 이것이 모리아 산에서 아브라함이 드린 제사를 통해 나타나고 있는 것입니다.

1. 가장 소중한 제물

오늘 성경 본문에서 아브라함은 하나님의 말씀에 순종하여 그분이 지시하신 장소에 가서 제단을 만들고 나무를 벌여 놓고 그 위에 사랑하는 아들을 결박하여 올려놓습니다.

하나님이 그에게 지시하신 곳에 이른지라.
이에 아브라함이 그 곳에 단을 쌓고 나무를 벌여 놓고
그 아들 이삭을 결박하여 단 나무 위에 놓고 손을 내밀어
칼을 잡고 그 아들을 잡으려 하더니 (22:9,10)

지금 아브라함은 자기가 가장 사랑하는 아들을 죽이기 위해 칼을 높이 쳐들고 있습니다. 이삭을 제물로 바치는 이것은 바로 하나님께서 결정하신 일입니다. 아브라함의 머리에서 나온 일이 아닙니다. 아브라함이 하나님을 만족시키기 위해서 무엇을 바칠까 궁리하다가 이삭을 바치기로 결정한 것이 아니에요. 하나님께서 이삭을 바치라고 명령하셨기 때문에 바치는 것입니다.

그렇다면 하나님께서는 왜 아브라함에게 굳이 이삭을 바치라고 하셨을까요? 물론 표면적으로 나타난 의도는 아브라함이 얼마나 하나님을 사랑하고 경외하는지 시험해 보기 위해서입니다. 22장 12절을 보십시오.

> 굳이 아들을 요구하신 이유

사자가 가라사대
"그 아이에게 네 손을 대지 말라.
아무 일도 그에게 하지 말라.
네가 네 아들 네 독자라도 내게 아끼지 아니하였으니
내가 이제야 네가 하나님을 경외하는 줄을 아노라."

하나님께서는 아브라함이 과연 얼마나 하나님을 사랑하는지 확인해

보기 위해 그에게 가장 소중한 아들을 통해 시험했다고 말씀하고 계십니다. 그런데 우리가 한번 생각해 보아야 할 것은, 정말 하나님께서 아브라함이 얼마나 하나님을 두려워하며, 얼마나 하나님의 말씀에 순종하는지 보기 위해 이렇게 아들을 바치라고 시험하셨겠느냐 하는 점입니다. 다른 방법으로는 그의 중심을 확인해 보실 수 없었겠습니까? 굳이 아버지가 아들을 이렇게 묶어 놓고 죽이는 것을 보아야만 그 신앙을 확인할 수 있는 것입니까?

그런데 왜 안 죽이셨을까?

오늘 중요한 것은 이삭이 죽어야 하는데 죽지 않았다는 사실입니다. 이삭을 죽이려는 순간 하나님의 사자가 아브라함을 저지했고, 그는 평소에 드리던 것과 똑같은 제사를 드리고 내려왔습니다. 뿔이 수풀에 걸린 숫양 한 마리가 이삭 대신 희생제물이 된 것입니다. 이상하지 않습니까? 한번 이삭을 바치라고 말씀하셨으면 이삭을 죽게 해야지, 왜 이삭 대신 숫양을 제물로 바치게 하셨을까요? 우리를 어렵게 만드는 것이 바로 '대신 죽는다' 는 것입니다. 이것을 성경 용어로 '대속제물'이라고 합니다. 즉 어떤 사람이 죽어야 하는데 다른 것이 그 사람 대신 죽는 것입니다.

지금까지 하나님의 거룩한 백성들은 바로 이 대속의 제사를 드려 왔습니다. 아벨부터 아브라함에 이르기까지, 그리고 그 이후에도 계속 이 대속의 제사를 드렸습니다. 우리는 모두 하나님 앞에 죄인이기 때문에 우리가 죽어야 하는데 우리 대신 짐승들을 죽이게 하신 것입니다. 그런데 이번에 하나님께서는 아브라함에게 짐승을 드리라고 하시지 않고 그의 사랑하는 아들을 번제로 바치라고 하셨습니다. 이것은 아브라함에게 엄청난 충격이 아닐 수 없었습니다.

물론 그는 지금까지 소나 양을 죽여 바치는 번제를 정성껏 드려 왔습니다. 그러나 이번에는 그 의미가 완전히 다릅니다. 왜냐하면 그 제물이 소나 양이 아니라 자신이 사랑하는 아들 이삭이기 때문입니다. 물론 결과적으로 그는 이 모리아 산에서도 다른 제사와 똑같은 번제를 드렸습니다. 다른 때와 똑같이 숫양 한 마리를 잡아서 드렸어요. 그러나 여기에는 엄청난 차이가 있습니다. 아들은 죽지 않았지만 아브라함의 심정으로는 아들이 죽은 것과 똑같은 제사를 드렸습니다. 하나님께서는 아브라함으로 하여금 이삭을 죽이지 못하게 하셨지만 거의 이삭을 죽이는 자리까지 가게 하셨습니다. 그 숫양은 그냥 숫양이 아니라 이삭과 똑같은 의미의 제물이었습니다. 이삭도 그 숫양을 볼 때 얼마나 고마웠는지 모릅니다. 그 숫양이 없더라면 이삭 자신이 죽었어야 했을 것입니다. 이 때 아브라함의 가슴에 밀려오는 깨달음이 있었습니다. '지금까지 나는 너무나도 제사의 의미를 모르고 드려 왔구나. 그 양 한 마리, 소 한 마리의 죽음이야말로 내 사랑하는 아들, 내가 가장 아끼는 것, 나 자신을 대신하는 죽음이었구나!'

이삭을 바치는 제사를 통해서 하나님께서 보여 주고자 하시는 것이 무엇입니까? 제사는 단순히 짐승 한 마리 죽이는 것이 아니라는 것입니다. 예배는 단순히 한두 시간 정도 하나님 앞에 나와 앉아 있으면서 시간을 희생하고 물질을 바치는 것이 아니라는 것입니다. 실제로 내 아들을 죽이는 심정으로, 나 자신을 죽이는 심정으로 임해야 한다는 것입니다. 그 이유가 무엇입니까? 하나님께서는 우리에게도 그만큼 소중한 것을 주시기 때문입니다. 하나님께서 우리에게 주시려고 하시는 것이 무엇입니까? 그것은 진정한 용서입니다. 하나님의 가장 사랑

아브라함의 깨달음

하는 아들을 죽여서 아들의 그 피로써 죽을 수밖에 없는 우리를 용서하고 새로운 삶을 주시려는 것입니다.

진짜 제물이 된 아들

사람들은 자기 자식만 중요한 줄 압니다. 부모에게 자기 자식만큼 중요한 사람이 어디 있겠습니까? 하나님도 마찬가지입니다. 하나님께도 그렇게 사랑하는 아들이 있었습니다. 그러나 이 아들은 우리가 생각하는 아들과 다릅니다. 아들이 생기려면 어머니가 있어야 하는데, 이 아들은 어머니가 없는 아들입니다. 출생의 과정이 아닌 방법으로 영원 전에 아버지로부터 직접 나신 아들입니다. 그러면서도 그의 신성과 영광과 존귀는 성부 하나님과 똑같습니다. 성부 하나님께서 이 아들 하나님을 얼마나 사랑하셨는지 하늘에 있는 모든 천사들보다 더 사랑하셨고, 우주에 있는 모든 피조물보다 더 사랑하셨습니다. 그런데도 우리에게 새로운 생명을 주기 위해서, 우리 죄를 용서하기 위해서, 이 존귀한 분을 희생시키셨습니다.

예수님은 하나님의 아들이니까 아무렇지도 않을 거라고 생각해서는 안 됩니다. 자기 아들은 중요하게 여기면서 하나님의 아들은 영원하니까 죽어도 된다고 생각하면 안 돼요. 하나님께서는 이렇게 가장 사랑하는 아들 하나님, 그 신성과 존귀와 영광이 모든 천사와 피조물과는 비교도 되지 않는 그 아들 하나님을 죽여서, 그 피로 우리에게 새로운 생명을 주셨습니다. 그것을 고백하는 것이 제사요, 그것을 체험하는 것이 예배입니다.

제사는 이처럼 우리 죄를 대신해서 하나님의 가장 존귀한 분이 죽었다는 것을 고백하는 것입니다. 지금까지 아브라함은 짐승을 죽여 왔기 때문에 짐승이 우리 죄를 대신한다고 생각했습니다. 그러나 제사를 드릴 때마다 죽는 짐승은 상징일 뿐입니다. 진짜 희생당한 제물은 짐승이 아니라 하나님의 가장 존귀한 아들이었습니다. 우리도 우리 아들딸을 사랑하지 않습니까? 그만큼 하나님도 아들을 사랑하셨습니다. 천사나 모든 피조물이나 이 세상 그 누구보다 이 아들을 더 사랑하셨습니다. 이 아들이 대신 죽고 우리가 구원을 얻은 것입니다.

하나님께서는 우리의 예배를 통해서 그 사랑의 천 분의 일, 만 분의 일이라도 우리 가운데서 재연되며 느껴지고 감사와 찬양으로 고백되기를 바라고 계십니다. 그래서 아브라함에게 그 아들을 제물로 정해 주신 것입니다. "오늘 제물은 너의 사랑하는 독자 이삭이다. 양이나 소로는 안 된다. 네 아들을 바쳐라." 이것은 단순히 아브라함의 믿음을 시험하시기 위한 것이 아닙니다. 예배를 드리는 가운데 하나님이 얼마나 엄청난 희생을 치르고 우리를 용서하셨으며, 우리가 새로운 하나님의 백성으로 사는 것이 얼마나 값진 일인지 깨닫기를 바라시는 마음이 여기에 나타나고 있습니다.

여러분, 오늘 예배에 하나님께 드리기 위해서 무엇을 가지고 왔습니까? 그냥 오면 안 됩니다. 자기의 가장 귀중한 것을 가지고 와야 합니다. 예배는 놀러 오는 것이 아닙니다. 사람을 만나기 위해서 오는 것이 아닙니다. 예배는 그런 것이 아닙니다. 나의 가장 귀중한 것을 꺼내 놓고 내 손으로 그것을 칼로 찌르는 것입니다. 아브라함이 자신의 가장 소중한 아들을 제단 나무 위에 묶어 놓고 죽이려고 칼을 쳐들었던 것처럼 나도 가장 아까운 것, 가장 귀한 것을 하나님 앞에 내어놓고 칼로 찌르는 것입니다.

여러분에게 가장 바치기 어려운 것은 무엇입니까? 어떤 사람은 자

*웬 말인가,
날 위하여!*

신의 젊음을 바치기 싫어합니다. 예배드리는 그 한 시간이 그렇게 아까울 수가 없습니다. 또 어떤 사람은 야망을 포기하기 싫어합니다. 어떤 사람은 죄를 청산하기 싫어합니다. 그런 젊음이나 야망이나 죄를 칼로 찌르지 않는 한, 우리의 예배는 예배가 될 수 없습니다.

하나님의
심정으로

우리는 아무 생각 없이 예배를 드리려 해서는 안 됩니다. 하나님께서는 오늘 우리가 드리는 이 예배가 십자가 사건의 재연이 되기를 원하십니다. 하나님께서 사랑하는 아들의 손에 못을 박게 하시고 그 옆구리에 창을 찌르게 하시고 차마 그 얼굴을 볼 수 없어서 대낮에 하늘이 캄캄해지고 땅이 울었던 것처럼, 나의 가장 아까운 부분, 포기하기 싫은 부분, 자존심, 욕심, 아직도 포기하지 못한 것들을 내놓고 찌를 때, 비로소 예배가 예배 되는 것입니다.

예배를 드릴 때마다 하나님의 그 심정이 우리 가운데서 재연되어야 합니다. 그러기 위해서는 절대로 버릴 수 없는 그것을 내어놓아야 합니다. 어떤 사람은 자기의 생각을 절대로 안 버립니다. 수없이 예배를 드려도 자기의 생각을 그대로 가지고 있어요. 그것을 칼로 찔러야 합니다. 포기해 버려야 합니다. 10년을 믿고 20년을 믿어도 자기 생각이 변화되지 않는다면, 그것은 예배를 드린 것이 아니고 하나님을 조롱한 것입니다. 예배드리면서 매번 하나님을 조롱한 거예요.

칼을 들어야 합니다. 칼을 들어서 나의 잘못된 생각을 찔러 쪼개야 합니다. 그렇지 않으면 그것은 예배가 아니라 종교적인 유희가 되어 버립니다. 누군가 나를 대신하여 고통을 받았을 때 내가 그런 수고나 고통을 받지 않았다고 해서 기뻐하고 좋아하는 사람은 인간이 덜 된 사람입니다. 비록 그 사람처럼 될 수는 없지만, 내 수준에서 뭔가 그 사람의 고통을 재연해 보고 조금이라도 같이 나누려고 해야 사람다운 것이지요.

오늘 하나님께서 우리에게 말씀하시는 것이 무엇입니까? "나는 너에게 새로운 삶을 주기 위해 나의 가장 사랑하는 독자를 죽였다. 너는 무엇을 죽이겠느냐?" 가장 포기하기 힘든 그것을 가지고 나오라는 것입니다. 내 손으로 직접 그것을 찌르라는 것입니다. '아, 하나님이 원하시는 것은 짐승이 아니구나. 짐승을 바치는 이 제사는 상징에 불과하고, 실제로 하나님이 원하시는 것은 내가 가장 사랑하는 아들을 바치는 것이구나. 포기하기 싫은 것을 포기하는 것이구나. 하나님, 이 예배를 통해서 저는 제 생각이 틀렸다는 것을 인정합니다. 오늘부터 제 생활 습관을 뜯어고치겠습니다. 제 야망을 버리겠습니다. 제 젊음에 대한 저의 계획을 포기하겠습니다. 하나님이 알아서 하십시오.' 이렇게 할 때 비로소 그 예배가 예배 되는 것입니다. 예배를 드리기 전이나 후나 똑같은 상태로 집에 가는 사람은 하나님의 얼굴에 침을 뱉고 가는 것이나 마찬가지입니다. 하나님이 원하시는 것은 한두 시간 교회에 앉아 있다 가는 것이 아닙니다. 내 중심을 쪼개는 것입니다.

여러분, 우리는 오늘까지 예배드린다고 하면서 얼마나 하나님을 조롱했는지 깊이 반성해야 합니다. 놀러 오는 심정으로 예배드리는 것은 예배드리지 않는 것보다 훨씬 못합니다. 그런 사람은 예배드리고 나서 오히려 훨씬 마음이 굳어집니다. 지금 내놓으십시오. 내가 포기하기 싫은 것, 예수는 믿지만 '그래도 나는 이런 식으로 살아야 한다'고 생각했던 것을 쪼개기 전까지는 예배를 드린 것이 아닙니다. 나의 자존심을 쪼개십시오. 아직 버리지 못한 죄를 쪼개십시오. 썩어 버린 가치

나의 '이삭'을 찌르라

관을 쪼개십시오. 돈에 대한 욕심을 쪼개십시오. 오늘 손에 칼을 잡고 팔을 높이 드십시오.

예수님이 십자가에 달려서 꼼짝하지 못하고 죽었던 것처럼 자신을 매달아야 합니다. 아들이나 딸을 바치는 심정으로, 아내나 남편을 바치는 심정으로 예배드려야 합니다. "하나님, 저에게 아들이 있고 자식이 있지만 하나님을 더 사랑합니다. 사랑하는 사람과 결혼했지만 저는 하나님을 더 사랑합니다." 토요일까지 부부싸움하다가 와서 예배가 무엇인지도 모르면서 앉아 있거나, 토요일까지 정신 없이 술 마시고 친구 만나고 TV 보다 와서 조는 짓은 이제 그만두어야 합니다. 언제까지 그렇게 하나님을 업신여기려고 합니까?

자기의 가장 아픈 부분을 내놓으십시오. 포기하기 싫은 것을 내놓으십시오. 그래야 변합니다. 그 전에는 절대로 변하지 않습니다. 하나님의 은혜가 아무리 폭포같이 쏟아져도 그 사람은 변하지 않습니다.

2. 이삭을 살려 주시다

아브라함이 손을 들어 이삭을 죽이려고 했을 때 하나님은 어떻게 반응하셨습니까? 아주 급하게 아브라함을 불러서 아들을 죽이지 못하게 막으셨습니다. 11절과 12절을 보십시오.

여호와의 사자가 하늘에서부터 그를 불러 가라사대 "아브라함아, 아브라함아" 하시는지라.

아브라함이 가로되
"내가 여기 있나이다" 하매
사자가 가라사대
"아이에게 네 손을 대지 말라.
아무 일도 그에게 하지 말라.
네가 네 아들 네 독자라도 내게 아끼지 아니하였으니
내가 이제야 네가 하나님을 경외하는 줄을 아노라."

언제는 이삭을 죽이라고 하시더니, 이제는 또 죽이지 못하게 하신다고 해서 하나님을 변덕스럽다고 말할 수는 없습니다. 왜냐하면 제물을 결정하시는 분은 하나님이시기 때문입니다. 사실 그 어떤 것도 제물로 합당치 못합니다. 하나님께서는 그리스도의 희생을 가장 잘 나타내기 위하여 이삭을 제물로 바치라고 하신 것입니다. 실제로 이삭이 죽는다고 해서 하나님의 아들의 죽음을 대신할 수는 없습니다. 짐승보다 몇 천 배 나은 제물이긴 하겠지만 그래도 제물로서는 여전히 부족합니다. 하나님께서는 이삭보다 훨씬 못한 숫양으로 만족하시고 이삭을 도로 아브라함에게 돌려주셨습니다.

> 하나님은 돌려주신다

이것은 하나님께서 우리에게 궁극적으로 원하시는 것이 무엇인지 보여 줍니다. 원래 하나님은 이삭을 제물로 바치기를 원하지 않으셨습니다. 오히려 하나님은 이방인들이 자기 신에게 강력한 요구를 하기 위해 아들을 제물로 바치는 것을 아주 싫어하셨습니다. 그것은 너무나도 잔인한 짓이며 하나님께서 가장 가증스럽게 생각하시는 짓입니다.

그렇다면 하나님께서 정말 원하시는 것이 무엇입니까? 예배를 통하여 하나님이 얼마나 큰 희생을 치르고 우리를 구원하셨는지를 조금이라도 체험하는 것입니다. 예배를 통하여 내가 가장 포기하기 싫은 그것을 포기하는 것입니다. 칼을 들어 그것을 내리치는 것입니다. 그러면 하나님이 어떻게 하십니까? 그것을 망치는 것이 아니라 다시 돌려주십니다. 내가 포기하기 싫은 젊음을 하나님 앞에서 포기할 때 나의 젊음을 망치게 하거나 가기 싫은 곳에 억지로 선교사로 보내서 죽이시는 것이 아니라 그 젊음을 나에게 다시 돌려주십니다. 나의 야망을 하나님의 제단 앞에서 칼로 내리칠 때 새로운 소망을 돌려주십니다.

돌려받은 것은 내 것이 아니다

아브라함이 가장 포기하기 힘든 것은 사랑하는 아들 이삭이었습니다. 어쩌면 이스마엘을 내보내고 난 후 더욱더 이삭에게 집착했는지도 모릅니다. 그러나 그런 이삭을 모리아 산에서 바쳤을 때 하나님은 그를 돌려주셨습니다. 그러나 그 이삭은 더 이상 아브라함의 이삭이 아니라 하나님의 이삭이었습니다.

여러분의 직장을 하나님 앞에 바치면 하나님은 그 직장을 돌려주십니다. 그러나 그 직장은 더 이상 여러분의 것이 아니라 하나님의 것이 됩니다. 지금까지 주 안에서 성공했던 여러 사람들은 자기가 사장으로 군림하는 것이 아니라, 그 직장을 하나님께 바쳐서 하나님을 사장으로 모시고 자신은 그 밑에서 월급을 받는 직원으로 일했기에 성공한 것입니다. "이것은 하나님의 일입니다. 이제 저는 하나님의 방법대로 하겠습니다. 저는 그냥 직원이고 하나님이 사장이십니다. 망하게 하려면 망하게 하십시오. 이제 하나님의 일이니까요." 이렇게 할 때 월급도 받고 기업도 잘 보존됩니다. 하나님의 주식회사는 영원히 잘되는 법입니다.

다윗은 한 번도 자신을 왕으로 생각하지 않았습니다. 오히려 하나님이 왕이시고 자기는 그 밑에 있는 부하라고 생각했습니다. 그래서 하나님은 다윗을 그토록 사랑하셨고 다윗의 등불이 영원히 꺼지지 않을 것이라고 말씀하셨습니다. 내가 자식을 끔찍이 사랑한다고 해서 자식이 잘되는 게 아닙니다. 끔찍이 사랑한 자식은 끔찍하게 변하고, 오히려 포기했던 자식이 더 잘되는 것을 볼 때가 많습니다. 우리는 염려하는 만큼 일을 잘 해내지 못합니다.

하나님께서 우리에게 원하시는 것이 무엇입니까? 하나님께서 진정으로 우리 삶의 주인이 되시는 것입니다. 우리가 하나님 앞에 나와서 바치는 것은 모두 하나님의 일이 됩니다. 옛날 이스라엘의 지도자 중 믿음의 용사들은 전쟁이 터졌을 때 그 전쟁을 자신의 전쟁으로 만들지 않았습니다. 그들은 총사령관의 자리에서 내려와 하나님을 그 자리에 모심으로써 그 전쟁을 하나님의 전쟁으로 만들었습니다. 그래서 싸울 때마다 승리했습니다. 누군가 나를 공격합니까? 그것이 하나님의 일이 되게 하십시오. 무언가 생각하고 있는 일이 있습니까? 그것이 하나님의 일이 되게 하십시오. 그러면 반드시 승리합니다.

> 하나님의 일이 되게 하라

하나님께서 아브라함에게 원하신 것은 이삭을 죽이는 잔인한 아버지가 되는 것이 아니었습니다. 또 이삭을 죽인 후 기적으로 다시 살리는 것도 아니었습니다. 하나님이 원하신 것은, 아브라함으로 하여금 이삭을 바치게 한 후에 도로 주심으로써, 이삭을 아브라함의 아들이 아닌 하나님의 아들이 되게 하는 것이었습니다. 자식을 옆에 끼고 돌수록, 치맛바람으로 싸면 쌀수록 이상해지게 되어 있습니다. 자식을 하나님께 바치십시오. 그러면 하나님의 것으로 다시 돌려주실 것입니다. 이제 그 아들이나 딸의 모든 문제는 곧 하나님의 문제가 됩니다.

모세의 어머니가 한 일이 바로 이것이었습니다. 그는 아들을 낳아서 숨겨 키웠습니다. 그러나 아기가 커 갈수록 울음소리가 커져서 도저히 숨겨 키울 수 없게 되었습니다. 그래서 누구에게 바쳤습니까? 바로의 공주의 아들로 그냥 입양을 시켜 버렸습니다. 그랬더니 그 아들이 다시 돌아왔습니다. 그냥 돌아온 것이 아니고 더 안전하게 돌아왔습니다. 이제는 이 아이의 생명을 걱정할 필요가 없습니다. 내가 키우기는 해도 이제 내 아들이 아니라 공주의 아들이기 때문입니다.

더 아름다운 삶을 위해

하나님께서 우리의 젊음을 바치라고 하시는 것은 우리의 젊음을 망치시겠다는 뜻이 아닙니다. 우리의 꿈을 바치라고 하시는 것은 우리를 꿈 없는 패배자로 만드시겠다는 뜻이 아닙니다. 오늘 우리의 모든 죄스러운 삶을 바치라고 하시는 것은 취미도 재미도 전혀 없는 수도승 같은 삶을 살게 하시겠다는 뜻이 아닙니다. 하나님께서 우리의 가장 귀한 것을 바치라고 하시는 것은 우리 안에 새로운 소망을 주시기 위해서입니다. 우리의 삶을 가장 아름답게 하시기 위해서입니다. 이런 사람의 삶은 어느 누구도 빼앗아 갈 수가 없습니다.

여러분의 가정을 주님께 바치십시오. 여러분의 자녀들을 하나님께 맡기십시오. 그러면 더 안전하고 더 존귀하게 돌려주실 것입니다.

3. 여호와 이레의 하나님

하나님의 사자가 이삭을 죽이지 말라고 제지하는 말을 아브라함이 듣고 주위를 돌아보았을 때, 숫양 한 마리가 뿔이 수풀에 걸린 채 꼼짝하지 못하고 있는 것을 보게 되었습니다. 그는 그 숫양을 가져와서 이삭을 대신하여 하나님께 번제로 드렸습니다. 그리고 그 곳 이름을 '여호와 이레'라고 지었습니다. 이것은 '여호와께서 준비해 주신다'는 뜻입니다.

하나님이 준비하신 제물

> 아브라함이 눈을 들어 살펴본즉 한 숫양이 뒤에 있는데
> 뿔이 수풀에 걸렸는지라. 아브라함이 가서 그 숫양을
> 가져다가 아들을 대신하여 번제로 드렸더라.
> 아브라함이 그 땅 이름을 '여호와 이레'라 하였으므로
> 오늘까지 사람들이 이르기를
> "여호와의 산에서 준비되리라" 하더라(22:13,14).

아브라함은 하나의 숙제를 가지고 하나님의 산을 찾아왔습니다. 그 숙제는 과연 이삭을 제물로 바쳐야 하느냐 하는 것이었습니다. 아브라함은 답을 알 수가 없었습니다. 그가 알 수 있는 것은 이 시험은 하나님이 주신 것이며 자신은 이 시험에서 승리하리라는 것뿐이었습니다. 이삭이 죽을지 살지는 알 수 없습니다. 그러나 분명한 것은 그가 이삭과 함께 집으로 돌아오리라는 것입니다.

이삭은 오는 길에 아브라함에게 물었습니다. "아버지, 나무와 불은

여기 있는데 번제할 양은 어디 있어요?" 바로 그것이 문제였습니다. 나무와 불은 준비되었는데 제물은 과연 어느 것입니까? 아브라함은 알 수가 없었습니다. 그래서 이렇게 대답했습니다. "하나님이 자기를 위하여 친히 준비하시리라.' '이레'라는 말의 뜻이 무엇입니까? 하나님이 필요한 것을 미리 준비했다가 공급해 주신다는 것입니다.

시험 안에 답이 있다

우리는 여기서 두 가지를 생각해 볼 수 있습니다. 첫째로, 하나님께서 주신 시험은 그 시험 안에 반드시 답이 있습니다. 하나님께서 아브라함에게 시험을 주셨습니다. 이 시험은 너무나도 어려운 시험이어서 도저히 감당할 수가 없었습니다. 그러나 그가 믿은 것이 무엇입니까? 하나님께서 자기에게 어떤 어려움을 주실 때에는 반드시 그 안에 답이 있다는 것입니다. 하나님이 주신 시험은 그 안에 답이 있습니다. 그래서 아브라함은 사람에게 달려가서 도움을 요청하지 않았습니다. 담임 선생님이 학생들에게 문제를 냈다면 다른 반 선생님에게 달려갈 필요가 없습니다. 그 담임 선생님이 답을 알고 계시기 때문입니다.

여러분이 그리스도인이고 여러분이 성도임에도 불구하고 어려움이 왔습니까? 그렇다면 이 어려움은 하나님이 주신 것입니다. 이것을 해결하기 위해 다른 사람에게 달려가지 마십시오. 하나님은 미리 답을 가지고 그런 어려움을 주신 것입니다. 아브라함이 하나님의 이 엄청난 요구 앞에서 조금도 당황하지 않고 아들을 죽이려고 한 이유가 무엇입니까? 이 시험은 하나님이 주신 것이며, 자신은 그 답을 모르지만 하나님은 반드시 알고 계신다는 믿음 때문입니다. 내가 이 시험을 기쁨으로 감당할 때 당황하시면서 나를 지켜 주시고 보호해 주실 분은 오히려 하나님이십니다.

하나님께서 얼마나 급하게 아브라함을 부르고 계십니까? 혹시라도 그가 너무 순종을 잘해서 이삭을 죽이기라도 할까 봐 두 번씩이나 다급하게 아브라함을 부르고 계십니다. 우리는 오늘 본문에서 아이러니를 볼 수 있습니다. 당황해야 하고 불안해야 할 아브라함은 여유가 있고, 오히려 하나님의 사자가 당황해하고 조급해하는 것입니다. 사실 하나님은 다급해하시지 않습니다. 그러나 아브라함처럼 하나님이 주신 어려움과 시험을 기쁨으로 감당하는 사람이 있을 때에는 그를 다급하게 지켜 주시지 않을 수 없습니다.

하나님을 다급하게 만드는 믿음

오늘날에는 이런 믿음을 보기가 너무나도 어렵습니다. 하나님께서 다급하게 저지할 정도로 너무나도 빨리 하나님의 말씀을 붙들고 걸어가는, 오히려 하나님이 막 말려야 하는 믿음을 찾기가 아주 어려워요. 미리 자기 생각 다 하고 빠질 구멍 다 파 놓고 하나님께 나아옵니다.

하나님께서 우리의 죄를 책망하시고 낭패를 겪게 하실 때 불평하거나 반항하지 마십시오. 하나님께서는 우리의 모든 죄를 책임질 수 있는 방법이 있습니다. 아브라함에게 이삭을 바치라고 하셨을 때 하나님께는 이미 대책이 있었습니다. 그 대책은 숫양이 아닙니다. 숫양 한 마리를 믿고 그런 엄청난 요구를 하신 게 아니에요. 하나님의 대책은 그분 자신의 아들이었습니다. 숫양은 그 대책을 보여 주는 상징일 뿐입니다.

하나님께서 우리에게 엄청난 요구를 하시는 것은 그만한 준비가 되어 있기 때문입니다. 하나님께서 나에게 젊음을 바치라고 하신다면 젊음이 준비되어 있는 것입니다. 하나님께서 나에게 직장을 포기하라고 하신다면 하나님의 직장이 준비되어 있는 것입니다. 하나님께서 나의

3. 여호와 이레

상처를 건드리십니까? 불안해하지 마십시오. 하나님은 깨끗하게 치료할 방법을 이미 가지고 계십니다.

그가 준비하신다

둘째로 이 본문이 보여 주는 것은 여호와 하나님은 참으로 우리의 필요를 채워 주시는 하나님이시라는 것입니다. 모리아 산은 나무나 불조차 구할 수 없는 곳이었습니다. 그래서 아브라함은 이 모든 것을 준비해 왔습니다. 준비되지 않은 것은 제물뿐이었습니다. 그러나 하나님께서는 제물도 준비해 주셨습니다. 만약 그 곳에 숫양이 없었더라면 아브라함은 제사를 드리지 못하고 돌아왔을 것입니다. 제사를 드리고 돌아오는 것과 제사를 드리지 않고 돌아오는 것에는 엄청난 차이가 있습니다. 만일 제사를 드리지 않고 돌아온다면 그것은 시험이 연기된 것밖에 되지 않습니다. 이삭은 하나님께 바쳐지지 못한 것입니다. 그러면 언제 또 다시 이런 시험을 쳐야 할지 모릅니다. 아브라함은 마음만 졸이고 아무것도 얻지 못한 것이 됩니다. 그러나 아브라함은 거기서 하나님께서 준비하신 제물로 제사를 드렸습니다. 그것은 이삭을 완전히 바친 것을 의미합니다. 시험이 연기된 것이 아니라 시험에서 승리한 것입니다.

꼭 있어야 할 것이 없을 때, 우리는 시험에 들기 쉽습니다. 집이 꼭 있어야 하는데 집이 없을 경우, 우리는 하나님의 능력을 의심합니다. 제가 목사가 되기 전에 직장 없이 몇 년을 지낸 적이 있었습니다. 그 때 우리 집 아이가 저에게 이런 말을 했습니다. "아빠는 왜 다른 아빠들처럼 출근을 안 해요? 아빠도 나가서 돈 좀 벌어 오세요." 저에게는 참으로 가슴아픈 말이었습니다. 만약 그 때 "아빠가 출근하지 않는 것은 말이야, 하나님이 직장을 따로 준비해 놓으셨기 때문이야"라고 대답했다면 그 시험에서 승리한 것입니다. 그런데 정말 제가 그렇게 멋진 대답을 했는지 기억이 나지 않습니다.

또 친구들이 이렇게 물을 때도 있을 것입니다. "네 나이가 굉장히 많은데 결혼도 못 했으니 어떻게 하니?" 아마 당사자에게는 이것보다 더 가슴아픈 질문이 없을 것입니다. 염려해 준다고 하는 말이지만 본인에게는 치명적이지요. 그 때 만약 "그건 하나님이 준비하신 사람이 있기 때문이야. 여호와의 산에서 준비될 거야"라고 대답할 수 있다면 그 사람은 시험에서 이긴 것입니다.

여러분, 모리아 산의 수풀에 숫양의 뿔이 걸려 있었다고 해서 거기는 늘 그런 식으로 숫양이 돌아다니다가 심심하면 뿔이 걸리는 곳이라고 생각해서는 안 됩니다. 오히려 정반대입니다. 모리아 산은 숫양은 고사하고 나무나 불도 구할 수 없는 곳이었습니다. 제사를 드리기에 가장 부적합한 곳이었어요. 그런데 하나님께서는 그 곳에 제물을 준비해서 제사를 드릴 수 있게 하셨고, 아브라함이 빈손으로 돌아오지 않게 하셨습니다.

하나님은 우리에게 필요한 것이 무엇인지 알고 계십니다. 하나님은 제물을 준비할 가능성이 전혀 없으며 도저히 제사드릴 수 없는 그 모리아 산에서 준비해 주실 것입니다. 하나님의 산에서 준비해 주실 것입니다. 하나님께서 나의 모든 것을 다 빼앗아 가시고 실패와 절망의 수렁에 빠뜨리시는 그 곳이 곧 하나님의 산입니다. 하나님은 바로 거기에서 나를 영광스럽게 하실 것이며, 아무것도 없는 그 곳에서 나의 삶 전부로 영광스러운 제사를 드리게 하실 것입니다. 아브라함은 혹시나 하는 마음으로 여분의 양을 가지고 가지 않았습니다. 그러나 하나

> 여호와의 산에서

님께서는 또 다른 방법으로 제물을 준비하셔서 제사를 드리게 하셨고, 아브라함은 결국 승리했습니다.

오늘 우리가 드리는 이 예배가 그냥 형식적으로 드리는 예배가 되지 않게 합시다. 가장 포기하기 싫은 것, 내어놓기 싫은 것, 고백하기 싫은 것, 계속 붙들고 싶은 그것을 내어놓고 팔을 높이 듭시다. 나의 시간이나 미래의 계획을 하나님이 마음껏 사용하실 수 있도록 나의 미래를 칼로 찌릅시다. 그러면 하나님께서 어느 누구도 건드릴 수 없는 가장 안전한 계획을 우리에게 주실 것입니다. 내가 가장 포기하기 힘든 부분, 가장 완강한 그 부분을 칼로 찍어서 쪼개십시오. 그래서 그 아들 예수 그리스도를 우리에게 주시고 십자가 위에서 희생시키신 그 희생과 사랑이 천분의 일, 아니 만분의 일이라도 오늘 이 예배를 통하여 재연되게 합시다.

이것이 우리가 드릴 영적 예배입니다. 신약 시대에 살고 있는 우리는 제물마저 없는 예배를 드리기 때문에 허망한 생각에 빠져서 보내기 쉽습니다. 정신을 차려야 합니다. 어린아이들과 눈이나 맞추고 옆에 있는 사람들과 이야기나 나누고 일주일 동안 지녔던 허망한 생각을 하면서 드리는 예배는 가장 헛되고 무의미한 예배입니다. 칼을 꺼내 들고 팔을 높이 들어야 합니다. 하나님께 무관심하려고 하는, 예수 그리스도를 잊으려고 하는, 나 자신을 중심에 놓으려고 하는 생각들을 힘껏 내리쳐야 합니다.

하나님께서 나에게 주시지 않은 것이 있습니까? 두려워하지 마십시오. 집을 주시지 않거나 직장을 주시지 않거나 결혼할 배필을 주시지 않는 것을 두려워하지 마십시오. 하나님의 산에서 준비될 것입니다. 그 산으로 힘껏 올라갑시다.

4 시험 후에 오는 영광

여호와의 사자가 하늘에서부터
두 번째 아브라함을 불러 가라사대
"여호와께서 이르시기를
'내가 나를 가리켜 맹세하노니 네가 이같이 행하여
네 아들 네 독자를 아끼지 아니하였은즉
내가 네게 큰 복을 주고 네 씨로 크게 성하여
하늘의 별과 같고 바닷가의 모래와 같게 하리니
네 씨가 그 대적의 문을 얻으리라.
또 네 씨로 말미암아 천하 만민이 복을 얻으리니
이는 네가 나의 말을 준행하였음이니라' 하셨다"
하니라. 이에 아브라함이 그 사환에게로 돌아와서
함께 떠나 브엘세바에 이르러 거기 거하였더라.

창 22:15-19

우리 나라에는 '몬주익의 영웅'이 있습니다. 이것은 마라톤으로 금메달을 딴 선수를 두고 하는 말입니다. 올림픽에 많은 금메달이 있지만 마라톤의 금메달에 가장 큰 영광을 돌리는 것은, 마라톤이야말로 인간이 극복할 수 있는 가장 어려운 경기라고 생각하기 때문입니다. 마라톤은 자신의 한계와 싸우는 것입니다. 그래서 그 선수는 금메달을 따고 난 후, 달리기를 하는 도중에 차에 덤벼들어서 죽고 싶었을 때가 많았다고 실토했습니다. 마라톤은 이렇게 힘든 운동이지만 우승을 하면 최고의 영예를 얻을 수 있습니다. 그러나 그 영예는 그렇게 오래 가지 않습니다. 왜냐하면 다음 해에 또 새로운 경기가 열리고, 또 새로운 영웅이 탄생하기 때문입니다.

하나님께서 우리에게 주시는 시험도 모두 다 같은 것이 아닙니다. 쉬운 것이 있고 어려운 것이 있습니다. 운동 경기로 치면 마라톤처럼, 하나님께서 주시는 가장 어려운 시험은 바로 아브라함이 경험한 것과 같은 시험입니다. 오늘 본문에서는 하나님께서 이 최고의 시험에서 승리한 아브라함에게 최고의 영예를 주시는 모습을 볼 수 있습니다.

그리스도인에게 믿음은 무엇입니까? 하나님의 신실하심을 붙드는 것입니다. 하나님이 이 세상 모든 만물을 주관하고 계시며 나에 대해 선한 뜻을 가지고 계신다는 것을 어떤 형편이나 처지에도 붙들고 믿는 것입니다. 그리고 시험은 우리가 과연 하나님의 신실하심을 붙들고 사는지를 테스트하는 것입니다.

시험의 종류 시험에는 소극적인 것과 적극적인 것이 있습니다. 소극적인 시험은 내가 진심으로 하나님을 믿고 사랑하는데도 계속 어려움이 찾아오는 것입니다. 때로는 일이 뜻대로 되지 않을 수도 있습니다. 가난할 수도 있습니다. 먹을 것이 없을 수도 있습니다. 자식이 병들 수도 있고, 부모님이 돌아가실 수도 있습니다. 그런 경우에 우리는 하나님의 선하심을 붙들기가 어렵습니다. 편안할 때에는 하나님을 잘 의지하던 사람도 어려움이 오면 하나님을 부정하고 자기 방법으로 달려가는 경우가 많습니다. 그러면 그는 시험에서 실패한 것입니다.

적극적인 시험도 있습니다. 이것은 단순히 상황만 어려운 것이 아니라 누군가가 찾아와서 내 속에 있는 교만을 부추겨서 적극적으로 죄를 짓게 만드는 것입니다. 교만을 충동질해서 자기 것이 아닌 다른 사람의 물건을 탐내게도 하고, 다른 사람의 아내나 남편에게 음란한 생각을 품게 하기도 하며, 때로는 자기 안에 있는 가능성을 다 개발해서 스스로 높아지게 만들기도 하는 것입니다. 우리는 가난하고 병드는 것 같은 소극적인 시험을 어렵게 생각하지만, 실제로 훨씬 더 견디기 어려운 것은 이런 적극적인 시험입니다.

예수님께서도 사역을 시작하실 때 시험을 당하셨습니다. 이 시험에는 소극적인 시험과 적극적인 시험이 다 들어 있습니다. 우선 예수님은 40일을 굶주리셨습니다. 이것은 소극적인 시험입니다. 그러나 소극적인 시험이라고 해서 약한 것으로 생각해서는 안 됩니다. 40일을 굶는다는 것은 엄청난 고통이며 사실 목숨이 위태로운 지경까지 가는 것입니다. 그러나 예수님은 하나님을 원망하지 않았습니다. 그리고 이때까지는 누가 와서 건드리지 않았습니다.

이보다 더 어려운 시험은 그 뒤에 찾아왔습니다. 마귀는 예수님을 찾아와 잠재적인 능력을 다 사용하라고 부추겼습니다. "이 바보야! 왜 그렇게 굶고 있냐? 너는 분명히 이 돌을 떡으로 만들 수 있잖아. 왜 그 능력을 사용하지 않지?" 사실 예수님 안에는 무궁무진한 힘과 지혜와 능력이 있습니다. 마귀는 그것을 다 개발해서 사용하라고 충동질했습니다. 마귀는 또 높은 곳에서 뛰어내리라고도 하고, 자기에게 절을 하면 이 세상 모든 영광을 다 주겠다고도 했습니다. 이것은 적극적으로 그를 교만하게 하여 스스로 높아지게 하려는 시험이었습니다. 40일을 굶으면서 버티는 것보다 더 어려운 것은 이처럼 자기 속에 분명히 그 능력이 있는데도 능력을 사용하지 않고 하나님의 때와 방법을 기다리는 것입니다.

요셉도 이 두 가지 시험을 다 받았습니다. 그는 형들의 미움을 받아 애굽에 노예로 팔려 갔습니다. 이것은 소극적인 시험이고, 성도로서 당하는 고난입니다. 그러나 곧 그에게 시험하는 자가 찾아왔습니다. 주인 보디발의 아내가 젊은 요셉을 유혹한 것입니다. 그러나 요셉은 "주인이 이 모든 재산을 나에게 맡겼지만 당신은 나에게 맡긴 적이 없습니다. 그뿐 아니라 내가 당신을 범한다면 하나님 앞에서 가장 무서운 죄를 짓는 것입니다"라고 말하면서 분명하게 거부했습니다. 노예

> 더 어려운 시험

로 버티는 것보다 더 어려웠던 것은 이 여자의 유혹을 물리치는 것이었습니다.

우리에게는 이 두 가지 시험이 다 찾아옵니다. 어떤 때는 육체적인 어려움이 찾아옵니다. 경제적으로 어렵습니다. 일이 뜻대로 되지 않습니다. 이런 어려운 환경이 우리로 하여금 하나님을 부인하게 할 때가 많습니다. 그러나 이보다 훨씬 더 어려운 시험은 마귀가 내 속에 적극적으로 교만한 마음을 불어넣어서 죄짓게 하는 것입니다.

<small>가장 어려운 시험은?</small>

그런데 이 두 가지 시험보다 훨씬 더 어려운 시험이 있습니다. 그것이 무엇입니까? 소극적인 시험이나 적극적인 시험이 아닌, 말도 되지 않는 시험입니다. 하나님께서 아브라함에게 사랑하는 아들 이삭을 번제물로 바치라고 요구하신 것은 말도 되지 않는 시험입니다. '정말 하나님이 정상적일까?' 하는 의심이 들 정도의 이 시험이야말로 가장 어려운 시험입니다.

처녀 마리아에게 결혼도 하지 않고 아들을 낳으라는 것이 말이 됩니까? 예수 그리스도께 예루살렘에 올라가서 십자가에 못박혀 죽으라는 것이 말이 됩니까? 그러나 이처럼 소극적인 고난도 아니고 누군가가 나의 교만을 충동질하는 것도 아닌, 도저히 이성적으로 이해할 수도 없고 말도 안 되는 시험들 속에 하나님의 은혜가 있고 영광이 있습니다.

오늘 본문은 아브라함이 이 놀라운 시험에서 믿음으로 승리했을 때 하나님께서 그에게 주신 축복의 말씀을 기록하고 있습니다.

1. 아브라함의 승리

아브라함은 가장 어려운 시험을 믿음으로 이겼습니다. 왜 아브라함이 당한 이 시험이 가장 어려운 고난도의 시험입니까? 도저히 이성적으로는 이해할 수 없는 시험이었기 때문입니다. 이것은 아브라함이 지금까지 살면서 당한 모든 시험과는 완전히 달랐습니다. 백 살이 될 때까지 아기를 낳지 못하고 기다린 시험, 본토, 친척, 아비 집을 버리고 길을 떠나 방황했던 시험, 수많은 더위와 추위와 사람들에게 쫓기는 시험들을 모두 합한 것보다 더 어려운 시험이었습니다.

아브라함이 어떻게 이 시험을 이길 수 있었습니까? 그는 자기 자신의 이성을 믿지 않았습니다. 아무리 이해가 되지 않는 요구라 하더라도 '하나님은 선한 뜻을 가지고 계신다'는 것을 믿었습니다. 어려운 처지에 있을 때 '비록 내가 이런 지경에 빠져 있을지라도 하나님은 여전히 이 세상을 다스리시며 나에 대한 선한 뜻을 가지고 계신다'는 것을 끝까지 붙드는 이것이 믿음입니다. '설사 하나님께서 그 선한 뜻을 보여 주지 않으시고 내 생명이 여기서 끝난다 하더라도 나는 하나님의 의를 붙들고 죽겠다'는 것이 믿음입니다.

시험을 이긴 믿음

우리가 유혹에 넘어가면 안 되는 이유가 무엇입니까? 유혹에 넘어가는 것은 하나님의 통치를 부정하는 것이기 때문입니다. 우리에게는 넘어서는 안 될 선이 있습니다. 그 선을 넘어가는 것은 사람을 해치는 일이 될 뿐 아니라 그것을 못하게 하신 하나님을 거역하는 일이 됩니다. 비록 나의 욕망은 채우지 못할지라도 하나님의 선한 통치를 인정하면서 그 통치에 복종하는 것이 믿음입니다. 아브라함은 말도 되지 않는 하나님의 요구 앞에서 하나님의 선하신 뜻을 인정했습니다. '하나님의 생각은 나와는 다르다' 는 것이 그의 믿음이었습니다. 하나님께서 그 믿음을 어떻게 인정해 주셨습니까?

> 여호와의 사자가 하늘에서부터
> 두 번째 아브라함을 불러 가라사대
> "여호와께서 이르시기를
> '내가 나를 가르켜 맹세하노니 네가 이같이 행하여
> 네 아들 네 독자를 아끼지 아니하였은즉'"(22:15,16)

하나님의 인정   하나님은 아브라함의 믿음을 인정하시면서 자기 자신을 가리켜 맹세하고 계십니다. 하나님이 자신을 가리켜 맹세하는 것은 하나님보다 더 높으신 분이 없기 때문이기도 하지만, 이보다 더 장엄하고 엄숙하며 영광스러운 말씀이 없기 때문이기도 합니다. 이처럼 하나님께서는 아브라함이 자신의 아들까지 아끼지 않고 하나님의 말씀에 복종했을 때 자신의 이름을 걸고 맹세하시면서까지 그의 믿음을 인정해 주셨습니다.

우리에게 오는 시험이 소극적이든 적극적이든, 말이 되든 안 되든 간에 그 시험을 이기는 자에게는 하나님의 칭찬과 상급과 인정이 따라옵니다. 우리는 그것을 기대해야 합니다. 야고보 사도는 무엇이라고 말씀하고 있습니까?

시험을 참는 자는 복이 있도다.

이것에 옳다 인정하심을 받은 후에
주께서 자기를 사랑하는 자들에게 약속하신
생명의 면류관을 얻을 것임이니라(약 1:12).

이 당시에는 운동 경기가 많이 열렸습니다. 그 운동 경기에서 우승한 자들에게는 월계관을 씌워 주고 아주 큰 영광을 돌렸습니다. 그러나 그 월계관은 생명의 면류관이 아니었습니다. 왜냐하면 그 월계관 자체가 며칠 가지 못하고 시들어 버렸기 때문입니다. 그리고 다음 경기가 시작되면 모든 영광은 새로운 승리자에게 돌려집니다. 그러나 하나님의 시험은 그렇지 않습니다. 그 승리의 면류관은 생명의 면류관이기 때문에 결코 시들지 않습니다. 영원히 없어지지 않는 면류관, 이것이 시험을 이긴 자들에게 주는 하나님의 상급입니다.

물론 아브라함의 승리는 많은 사람들에게 알려지지 않았을 것입니다. 그러나 이 세상에서는 많이 알려지지 않았는지 몰라도 하나님의 나라에서는 가장 큰 승리로 알려졌습니다. 아브라함의 승리의 소식은 하늘 나라의 모든 천사들, 모든 성도들 사이에 알려지고 선포되었으며, 그는 모든 천사들 중에서 가장 존귀함을 받는 승리자가 되었습니다. 이 세상은 하나님 나라가 아닙니다. 그래서 하나님 나라의 중요한 일이 이 세상에는 알려지지 않습니다. 그러나 하늘에서는 그렇지 않습니다. 그때 그때 중요한 일이 선포되며, 모든 천사들과 성도들에게 알려집니다. 아마 아브라함이 천국에 갔을 때, 그를 모르는 천사가 없었을 거예요. 가장 귀한 존귀와 영광이 그에게 돌아갔을 테니 말입니다. 천사는 지금 그 사실을 아브라함에게 알려 주고 있는 것입니다.

하늘에 알려진 승리

승리의 상급   하나님께서는 승리한 아브라함에게 부상으로 아들 이삭을 돌려주셨습니다. 죽을 뻔한 아들 이삭을 돌려받는 것보다 더 큰 상급이 어디 있겠습니까? 게다가 다시 돌려받은 이삭은 이전의 이삭이 아니었습니다. 이전의 이삭은 아브라함의 아들이었지만, 돌려받은 이삭은 죽음 가운데서 되찾은 하나님의 아들이었습니다. 아브라함은 어느 누구도 건드릴 수 없고 어느 누구도 해칠 수 없는 영광된 하나님의 아들로서 이삭을 돌려받은 것입니다. 히브리서에서 말씀하고 있는 것이 무엇입니까?

> 아브라함은 시험을 받을 때에 믿음으로 이삭을 드렸으니
> 저는 약속을 받은 자로되 그 독생자를 드렸느니라.
> 저에게 이미 말씀하시기를 "네 자손이라 칭할 자는
> 이삭으로 말미암으리라" 하셨으니
> 저가 하나님이 능히 죽은 자 가운데서
> 다시 살리실 줄로 생각한지라.
> 비유컨대 죽은 자 가운데서 도로 받은 것이니라
> (히 11:17-19).

아브라함이 이삭을 드리는 시험을 통해 생각한 것이 무엇입니까? 그것은 이 시험 속에 도저히 자기 머리로는 풀리지 않는 미스터리가 있다는 것입니다. 분명히 하나님께서는 이삭을 통해 후손이 오리라고 약속을 하셨습니다. 그런데 지금 이삭을 죽이라고 하십니다. 어떻게 죽은 이삭이 후손을 낳을 수 있겠습니까?

바로 이것이 어려운 문제였습니다. 그 어려운 문제를 통해 아브라함이 발견한 것이 무엇입니까? 이삭은 죽더라도 다시 살아서 그 약속을 성취해야 한다는 것입니다. 그는 이삭이 다시 살 것을 믿었습니다. 그는 이 시험을 통해 부활이라는 것을 생각하게 되었고 그것을 자신의 신앙으로 받아들이게 되었습니다.

부활만이 열쇠이다

욥의 신앙이 바로 이런 것입니다. 욥은 의인이 이 세상에서 꼭 잘사는 것은 아니라는 사실을 알았습니다. 악인이 잘사는 경우도 너무 많았어요. 세상은 공평하지 않았습니다. 그런데 하나님은 공평한 분이십니다. 이 미스터리를 어떻게 풀어야 합니까? 결국 욥은 부활이 있어야 한다는 결론을 내리지 않을 수 없었습니다. 이 세상은 모든 것의 끝이 될 수 없으며 이 세상 이후에 다른 세상이 있어야 한다는 것입니다. 욥은 자신의 시험을 통하여 다음 세상을 내다보게 되었고 그것을 자기 신앙으로 붙들었습니다. 그래서 그는 환난 가운데에서도 "나의 이 가죽, 이것이 썩은 후에 내가 육체 밖에서 하나님을 보리라"(욥 19:26)고 말할 수 있었습니다. 하나님께서는 욥의 신앙이 옳다는 것을 친구들 앞에서 인정해 주셨습니다.

결국 우리의 시험이 무엇입니까? 오늘 이 세상의 한계와 풀리지 않는 미스터리를 어떻게 뛰어넘느냐 하는 것입니다. 이 세상은 모든 것의 완전한 귀결이 아닙니다. 그럼에도 불구하고 하나님은 공의를 말씀하시고 우리에 대한 축복을 말씀하십니다. 결국 믿음을 가진 성도들이 마지막에 내리게 되는 결론이 무엇입니까? 이 세상이 전부가 아니라는 것입니다. 부활이 있으며, 하나님의 약속이 죽음 이후까지 적용된다는 것입니다.

부활의 신앙을 가진 자들의 특징은 죽음을 두려워하지 않는 것입니다. 나에 대한 하나님의 약속은 죽음 이후까지 적용되어야 한다는 믿음이 있기 때문입니다. 그래서 하나님의 말씀을 끝까지 붙듭니다. 이럴 때 인간의 상식으로는 도저히 이해할 수 없는 하나님의 말씀에 순종할 수 있게 되며, 하나님 앞에서 영원한 면류관을 쓰는 자가 되는 것입니다.

이것은 단지 아브라함의 시험만이 아닙니다. 우리 모두가 넘어가야 할 시험입니다. 우리의 신앙이 어떤 한계를 넘어서지 못하는 이유가 무엇입니까? 아무리 믿어도 변하지 않고 그 모습 그대로인 이유가 무엇입니까? 하나님의 말씀에 순종하지 못하는 이유가 무엇입니까? 죽음을 뛰어넘지 못해서 그렇습니다. 이 세상 안에서 볼장을 다 보려고 하니까, 보고 싶은 것 다 보고 먹고 싶은 것 다 먹고 가지고 싶은 것 다 가지려고 하니까 하나님의 말씀이 말씀 되지 못하는 것입니다. 그래서 믿는 자와 믿지 않는 자의 차이가 근본적으로 없어집니다.

<small>믿음의 훈련은 작은 것부터</small>

우리는 몸을 가지고 있기 때문에 타협을 해야 하고 욕구를 충족시켜야 하고 정욕에 굴복하지 않을 수 없습니다. 그러나 하나님께서는 아브라함에게 하셨던 것처럼 먼저 작은 것을 버리는 훈련을 하게 하십니다. 처음에는 자기의 취미를 포기합니다. 주위에 있는 친구들은 미쳤다고 이야기합니다. "야, 그런 취미도 없이 무슨 재미로 사냐? 예수 믿는 것이 절에 들어가는 일인 줄 알아? 왜 취미를 버려?" 취미를 버린 다음에는 자기 자랑을 버립니다. 그러다가 나중에는 어떻게 됩니까? 자기가 가장 포기하기 힘들었던 인간적인 것들을 포기하고 목숨을 바쳐서 하나님의 말씀에 복종합니다. 그는 이 세상에서 모든 것을 보상

받으려고 하지 않습니다. 그는 부활을 믿으며 부활 뒤의 영광을 바라봅니다. 이런 사람은 천사보다 뛰어난 순종을 하는 것입니다. 아무것도 버리지 않는 사람은 시험을 칠 의사가 없는 학생과 같습니다. 자고 싶을 때 다 자고 놀고 싶을 때 다 노는 학생은 결코 좋은 성적을 거두지 못할 것입니다.

영국 어느 교회에 카이젤 콧수염을 엄청나게 아끼고 자랑하는 사람이 하나 있었습니다. 그는 자신의 콧수염에 큰 만족감을 느꼈습니다. 이야기할 때도 항상 수염을 만지작거렸고, 음식을 먹을 때도 수염에 묻을까 봐 수시로 닦았으며, 누가 수염에 대해 농담을 하면 당장 싸움을 걸었습니다. 그런데 어느 날 전교인이 깜짝 놀랄 만한 일이 일어났습니다. 이 사람이 콧수염을 완전히 밀고 나타난 것입니다. 사람들은 그에게 도대체 무슨 일이 있었길래 수염을 밀고 왔는지 의아해하며 모두 걱정을 했습니다. 목사님이 물어도 좀처럼 입을 열지 않던 그 사람이 어느 날 결국 이유를 설명해 주었습니다. 자신이 콧수염을 밀어 버린 것은 그 콧수염이 주님을 기쁘게 하지 못한다는 것을 깨달았기 때문이라는 것입니다. 그는 주님을 위해 자신의 작은 자랑 하나를 버린 것입니다.

죽음을 극복하지 못하고 이 세상에서 모든 것을 다 누리려고 하는 자들은 생명의 면류관을 얻지 못할 것입니다. 근본적으로 신앙과 불신앙의 차이가 나타나지 않습니다. 신앙과 불신앙의 차이는 죽음을 통과할 때 나타납니다. 죽음 앞에서 담대할 수 있을 때, 이 세상에서 모든 것을 끝장내려고 하지 않을 때, 성경이 성경 되고 믿음이 믿음 되는 것입니다. 그런 사람은 하나님이 자신의 이름을 걸고 맹세하는 이 엄청

죽음을
통과할 때
나타나는 것

4. 시험 후에 오는 영광

난 축복을 받게 될 것입니다. 죽음을 극복해야 합니다. 이 세상의 재미와 자랑을 버리지 않고는 "네가 이같이 행하여 네 아들 독자를 아끼지 아니하였은즉"이라고 하는 이 엄청난 칭찬의 말씀을 듣지 못할 것입니다.

2. 후손의 의미

하나님께서는 믿음으로 승리한 아브라함에게 후손을 통한 놀라운 축복을 약속하셨습니다. 17절을 보십시오.

"내게 네게 큰 복을 주고 네 씨로 크게 성하여
하늘의 별과 같고 바닷가의 모래와 같게 하리니
네 씨가 그 대적의 문을 얻으리라."

이 축복은 다르다   하나님께서 아브라함에게 주시는 축복은 우리가 이 세상에서 흔히 경험하는 그런 축복이 아닙니다. 이것은 너무나도 특별한 축복입니다. 하나님께서는 아브라함의 후손이 하늘의 별처럼, 바닷가의 모래처럼 많아질 것이라고 약속하십니다.

하나님께서 주시는 이 축복은 이 세상의 축복이 아닙니다. 이 세상의 축복은 이미 있는 것을 나누어 가지는 것입니다. 예를 들어 놀이터에 있는 그네나 시소를 누가 차지하느냐와 같은 것입니다. 부귀나 영화는 새로운 것이 아닙니다. 마치 의자를 서로 돌아가면서 차지하는 것과 같습니다. 의자는 하나밖에 없습니다. 그것을 서로 돌아가면서 앉아 보는 것이 권력인 것입니다. 물론 그런 의자에 앉지 못하는 사람에 비해서는 앉은 사람이 엄청나게 축복을 받은 것이지만 새롭지는 않습니다. 해 아래 새 것은 아무것도 없습니다.

그러나 하나님께서 아브라함에게 주시는 축복은 그런 것이 아닙니다. 이 축복은 이미 있는 것을 서로 나누어 차지하는 것이 아니라 전적으로 새로운 것입니다. 집안에 이미 있던 가구의 배치를 바꾸는 것도 신선한 맛을 줍니다. 그러나 가구를 새로 사들여오는 것보다는 새롭지 못할 것입니다. 이 세상 사람들이 축복이라고 생각하는 것은 이미 있는 가구의 배치를 바꾸는 정도밖에 되지 않습니다. 그러나 하나님께서 아브라함에게 주시는 것은 전적으로 새로운 것입니다.

그 축복이 무엇입니까? 후손을 엄청나게 많이 주시는 것입니다. 하늘의 별이나 바닷가의 모래만큼 자손이 많아질 것이라고 약속하고 계십니다. 그리고 그 후손이 대적의 문을 얻을 것이라고 말씀하십니다. 문자적인 의미로만 생각하면 아브라함의 자손이 아주 많아져서 모든 대적들을 이기고 승리하는 아주 강한 나라가 되리라는 약속 같습니다. 그러나 여기서 생각해야 할 것은 이 후손이 두 가지 의미로 나타나고 있다는 사실입니다.

<small>축복의 내용</small>

하나는 단수로서의 후손입니다. 이 경우에 후손은 어떤 한 사람을 지칭합니다. 또 하나는 복수로서의 후손입니다. 이 경우에 후손은 실제로 많은 사람들을 의미합니다. 이제 우리에게 떠오르는 의문은 어떻게 아브라함의 자손이 한 사람을 가리키면서 동시에 많은 사람들을 의미할 수 있느냐 하는 것입니다.

석류 열매를 한번 생각해 보십시오. 석류 열매는 하나입니다. 그러나 그 안에는 많은 씨가 들어 있습니다. 하나님께서 아브라함에게 주시려고 하는 후손은 단순히 많은 후손이 아닙니다. 한 사람 안에 들어 있는 많은 후손입니다. 마치 석류 열매 안에 많은 씨가 들어 있는 것처럼, 한 사람이 이들을 싸고 있고 이들을 대표하고 있으며 영원히 지키고 있습니다.

아브라함은 그 대표가 될 수 없습니다. 왜냐하면 그는 죽어야 하는 사람이기 때문입니다. 아브라함의 한 후손은 죽으면 안 됩니다. 여러 후손들을 영원히 지키기 위해 살아 있어야 합니다. 그리고 그 수많은 후손들은 자연 상태로 아브라함한테서 태어나기만 하면 되는 것이 아니라 어떻게 해서든지 그 한 후손 안에 들어가야 합니다.

바로 이것이 하나님께서 아브라함에게 주시려는 축복입니다. 사실 구약의 한계가 여기에 있습니다. 무언가 특별한 의미가 있다는 것은 알겠는데 그것이 정확하게 무엇을 의미하는지 구약 자체만으로는 알 수 없는 것입니다. 이 아브라함의 축복은 신약 시대에 와서 예수 그리스도를 통하여 구체화됩니다.

그 후손, 그리스도

이스라엘 백성들은 처음에 모세가 그 후손인 줄 알았습니다. 그러나 모세는 가나안 땅에 들어가 보지도 못하고 요단강 동편에서 죽었습니다. 다음에 이스라엘 백성들은 다윗이 그 씨인 줄 알았습니다. 그러나 하나님은 그가 아니라고 말씀하셨습니다. 다윗이 성전을 지으려고 할 때에도 "너는 짓지 마라. 너의 씨가 성전을 지을 것이다"라고 하셨습니다. 다윗이 시편에서 노래한 것이 무엇입니까? '그분'의 시체는 썩을 수 없다는 것입니다. '그분'의 영혼은 음부에 버림당하지 않으리라는 것입니다. 그 후손이 누구입니까? 사망의 권세를 깨뜨리고 부활하신 예수 그리스도입니다. 이삭이 죽은 자 가운데서 살아나서 하나님의 약속을 성취한 것처럼 죽은 자 가운데서 다시 살아나서 하나님의 약속을 성취한 예수 그리스도입니다. 하늘의 별이나 바닷가의 모래처럼 많은 후손은 모두 이 한 후손 예수를 믿고 하나님의 백성이 된 사람들을 의미합니다.

그러면 아브라함이 한 일은 무엇입니까? 그는 그리스도를 밝혀 주는 등대가 되었습니다. 먼 바다에 있는 배가 밤에 항구에 들어오려면 어디로 와야 하는지 알 수 없습니다. 그래서 등대가 있어야 합니다. 배들은 먼 곳에서 등대를 보고 방향을 잡아서 안전하게 항구에 들어올 수 있습니다. 하나님께서 아브라함에게 주신 축복은 이 세상에서 부자가 되는 것이 아니었습니다. 오래 사는 축복이 아니었습니다. 영원히 죽지 않는 하나님의 아들을 안내하는 등대의 역할을 하여 하나님의 나라가 임하게 하는 것이었습니다.

아브라함,
그리스도의 등대

이 세상에서 가장 귀한 축복이 무엇입니까? 높은 자리에 오르는 것이 아닙니다. 권세를 가지는 것이 아닙니다. 이 세상에서는 누구에겐가 그런 권세를 주어야 합니다. 그렇게 하지 않으면 사회가 유지되지 않기 때문입니다. 사회를 지키기 위해서는 별 계급장을 단 사람에게 막강한 권세를 주어야 합니다. 그러나 그도 자리에서 물러나면 그만입니다. 또 사회가 돌아가려면 누군가는 돈을 많이 가져야겠지만, 일단 돈을 잃으면 아무도 그 사람을 거들떠보지 않습니다. 그러나 이 세상에서 가장 큰 축복의 사람들이 있습니다. 그들이 누구입니까? 하나님 나라가 임하게 하는 사람입니다. 자기 자신을 등대로 밝혀서 자신을 보고 하나님의 나라가 임하게 하며, 하나님의 성령의 역사가 자신을 통하여 이루어지도록 안내자 역할을 하는 그 사람이 가장 존귀한 자입니다.

이 세상에 가장 필요한 일은 성령이 오시는 것입니다. 우리 마음속에 성령만 오신다면 해결되지 못할 문제가 없습니다. 성령은 늘 새롭게 하시고 치료하시며 죄를 이기게 하시고 영원히 살게 하시고 죽은 몸도 살려 놓으십니다. 성령은 갈등과 분쟁과 모든 문제를 다 해결하십니다. 이 성령을 임하게 하신 분이 누구입니까? 예수 그리스도입니다. 아브라함은 먼 곳에서 이 예수 그리스도의 안내자 역할을 했습니다. 그리고 그 후 이 세상에 살게 될 모든 그리스도인들로 하여금 바른 신앙이 무엇이며 참된 하나님의 축복이 무엇이지를 보여 주는 지표가 되었습니다.

어떤 사람은 인류에게 불을 가져 온 프로메테우스 신이 가장 귀하다고 말합니다. 인간에게 불은 정말 중요한 것입니다. 그러나 불보다 더 중요한 것이 무엇입니까? 자기 자신의 모습을 하나님 앞에서 깨닫고 자신의 죄를 버리며 그분 앞에서 믿음으로 사는 것입니다. 그래서 하나님이 주신 형상을 되찾게 하시는 거룩한 영인 성령의 역사가 가장 귀중한 것입니다. 예수님은 바로 이 성령을 우리에게 부어 주셨습니다.

우리,
성령의 등대

그리스도 안에 있는 많은 후손들이 할 일이 무엇입니까? 모두 각자의 영역에서 다른 사람들에게 성령의 역사가 나타나게 하는 것입니다. 또 다른 작은 예수가 되는 것입니다. 하나님께서는 가장 귀한 성령의 역사를 바로 그리스도 안에 있는 이 후손들을 통해 이루시겠다고 약속하고 계십니다. 여러분, 성령의 역사는 정말 새로운 것입니다. 이 세상에 있는 것들을 재배치해서 효율을 극대화하는 것이 아닙니다. 완전히 새로운 사람을 만드는 것입니다. 나를 통하여 성령의 역사가 나타나는 것, 나를 통하여 다른 사람이 자기 자신의 존귀함을 되찾고 자신의 삶을 고치는 것, 새 사람이 되는 것, 이것이야말로 가장 복된 일입니다.

이 후손이 어떤 일을 할 것이라고 약속하십니까? 대적의 문을 얻으리라고 하십니다. 문은 옛날이나 오늘이나 중요한 것입니다. 문을 장악하기만 하면 그 안에 들어 있는 사람은 포로나 마찬가지입니다. 결국 다 항복하게 되어 있습니다. 피를 흘리지 않고서도 그 안에 있는 사람들을 다 굴복시킬 수 있습니다.

대적의 문을 얻다

그리스도께서 하실 일은 대적의 문을 얻는 것입니다. 마귀를 굴복시키는 것입니다. 어떻게 굴복시키셨습니까? 이 세상에 있는 모든 악의 세력과 일일이 싸우는 대신 자기 자신을 하나님의 말씀에 쳐 복종시킴으로써 그분의 용서를 받아 내셨습니다. 그리고 그 용서의 결과로 모든 믿는 사람에게 성령을 퍼부어 주심으로써 우리의 가치를 되찾아 주셨습니다.

이 세상에 마귀가 날뛰는 것은 인간들이 깨닫지 못하기 때문입니다. 마귀는 깨닫지 못하는 사람들을 충동질하고 성질이 급한 사람을 부추겨서 이 세상의 모든 악한 일을 하고 있습니다. 마귀는 사람들을 충동질하지 않고서는 아무것도 할 수 없습니다. 그리스도께서 하신 일은 깨닫지 못하는 모든 자의 마음속에 성령의 깨달음을 주셔서 자신의 존귀함을 깨닫고 삶을 바꾸게 하심으로써 마귀를 꼼짝하지 못하게 묶으신 것입니다. 사람이 바뀌면 마귀는 꼼짝하지 못합니다.

'대적의 문을 얻는다' 는 것을 여호수아서에서는 '원수들의 목을 발로 밟는다' 는 말로 표현하고 있습니다. 요즘 규칙을 위반한 자들에게 '빠떼루' 를 준다는 말이 유행인데 이것은 빠떼루 이상입니다. 목을 발로 밟으면 꼼짝할 수가 없습니다. 여호수아는 막게다 굴에 숨어 있는 다섯 명의 가나안 왕들을 잡아 끌고 와서 그 목을 발로 밟았습니다. 이것은 우리가 이 세상에서 어떤 식으로 사탄과 싸워 이길 것인지를 보여 줍니다. 오늘날 사탄과 악의 세력에게 빠떼루만 주는 것으로는 너무 약합니다. 대적은 다시 고개를 쳐들고 반항할 것입니다. 빠떼루를 줄 것이 아니라 그 목을 발로 밟아야 합니다.

아직도 사탄은 무지한 사람들을 유혹해서 하나님을 대항하게 하고 있습니다. 얼마 되지도 않는 인간의 지식과 기술로 하나님을 부정하게 만들고, 하나님께 돌아갈 영광을 죄인들에게 돌리게 하고 있습니다. 오늘 우리는 그 안에 들어 있는 모든 속임수를 찾아 내서 사탄의 목을 밟아야 합니다. 다시는 고개를 쳐들지 못하도록 밟아야 합니다.

3. 시험을 이긴 후

<small>하나님을 믿을 수 없다?</small>

오늘 우리는 이 세상에 살면서 우리의 믿음을 테스트하는 많은 시험들을 받습니다. 그 때 우리의 태도를 하나로 요약해 보면 '하나님을 믿을 수 없다' 는 것입니다. '나를 이 지경에 빠뜨린 하나님을 더 이상 믿을 수 없고, 나에게 이런 신체적인 어려움을 준 하나님을 믿을 수 없으며, 우리 집에 이런 가난을 준 하나님을 믿을 수 없고, 우리 부모님

을 이렇게 병들게 한 하나님을 믿을 수 없다'는 것입니다. 나의 욕구를 채우고 싶기 때문에 하나님이 정하신 한계를 더 이상 인정할 수 없는 것이지요.

이 시험을 어떻게 이길 수 있습니까? 나의 어려운 상황에도 불구하고 이 세상 전체를 하나님이 다스리고 계시며, 나에 대해 선한 뜻을 가지고 계시다는 것을 끝까지 붙들어야 합니다. 눈에 보이는 것은 아무 것도 없지만 나에 대한 선한 뜻을 끝까지 믿을 때, 하나님은 나를 옳다고 인정하시고 상을 주십니다. 어떤 상입니까? 나를 존귀하게 하시는 상입니다. 하나님은 시험에서 이긴 자를 이 세상에서 참으로 존귀하게 하십니다. 어느 누구도 감히 업신여기지 못하도록 붙들어 주십니다.

이 상은 두 가지로 나타납니다. 하나는 그에게서 성령의 역사가 떠나지 않는 것입니다. 사람 안에 있는 선한 생각이나 느낌은 오래 가지 않습니다. 우리의 믿음은 조금만 어려운 일을 당해도 바닥을 보일 때가 많습니다. 평소에는 믿음이 좋은 줄 알았는데 어려움만 오면 바닥 긁히는 소리가 들리면서, 거의 믿음 없는 사람처럼 되어 버립니다.

그러나 하나님의 선하심을 믿는 사람은 하나님 앞에 무릎을 꿇고 "하나님, 제 신앙이 바닥나고 있습니다. 도와 주십시오" 하고 기도합니다. 그러면 하나님의 성령이 이슬처럼 메마른 심령에 새로이 임하셔서 충만히 채워 놓으십니다. 밖의 날씨가 아무리 추워도 마음은 그렇게 따뜻할 수가 없습니다. 굶어서 배가 고파도 마음은 그렇게 풍성할 수가 없습니다. 몸은 지쳐 있어도 마음속에서는 얼마나 새로운 힘이 솟아나는지 모릅니다.

아침에는 성령 충만했는데, 이 사람 저 사람 만나다보니 그 기쁨이

> 존귀한 자의 상

모두 없어지고 아주 신경질적으로 변해 있는 것을 경험한 적이 있을 것입니다. 그 때 주님 앞에 무릎을 꿇고 기도드리면 어떤 일이 일어납니까? 자기 자신이 알 수 있도록 성령이 임하시는 것을 체험하게 됩니다. 내 속에 성령이 차오르는 것이 느껴집니다. 성령은 참 놀라운 분입니다. 성령은 인격이시면서도 물처럼 부어지기도 하고 채워지기도 합니다. 이것이 성령의 영원한 미스터리입니다. 믿음에서 승리한 사람에게는 이런 성령의 역사가 나타납니다. 또한 하나님께서는 승리한 사람의 기도를 응답해 주심으로써 그를 존귀하게 하십니다. 듣기 좋은 말이야 누가 못 합니까? 그 기도의 말이 응답되는 사람이 진짜 존귀한 사람이지요.

그러면 믿음은 있지만 승리하지 못한 사람에게는 성령의 역사가 나타나지 않습니까? 저는 그렇게 생각하지는 않습니다. 참으로 그리스도를 믿는 사람은 시험을 이기게 되어 있습니다. 단지 믿음을 붙들고 있지 않기 때문에 시험을 이기지 못하고 시간을 지연하고 있는 것입니다.

하나님 앞에 이렇게 존귀한 자가 되기 위해서는 어떻게 해야 합니까? 무언가 버리는 것이 있어야 합니다. 하나님 앞에서 아무것도 버리지 않은 사람은 아무것도 요구할 것이 없는 사람입니다. 버린 만큼 주님을 사랑하는 것입니다. 재산을 버리면 그 버린 재산만큼 주님을 사랑하는 것입니다. 목숨을 버리면 그 버린 목숨만큼 하나님을 사랑하는 것입니다. 아무것도 포기하지 않고 입으로만 하나님을 사랑한다고 말하는 사람은 닦지도 않은 그 냄새나는 입만큼만 하나님을 사랑하는 것입니다.

하나님을 위하여 버리는 것을 두려워하지 마십시오. 여러분의 젊음을 포기하면 하나님의 젊음으로 돌아올 것입니다. 여러분의 자녀를 포기하면 하나님의 자녀로 돌아올 것입니다. 여러분의 목숨을 버리면 영원한 생명이신 주님의 목숨으로 돌아오게 될 것입니다. 신실하신 하나님께서는 우리가 버리는 것 이상의 많은 새로운 것으로 우리를 축복하시고 충만하게 하실 것입니다.

5 사라의 죽음과 장사

사라가 127세를 살았으니 이것이 곧 사라의
향년이라. 사라가 가나안 땅 헤브론,
곧 기럇아르바에서 죽으매
아브라함이 들어가서 사라를 위하여 슬퍼하며
애통하다가 그 시체 앞에서 일어나 나가서
헷 족속에게 말하여 가로되
"나는 당신들 중에 나그네요 우거한 자니,
청컨대 당신들 중에서 내게 매장지를 주어 소유를
삼아 나로 내 죽은 자를 내어 장사하게 하시오."
헷 족속이 아브라함에게 대답하여 가로되
"내 주여 들으소서.
당신은 우리 중 하나님의 방백이시니
우리 묘실 중에서 좋은 것을 택하여 당신의
죽은 자를 장사하소서. 우리 중에서 자기 묘실에
당신의 죽은 자 장사함을 금할 자가 없으리이다."
아브라함이 일어나 그 땅 거민 헷 족속을 향하여
몸을 굽히고 그들에게 말하여 가로되
"나로 나의 죽은 자를 내어 장사하게 하는 일이
당신들의 뜻일진대, 내 말을 듣고 나를 위하여
소할의 아들 에브론에게 구하여 그로
그 밭머리에 있는 막벨라 굴을 내게 주게 하되
준가를 받고 그 굴을 내게 주어서 당신들 중에
내 소유 매장지가 되게 하기를 원하노라."

창 23:1-9

이제 막 신병훈련소를 나와서 이병 계급장을 달고 군대생활을 시작하는 신병들에게는 제대 신고하러 다니는 군인들이 그렇게 부러울 수가 없습니다. 그리고 이제 막 제대하는 군인들은 막 군대생활을 시작하는 신병들을 볼 때, 저 사람들이 언제 군대생활을 다 마칠는지 한심한 생각이 들 것입니다.

인생에서도 마찬가지입니다. 사람은 자기가 원하건 원하지 않건 반드시 거쳐 가야 할 길이 있습니다. 독일인들은 이것을 세 대의 차로 표현한다고 합니다. 하나는 아기들이 타고 다니는 유모차이고, 다른 하나는 결혼식 때 타는 색종이 달린 신혼차입니다. 그리고 또 다른 하나는 장례식 때 타는 검은색 리무진입니다.

장례식에 가 보면 신앙을 가진 사람과 가지지 않은 사람이 그렇게 다를 수가 없습니다. 신앙을 가지지 않은 사람의 장례식에서는 할 말이 아무것도 없습니다. 죽은 사람도 말이 없고 산 사람도 말이 없습니다. 그러나 그리스도인의 죽음에는 소망이 있고 기쁨이 있고 위로가 있고 할 말이 있습니다. 성도의 죽음은 마치 군인이 영광스럽게 제대하는 것과 같습니다. 그는 이제 무거운 짐을 벗고 안식하기 위하여 제대 신고를 하는 군인과 같습니다. 그리스도 안에서 죽은 자들에 대한 약속과 축복이 성경에는 너무나도 많이 있습니다.

그러면 살아 있는 성도는 누구입니까? 이제 계속 전쟁을 치러야 하는 신병입니다. 그는 이제 막 군화끈을 묶고 있는 사람으로서, 전쟁을 치르기 위하여 이를 악물고 전쟁터로 나가야 합니다. 그러나 그리스도 안에서 잠자는 성도들은 군화끈을 푸는 군인과 같습니다. 그는 자신의 싸움을 다 싸웠습니다. 이제 그를 기다리고 있는 것은 완전한 안식입니다.

오늘 본문은 아브라함의 아내 사라의 죽음에 대해 말씀하고 있습니다. 사라는 영원한 아름다움을 지닌 여성입니다. 아마 오드리 헵번보다 더 젊고 아름다운 미모를 끝까지 지녔을 것입니다. 그러나 드디어 사라도 나이 많아 죽게 되었습니다. 아브라함은 사라의 죽음을 애통해합니다. 그러나 그는 어떤 일을 해야만 했습니다. 사라를 매장할 땅이 전혀 없었기 때문입니다. 하나님께서는 아브라함에게 땅을 조금도 주지 않으셨습니다.

아브라함은 이 문제를 그 곳에 살고 있는 헷 족속과 의논했습니다. 그들은 아브라함이 원하는 대로 아무 무덤이나 사용해도 좋다고 대답했습니다. 그러나 아브라함은 기어코 값을 주고 땅을 사서 거기에 사라를 매장했습니다. 사라의 무덤은 이스라엘 백성들이 가나안 땅에서 최초로 소유한 땅이 되었습니다.

1. 사라의 죽음

오늘 본문에 나타나고 있는 사라의 죽음은 무엇을 의미합니까? 단순히 이 세상에서 사라의 생명이 끝났다는 것만을 의미하지는 않습니다. 사라의 죽음은 사라가 이 세상에서 자신이 싸울 싸움을 모두 마치고 영광스럽게 하나님의 품으로 들어간 것을 의미합니다.

사라가 127세를 살았으니
이것이 곧 사라의 향년이라(23:1).

사라의 영적인 싸움은 아브라함의 영적인 싸움과 똑같이 시작되었습니다. 아브라함이 하나님의 말씀에 사로잡혀서 안정된 삶을 모두 버리고 유랑하기 시작하면서 사라의 삶에도 근본적인 변화가 찾아왔습니다. 아브라함이 하란을 떠난 후 사라의 삶은 그야말로 전쟁의 연속이었습니다. 사라가 겪었던 모든 어려움은 아브라함과 관계가 있는 것이었습니다.

사라의 싸움

우선 아브라함은 새로운 곳으로 이사하기만 하면 적응하지 못하고, 누군가 사라를 빼앗기 위하여 자기를 죽이리라는 강박 관념에 시달리곤 했습니다. 실제로 사라는 두 번이나 다른 사람의 아내가 되었던 적이 있습니다. 이것은 완전히 빼앗긴 것입니다. 아내를 빼앗긴 남편도 남편이지만 남편을 오빠라고 속이고 다른 사람의 아내로 들어가 있는 여자의 마음은 또 얼마나 안타까웠겠습니까? 그러나 사라는 한 번도 아브라함을 무시하거나 업신여긴 적이 없었습니다. 아무리 이해가 되지 않아도 아브라함을 믿고 기다렸습니다. 사실 아브라함을 믿었다기보다는 아브라함의 하나님을 믿었던 것입니다. 사라는 아브라함을 '주'라고 불렀습니다. 그것은 사라가 남편을 절대시했다는 뜻이 아닙니다. 하나님이 남편을 통하여 일하신다는 것을 믿었다는 뜻입니다. 사라는 남편을 통하여 하나님을 보았습니다.

사라의 실패와 승리

그럼에도 불구하고 사라에게는 가장 큰 시험이 있었는데, 그것은 자식을 낳지 못하는 것이었습니다. 이 당시에 자식을 낳지 못하는 여자는 사람 구실을 제대로 못 하는 존재로 받아들여졌을 뿐 아니라 살 가치가 없는 사람으로 여겨졌습니다. 사라는 참으로 아름다웠지만 하나님은 그를 자식 문제로 한없이 낮추셨습니다. 하나님께서 사라를 이토록 낮추신 것은 참으로 그를 사랑하셨기 때문이었고, 그로 하여금 믿음의 어머니가 되게 하기 위해서였습니다.

사라는 중간에 믿음에서 탈선한 적이 있었습니다. 그는 하나님의 말씀에 굳게 서지 못했습니다. 자신은 자식 낳기엔 이미 늦었으니 아브라함이 더 늙기 전에 아들을 얻어야 한다는 생각에 첩을 얻어서 말할 수 없는 치욕과 고통을 맛보았습니다.

사라의 영적인 싸움이 무엇입니까? 끝까지 기다리는 것이었습니다. 그는 이미 여자로서 자식을 낳을 수 있는 나이가 지났지만 하나님의 말씀을 붙들었습니다. 그리고 그의 나이가 90세에 이르렀을 때 하나님의 말씀이 역사하기 시작했습니다. 사라 안에 고장난 부분을 치료하셔서 임신하게 하시고 드디어 아들을 낳게 하신 것입니다. 그 때 사라가 한 말이 무엇입니까? "하나님이 나로 웃게 하시니 듣는 자가 다 나와 함께 웃으리로다." 사라는 하나님 앞에서 마음껏 웃을 수 있었습니다.

하나님께서 사라를 모든 믿는 자의 어머니로 세우신 이유가 무엇입니까? 끝까지 기다렸기 때문입니다. 그리고 말씀으로 이삭을 낳았기 때문입니다. 모든 믿는 자들은 자연적으로 태어나는 것이 아닙니다. 하나님의 말씀으로 만들어져야 합니다. 그런 의미에서 사라는 모든 믿는 자의 어머니입니다. 그는 끝까지 기다려서 믿음으로 아들을 낳았습니다. 믿는 사람들은 모두 말씀으로 만들어진 아들입니다. 그런 의미에서 모두 우리는 사라의 아들이라고 말할 수 있습니다. 다른 말로 표현하면 하나님께서는 끝까지 믿음으로 기다린 사라를 가장 존귀한 자로 만드신 것입니다.

사라의 죽음이 의미하는 것이 무엇입니까? 자신의 영적인 싸움을 다 싸우고 하나님 앞에서 영원히 안식하기 위하여 제대했다는 것입니다. 이 세상에는 두 가지 죽음이 있습니다. 하나는 신앙이 없는 자의 죽음입니다. 그 죽음은 그냥 죽는 것입니다. 지금까지 이 세상에서 살게 하신 하나님의 은혜가 끝나는 것입니다. 지금까지는 이 세상에서 자기 하고 싶은 대로 다 하면서 마음대로 살았습니다. 그러나 하나님께서 호각을 불면 이제 자유는 다 없어지고 하나님의 심판대 앞에 서서 이 세상에서 자기가 한 일에 대해 심판을 받아야 합니다. 신앙을 가지지 않은 자가 이 세상에서 한 일이 무엇이 있겠습니까? 전부 자기를 위하여 한 것밖에 없습니다. 그는 철저히 자기만을 위하여 살았습니다. 자기는 잊었을지 몰라도 지금까지 자기가 한 말이나 모든 행동들이 하나님 앞에 그대로 녹음되어 있고 녹화되어 있는 것을 볼 때, 차라리 무너지는 산 밑에 깔려 죽고 싶을 것입니다.

두 가지 죽음

이 세상에서 사는 것은 그냥 사는 것이 아닙니다. 모든 것이 녹음되고 있고 녹화되고 있습니다. 우리는 남들에게 행한 약간의 선행을 가지고 얼마나 선전을 합니까? 조금이라도 그 사실을 모르는 사람이 있을까 봐 가는 곳곳마다 자랑을 해 댑니다. 그러나 그것과는 비교되지 않는 엄청난 죄들이 드러날 때, 죽고 싶어도 죽을 수 없게 될 것입니다.

그러나 또 다른 죽음이 있습니다. 그것은 그리스도인의 죽음입니다. 그리스도인의 죽음은 자신의 임무를 완수한 군인의 제대와 같습니다. 그는 자신이 싸울 싸움을 다 싸웠습니다. 더 이상 그가 싸울 것은 없습니다. 이제 그를 기다리고 있는 것은 영원한 안식뿐입니다. 그래서 그리스도인이 그리스도 안에서 죽는 것이야말로 가장 복된 일입니다. 아무리 이 세상에서 믿음생활 잘 하고 있는 자라 하더라도 그는 아직 싸우고 있는 현역 군인입니다. 주 안에서 잠자는 자보다는 못합니다.

죽음 후에 성취된 약속

사라에게는 성취되지 못한 약속이 있었습니다. 그것은 이삭의 후손을 보는 일입니다. 사라나 아브라함은 이 세상의 죄를 없애시는 이삭의 후손을 보기를 기대했습니다. 그러나 결국 사라는 그 후손을 보지 못하고 죽었습니다. 사라가 죽었을 때 이삭은 아직 결혼하지 않았습니다. 그러나 사라는 죽은 후 거기서 그 영광의 후손을 보게 되었습니다. 그가 누구입니까? 그리스도입니다.

그래서 그리스도인들의 죽음은 단순히 이 세상 생명의 끝이 아닙니다. 상태의 변경이고 소속의 이동입니다. 사라는 아브라함을 통해서 보았던 주님을 직접 보게 되었습니다. 그리고 그렇게도 기다리던 후손을 더 가까이에서 모실 수 있게 되었습니다. 사라는 이 세상에서도 아름다웠지만 죽은 후에 더 완전한 아름다움을 가질 수 있었습니다. 그것은 영원히 늙지 않는 아름다움이었습니다. 그는 더 성숙한 모습으로, 더 완전하게 하나님과 그 아들 예수 그리스도 앞에 서 있을 수 있었습니다. 이것이 그리스도인의 죽음입니다.

오늘 우리들은 이제 막 군대생활을 시작하는 신병들입니다. 혼자서 편히 쉴 생각을 하거나 요령을 피울 생각을 해서는 안 됩니다. 우리는 지금 전쟁터에 나가기 위하여 군화끈을 매는 군인과 같습니다. 우리에게 주어진 싸움을 싸워야 합니다. 사라의 싸움에는 아브라함과 공통으로 싸워야 하는 싸움이 있었는가 하면 혼자서 치러야만 했던 싸움도 있었습니다. 오늘 우리들에게도 함께 싸워야 할 싸움이 있는가 하면 어느 누구도 도와 줄 수 없는 혼자만의 싸움이 있습니다. 그 어느 것이든 우리는 우리에게 주어진 싸움을 싸워야 합니다.

> 지금은 싸울 때

출애굽한 이스라엘 백성들이 가나안 땅에 들어가지 못한 이유가 무엇입니까? 싸우기를 원치 않았기 때문입니다. 가나안 땅을 거저 주면 들어가려고 했습니다. 그러나 40명의 정탐군을 보내서 조사해 본 결과 그 땅을 차지하려면 많은 희생을 치러야 한다는 것을 알게 되자, 애굽으로 돌아가려고 했습니다. 이처럼 싸우기를 싫어하는 자들은 하늘의 영광을 차지할 수 없습니다. 여러분, 아무 부담 없이 편하게 믿는 것이 좋은 게 아닙니다. 그런 신앙은 마치 공짜로 가나안 땅을 차지하려고 했다가 실패한 이스라엘 자손들의 신앙과 같습니다.

신앙에 어떤 도전이 올 때 우리는 믿음으로 응전해야 합니다. 믿음으로 기다리든지 적극적으로 공격하든지 간에 믿음으로 응전해야 합니다. 그렇게 하지 않으면 기대할 수 있는 것이 아무것도 없습니다. 나에게 어떤 어려움이 닥치든지 간에 그것은 나의 믿음의 반응을 요구합니다. 물론 완전히 이길 수는 없습니다. 그러나 끝까지 인내하면서 싸워야 합니다. 때로는 사라처럼 납치될 때도 있고 때로는 엉뚱한 짓을 했다가 곤욕을 치를 때도 있을 것입니다. 그러나 끝까지 참기만 하면 하나님께서 모든 것을 다 해결해 주십니다.

<small>휴식의 때는 따로 있다</small>

벌써부터 휴식을 생각해서는 안 됩니다. 이 세상에 사는 동안에는 항상 싸워야 합니다. 우리가 죽어서 장사될 때에야 비로소 이 모든 영적 싸움의 부담에서 벗어나서 편안하게 안식할 수 있는 것입니다. 어떤 사람들은 청년부만 졸업하면 편안하게 신앙생활을 하려고 하고, 어떤 사람은 결혼만 하면 영적 부담을 벗으려 하며, 어떤 사람은 아이만 낳으면 영적 싸움을 포기하려고 합니다. 그것은 마치 신병이 제대한 군인을 흉내내는 것과 같습니다.

죽을 때까지는 어느 누구도 편안하게 믿을 수 없습니다. 옆에서는 동료들이 피를 흘리면서 쓰러지고 있는데 자기만 편안하게 믿으려고 하는 것은 주님을 반역하는 것입니다. 갈렙은 80세가 넘어서도 다시 전쟁터에 나갔습니다. 신앙에 '너무 늙었다'는 말은 없습니다. 살아서 호흡하는 자는 모두 영적인 전쟁에 참여해야 합니다.

2. 아브라함이 치른 장례

장사 지내는 것을 보면 그 사람의 인생관과 가치관을 그대로 볼 수 있습니다. 아브라함은 사라의 죽음을 애도했습니다.

> 사라가 가나안 땅 헤브론, 곧 기럇아르바에서 죽으매
> 아브라함이 들어가서 사라를 위하여
> 슬퍼하며 애통하다가 (23:2)

우리는 이 당시의 장례 풍습이 어떠했는지 잘 모르기 때문에 아브라함의 장례가 헷 사람들의 장례와 어떻게 달랐는지 알 수 없습니다. 많은 주석가들은 아브라함이 사라를 위하여 애곡한 것을 그 당시의 관례에 따른 행동이라는 식으로 설명하고 있습니다. 그러나 저는 그런 설명에 동의할 수가 없습니다. 아브라함의 죽음에 대한 태도가 하나님을 모르는 주위 사람들의 죽음에 대한 태도와 같을 수가 없습니다. 하나님의 백성과 하나님을 모르는 사람 사이의 가장 큰 차이는 바로 죽음에 대한 태도에서 나타나기 때문입니다.

헷 족속들은 죽음을 별로 대수롭지 않게 생각했던 것 같습니다. 대체로 그들은 사람을 땅에 매장했으며, 특별히 다른 의미를 부여하지는 않았던 것으로 보입니다. 죽음에 많은 의미를 부여한 사람들은 애굽인들이었습니다. 그들은 시신이 썩지 않도록 미이라를 만들었고 약 40일에 걸쳐 향품을 몸에 넣었습니다. 그리고 혹시 심판대에 서게 되는 경우를 대비해서 '사자의 서' 같은 것을 넣어 두었는데 거기에는 죽은 사람이 사는 동안에 이런 짓도 하지 않았고 저런 짓도 하지 않았다는 식의 변명들이 써 있습니다. 그러나 그 변명들은 전부 거짓말이었습니다.

아브라함은 사라의 죽음을 아주 귀하게 생각했습니다. 사라는 이 세상에서 끝까지 믿음으로 자신의 싸움을 잘 싸운 승리한 성도였기 때문

죽음에 대한 태도의 차이

5. 사라의 죽음과 장사

입니다. 그래서 그는 사라를 위하여 슬퍼하며 애통했습니다.

　요즘 워낙 묘지가 늘어나다 보니까 여러 가지 의견들이 속출하고 있는 것 같습니다. 주로 화장을 하자는 이야기가 많습니다. 물론 묘지가 차지하는 면적만 생각한다면 화장이 가장 간단할 것입니다. 그러나 그리스도인들은 화장을 좋아하지 않습니다. 우리는 몸을 아주 소중하게 생각합니다. 우리는 이 몸으로 신앙생활을 해 왔고 이 몸을 벗고 안식에 들어갑니다. 그래서 그리스도인들은 안식한다는 의미에서 시신을 땅에 매장하는 것이 좋습니다. 아무래도 시신을 태우는 것은 지옥의 형벌을 연상케 합니다.

　요즘 많이 시행되고 있는 안구 기증이나 시신 기증 같은 것은 다른 사람들을 위하여 아주 좋은 것 같습니다. 기왕 죽는데 나의 눈으로 다른 한 사람이 볼 수 있다면 얼마나 좋겠습니까? 또 의학도들이 해부실습 할 시신을 구하기 어려운 상황에서 자기 몸을 실습용으로 기증하는 일은 대단히 유익한 것입니다.

아브라함의 의도

　그러나 아브라함이 생각한 것은 이것 이상이었습니다. 그는 사라의 죽음이 단순한 한 사람의 죽음으로 끝나기를 원치 않았습니다. 그는 사라의 죽음을 앞으로 태어날 수많은 이스라엘 백성들이 가나안 땅으로 돌아오는 이정표로 삼고자 했습니다. 그래서 아브라함은 사라를 매장하되 특이한 방식으로 매장하기로 결정했습니다.

3. 아브라함이 해결해야 할 문제

사라가 죽은 후, 아브라함에게는 사라를 장사 지낼 수 있는 땅이 전혀 없었습니다. 하나님께서는 아브라함에게 땅을 주시겠다고 약속하면서 그를 부르셨는데, 아내가 죽었는데도 장사할 곳 하나 없는 것입니다. 우리 같으면 이것은 또 한 번 하나님의 신실하심을 의심할 수 있는 기회가 되었을 것입니다. 시험이 시험 되는 것이지요.

그러나 아브라함은 그렇게 하지 않았습니다. 그는 헷 족속들에게서 사라를 매장할 곳을 사기로 결정했습니다.

<small>매장지를 사다</small>

> 그 시체 앞에서 일어나 나가서 헷 족속에게 말하여 가로되
> "나는 당신들 중에 나그네요 우거한 자니
> 청컨대 당신들 중에서 내게 매장지를 주어 소유를 삼아
> 나로 내 죽은 자를 내어 장사하게 하시오"(23:3).

아브라함은 사라의 무덤을 만들기 위해 헷 족속들로부터 땅을 살 수밖에 없었습니다. 그러나 아브라함의 이 제안에 헷 족속들은 아주 우호적인 반응을 보였습니다.

> 헷 족속이 아브라함에게 대답하여 가로되
> "내 주여, 들으소서.
> 당신은 우리 중 하나님의 방백이시니
> 우리 묘실 중에서 좋은 것을 택하여

당신의 죽은 자를 장사하소서.
우리 중에서 자기 묘실에 당신의 죽은 자
장사함을 금할 자가 없으리이다"(23:5,6).

헷 족속의 호의   헷 족속들이 아브라함을 무엇이라고 부르고 있습니까? "우리 중 하나님의 방백"이라고 부르고 있습니다. 다시 말해서 아브라함은 이 곳에서 외국인이었지만, 다른 모든 사람들의 사랑과 인정을 받는 외국인이었다는 것입니다. 이것은 단순히 부자라고 해서 되는 일이 아닙니다.

아브라함은 어디를 가든지 그야말로 복의 근원으로서 많은 사람들을 복되게 하였습니다. 예를 들어서 우리 가운데 어떤 외국인이 산다고 합시다. 우리는 단지 그가 외국인이고 하나님을 믿는다고 해서 하나님의 방백이라고 부르지 않습니다. 그가 주위에 있는 사람들을 헌신적으로 돕고 좋은 일을 많이 했을 때에야 비로소 '하나님의 방백'이라고 부르지요. '하나님의 방백'이라는 말은 '하나님의 천사'라는 말과 같은 뜻입니다.

만일 우리 나라에서 어떤 외국인이 죽었다면 우리는 당연히 그가 자기 나라에 가서 묻혀야 한다고 생각할 것입니다. 영국 사람이면 영국에 가서 묻히고 프랑스 사람이면 프랑스에 가서 묻혀야 한다고 생각할 거예요. 그러나 그가 우리 한국 사람을 위하여 굉장히 헌신적으로 수고한 사람이라면 우리 나라에 묻히는 것을 아무도 반대할 사람이 없을 것입니다.

아브라함은 거기서 참으로 많은 사랑을 베풀었기 때문에 어느 누구도 그의 아내를 하란이나 갈대아 우르까지 가서 장사해야 한다고 생각하지 않았습니다. 당연히 그 곳 어느 묘지에 묻을 수 있다고 생각했습니다. 그러나 아브라함의 생각은 달랐습니다.

> 아브라함이 일어나 그 땅 거민 헷 족속을 향하여
> 몸을 굽히고 그들에게 말하여 가로되
> "나로 나의 죽은 자를 내어 장사하게 하는 일이
> 당신들의 뜻일진대 내 말을 듣고 나를 위하여
> 소할의 아들 에브론에게 구하여
> 그로 그 밭머리에 있는 막벨라 굴을 내게 주게 하되
> 준가를 받고 그 굴을 내게 주어서 당신들 중에
> 내 소유 매장지가 되게 하기를 원하노라"(23:7-9).

아브라함이 지금까지 가나안 땅에서 산 이유가 무엇입니까? 하나님께서 이 땅을 그와 그 후손들에게 주신다고 약속하셨기 때문입니다. 그래서 아브라함은 사라의 죽음이 평범한 죽음이 되기를 원치 않았습니다. 사라의 죽음이 하나님의 약속을 붙들고 끝까지 인내한 죽음이었기 때문에, 앞으로 모든 이스라엘 후손들이 이 땅으로 돌아오게 하는 징검다리가 되기를 원했습니다.

   5.18 광주 민주화 항쟁에서 많은 광주 시민들이 희생당했습니다. 광주 시민들은 이들의 죽음이 평범한 죽음이 되는 것을 원치 않았습니다. 그래서 그들을 모두 망월동 묘지에 묻고 그 곳을 성역화했습니다. 광주에 오는 사람들은 거기를 둘러보아야 광주에 얼마나 큰 아픔이 있었고 얼마나 큰 희생을 겪었는지 알 수 있습니다. 5.18 때 죽은 사람

그런데도 땅을 산 이유

들이 각기 자기 선산이나 다른 공동묘지에 묻혔다면 얼마 가지 않아서 사람들은 모두 그 희생을 잊어버리고 말았을 것입니다. 그래서 그들을 함께 묻고 그 곳을 성역화함으로써 다시는 이 땅에 이런 희생이 있어서는 안 된다는 것을 증거하는 것입니다.

우리 나라에 처음 온 선교사들이 묻혀 있는 곳이 있습니다. 강화도에 있는 어느 묘지입니다. 모두 다 꽃다운 나이에 전혀 알지 못하는 사람들에게 복음을 전하다 죽은 선교사들입니다. 이것은 우리 복음이 얼마나 값진 것이며, 얼마나 귀한 희생을 치르고 우리에게 주어진 것인지 기억하게 합니다.

사라의 무덤이 증거하는 것

아브라함은 앞으로 이 땅이 자기들의 것이 된다는 것을 믿었습니다. 그래서 사라 자신이 이 약속을 믿고 죽기까지 이 땅을 떠나지 않은 것을 후손들이 기억하기를 원했습니다. 다시 말해서 사라의 무덤을 후손들이 400년 후에 약속의 땅으로 돌아오는 징검다리로 만들기를 원했습니다. 그래서 아무 묘지에나 묻지 않고 기어코 에브론의 막벨라 굴을 돈 주고 사서 가족묘지로 삼은 것입니다. 사라가 이 곳에 묻히고 아브라함이 이 곳에 묻히고 이삭이 이 곳에 묻히고 야곱이 이 곳에 묻혔을 때, 이스라엘 백성들은 결국 이 조상들의 믿음 때문에 다시 이 곳으로 오지 않을 수가 없었습니다.

반대로 그리스도께서는 이 세상이 우리의 모든 것이 아니요 앞으로 우리에게 다가올 새로운 나라가 있다는 것을 보여 주시기 위하여 빈 무덤을 남기셨습니다. 그리스도의 빈 무덤은 사람은 반드시 부활하며 이 세상에 있는 모든 것이 끝이 아님을 증거하는 것입니다.

오늘을 살면서 우리가 생각해야 할 것은 무엇입니까? 무엇보다 먼저 우리 또한 아브라함처럼 이 세상에서 나그네라는 것을 기억해야 합니다. 아브라함은 약속을 받은 사람이었지만 이 세상에서 살 때는 나그네로 살았습니다. 그는 가나안 땅에서 철저히 외국인 취급을 받았습니다. 그래서 아내가 죽었을 때에도 장사 지낼 수 있는 땅 한 평이 없었습니다. 우리는 너무 이 세상에 빠져 있지 않습니까? 마치 이 세상이 전부인 것처럼 살고 있지 않습니까? 이 세상에서 외국인 취급당하는 것을 너무나도 억울하게 생각하지는 않습니까?

그러나 단순히 이 세상에 잘 적응하지 못했다는 것만이 우리의 자랑이 될 수는 없습니다. 이 세상에서 끝까지 믿음으로 살았다는 증거를 남겨야 합니다. 어떤 사람은 자녀를 남들과 다른 방식으로, 믿음으로 키웠습니다. 어떤 사람은 이해할 수 없는 어려움 가운데서도 하나님을 의지하는 믿음으로 공부나 장사를 했습니다. 어떤 사람은 교회를 믿음으로 세우고 믿음으로 성장시켰습니다. 어떤 사람은 결혼을 믿음으로 했고, 그 후에도 계속 믿음으로 살았습니다. 여러분은 어떤 증거를 남기겠습니까?

우리가 남길 증거는?

또한 우리는 잘 죽어야 합니다. 잘 달리다가 끝에 가서 망령이라도 든 것처럼 자신의 길에서 이탈하여 아름답지 못하게 인생을 마치는 사람들이 아주 많습니다. 그런 사람들은 실패한 것입니다. 끝이 가장 중요합니다. 점수로 치면 아마 한평생 살아온 것과 마지막 죽는 순간이 비슷할지도 모릅니다. 그 정도로 죽는 순간은 그 사람의 모든 믿음의 싸움의 결산입니다.

사도 바울처럼 죽음을 앞두고 자신의 달려갈 길을 다 마쳤다고 증거할 수 있는 사람이 복된 사람입니다. 주님을 만나기에 부끄러움이 없는 죽음을 맞이하는 사람이 얼마나 아름다운지 모릅니다. 그래서 저는 마흔이 넘은 분들에게는 이제 다른 욕심을 부리지 말고 잘 죽을 준비를 하라고 권하고 싶습니다.

물론 어떤 사람은 인생은 마흔부터라고 하기도 합니다. 그리고 실제로 아브라함은 70세부터 새로운 인생을 시작했습니다. 예수 믿는 데 나이는 중요하지 않습니다. 너무 늙었기 때문에 예수 믿지 못하는 것은 아닙니다. 그러나 이미 예수를 믿은 사람은 마지막을 믿음으로 잘 마칠 준비를 이제부터 해야 합니다. 자신의 믿음이 뒤에 오는 사람들이 믿음으로 살 수 있는 징검다리가 되게 해야 합니다. 그러기 위해서는 자신을 희생해야 합니다. 모세의 삶을 보십시오. 그는 자신을 철저하게 희생했습니다. 그래서 출애굽 세대는 변하지 않았지만 출애굽할 때 어렸던 사람들과 그 후에 태어난 사람들이 가나안 땅을 차지하는 밑거름이 되었습니다. 자기가 누릴 것을 다 누리고 하고 싶은 것을 다 하려 들면 다음 세대에 물려 줄 것이 하나도 없음을 알아야 합니다.

아무것도 없는 밑바닥에서부터 출발할 수 있는 사람은 아무도 없습니다. 무엇인가 선조들로부터 물려받은 것이 있어야 합니다. 돈이나 물질을 물려받든지 아니면 정신이나 믿음을 물려받아야 합니다. 저는 후자가 훨씬 더 복되다고 생각합니다. 돈을 물려주는 것보다는 자신의 삶이나 가치관이나 믿음을 유산으로 물려주는 것이 후손들을 더 복되게 하는 길입니다.

어떻게
살 것인가?

그리고 이 세상은 단순히 지나가는 세월 이상의 것이라는 사실을 기억해야 합니다. 우리는 이 세상을 통과하기만 하는 것이 아닙니다. 이 세상에서 어떻게 살았느냐에 따라서 영원한 상급과 신분이 결정됩니다. 천국에는 상급이 기다리고 있습니다. 이 세상에 살면서 이 몸으로 얼마나 많은 사랑을 베풀고 얼마나 큰 은혜를 다른 사람들에게 끼쳤느냐에 따라서 영원한 상급이 결정됩니다. 이 세상에서 많은 것을 움켜쥐면 움켜쥘수록 저 세상에서 빈약해질 것입니다. 또 다른 사람을 위하여 이 세상에서 버리면 버릴수록 저 세상에서 많은 것을 소유할 것입니다. 아브라함은 이 세상에서 아무것도 소유하지 않았습니다. 또 다른 땅이 있다는 것을 알았기 때문입니다.

하나님께서는 이 세상에서 얼마나 높은 지위에 올라갔으며 얼마나 많은 돈을 벌었으며 얼마나 많은 공부를 했는지 보시지 않습니다. 하나님께서 보시는 것은 이 세상에 살면서 얼마나 많은 사람들을 복되게 했으며 얼마나 많은 사람들에게 은혜를 끼쳤느냐 하는 것입니다. 하나님은 그에 따른 상을 주십니다. 이 상은 일시적인 상이 아닙니다. 영원한 상입니다. 한번 결정되어 버리면 영원히 바꿀 수 없는 것입니다. 자신의 젊음을 버린 자는 버린 젊음만큼 상이 있을 것입니다. 재산을 버린 자는 버린 재산만큼 상이 있을 것입니다. 남을 위해 자기 목숨을 바친 자에게는 가장 귀한 상이 준비되어 있을 것입니다.

하나님의 상을 사모하라

우리는 모두 상을 얻기 위하여 달음질하는 달리기 선수들과 같습니다. 오직 목표를 향하여 최선을 다하여 달려야 상을 얻을 수 있습니다. 혹시 믿음생활을 하다가 중간에 쉬고 계신 분이 있으면 다시 일어나서 달리십시오.

죽음을 두려워하지 마십시오. 믿음의 형제나 자매의 죽음을 두고 너무 슬퍼하지 마십시오. 끝까지 믿음을 지키고 자기 싸움을 싸운 성도들의 죽음은 아름답고 귀한 것입니다.

6 아브라함의 거래

때에 에브론이 헷 족속 중에 앉았더니
그가 헷 족속, 곧 성문에 들어온 모든 자의 듣는 데
아브라함에게 대답하여 가로되
"내 주여, 그리 마시고 내 말을 들으소서.
내가 그 밭을 당신께 드리고 그 속의 굴도 내가
당신께 드리되, 내가 내 동족 앞에서 당신께
드리오니 당신의 죽은 자를 장사하소서."
아브라함이 이에 그 땅 백성을 대하여 몸을 굽히고
그 땅 백성의 듣는 데 에브론에게 말하여 가로되
"당신이 합당히 여기면 청컨대 내 말을 들으시오.
내가 그 밭값을 당신에게 주리니 당신은 내게서
받으시오. 내가 나의 죽은 자를 거기 장사하겠노라."
에브론이 아브라함에게 대답하여 가로되
"내 주여, 내게 들으소서. 땅값은 은 400세겔이나
나와 당신 사이에 어찌 교계하리이까?
당신의 죽은 자를 장사하소서."
아브라함이 에브론의 말을 좇아
에브론이 헷 족속의 듣는 데서 말한 대로
상고의 통용하는 은 400세겔을 달아
에브론에게 주었더니 마므레 앞 막벨라에 있는
에브론의 밭을 바꾸어 그 속의 굴과 그 사방에 둘린
수목을 다 성문에 들어온 헷 족속 앞에서

아브라함의 소유로 정한지라.
그 후에 아브라함이 그 아내 사라를
가나안 땅 마므레 앞 막벨라 밭 굴에 장사하였더라
(마므레는 곧 헤브론이라).
이와 같이 그 밭과 그 속의 굴을 헷 족속이
아브라함 소유 매장지로 정하였더라.

창 23:10-20

결혼식을 올려야 하는 신랑 신부들은 때때로 예식장측의 터무니 없는 요금을 어쩔 수 없이 받아들이고 결혼식을 올려야 하는 경우가 있습니다. 딱 한 번 빌려 입는 웨딩드레스의 값만 해도 몇십 만 원씩 하고, 사진 촬영이나 신부 화장 같은 것도 지정된 곳에서 의무적으로 해야 할 때가 많습니다. 신랑 신부들이 그런 것을 다 감수하고 결혼식을 올리는 것은 결혼식 자체가 모든 사람들에게 매우 귀중한 것이기 때문입니다.

　물론 사람들 중에는 이런 과다한 비용이 드는 결혼식은 중요하지 않으니 찬물만 떠 놓고 맞절만 해도 된다고 생각하는 분이 없는 것은 아니지만, 거의 대부분의 사람들에게 일생에 단 한 번밖에 없는 결혼식은 아주 중요한 일입니다. 남자에게도 그렇지만 특히 여자에게는 웨딩드레스를 입고 다른 사람들 앞에 나타나는 그 한 순간이 얼마나 중요한지 모릅니다. 그래서 비용이 얼마나 드는지를 떠나 어떻게 해서든지 아름답고 소중하게 모든 사람의 축복을 받아 가면서 결혼식을 올리고 싶은 마음을 갖습니다.

사라의 장례는 왜 중요한가?

그런데 아브라함에게는 이 결혼식보다 더 중요한 것이 하나 있었습니다. 그것은 바로 사라의 장례 문제였습니다. 그 곳에 사는 헷 사람들은 사람의 죽음을 그렇게 중요하게 생각하지 않았습니다. 그들이 죽음에 대하여 가지고 있는 생각은 '죽으면 끝장'이라는 것입니다. 사람이 죽으면 어딘가에 묻는 것으로 모든 것이 끝납니다. 그러나 아브라함에게 사라의 죽음은 그렇게 간단하지 않았습니다.

그래서 아브라함은 헷 사람들에게 사라를 장사 지낼 수 있는 장소를 부탁했습니다. 헷 사람들은 그게 뭐 그리 대단한 일이냐는 식으로 아무 곳에나 묻으라고 했지만, 아브라함은 기어코 땅을 사서 자기 소유의 장지에 장사를 지내겠다고 했습니다. 그러자 헷 사람은 엄청난 바가지를 뒤집어씌웠습니다. 굴 하나에 상상할 수도 없는 엄청난 가격을 요구한 것입니다. 그런데도 아브라함은 아무 소리 하지 않고 달라는 금액을 다 지불한 후, 그 동굴에 사라를 장사 지냅니다.

오늘 우리가 풀어야 할 숙제는 왜 아브라함은 사라의 장례를 이토록 중요하게 생각했으며, 왜 그 무덤을 위하여 과대할 정도의 비용을 전혀 아까워하지 않고 지불했느냐 하는 것입니다.

1. 사라의 죽음에 대한 아브라함의 태도

아브라함이 사라를 장사 지내는 데에는 대략 세 가지 정도의 방법이 있었을 것 같습니다. 하나는 헷 사람들의 장사 방법입니다. 헷 사람은 장사에 별로 신경을 쓰지 않습니다. 사람이 죽으면 그냥 아무 데나 묻으면 그만입니다.

또 다른 하나의 방법은 두 사람의 고향인 하란에 가서 사라를 묻는 것입니다. 아브라함은 갈대아 우르에서 왔지만 실제로 그들의 생활 근거는 모두 하란에 있었고 하란에는 아브라함의 땅이 있었습니다. 이 가나안 땅에서는 하나님께서 땅을 주시지 않았기 때문에 자기 땅이 있는 하란에 돌아가서 사라를 장사 지낼 수도 있었습니다.

그러나 아브라함에게는 그렇게 할 수 없는 문제가 하나 있었습니다. 아브라함이 이렇게 늙기까지 이 가나안 땅에 살고 있는 것은 하나님께서 이 땅을 그와 그 후손들에게 주겠다고 약속하셨기 때문입니다. 문제는 바로 여기에 있었습니다. 하나님께서는 아브라함과 그의 후손들에게 이 땅을 주시겠다고 약속하셨는데 아직까지 전혀 땅을 주시지 않았습니다. 하나님께서 약속하신 대로 가나안 땅의 일부라도 주셨더라면 거기에 사라를 묻는 것으로 모든 일이 끝날 것입니다. 그러나 사라는 아직 약속이 성취되지 않은 상태에서 죽었습니다.

지금까지 아브라함이 가나안 땅에 살고 있는 이유는 약속의 땅을 받기 위해서입니다. 그런데 사라가 죽어 버렸습니다. 사라의 죽음이 의미하는 것이 무엇입니까? 이제 얼마 있지 않으면 아브라함도 죽는다는 것입니다. 그들이 죽어 버리면 이 약속은 어떻게 됩니까? 이 약속은 끝나는 것입니까? 아니면 죽은 후에라도 그 약속을 믿고 기다려야 합니까? 바로 이 문제가 그에게 남아 있었습니다.

아브라함이 생각하고 있는 것이 무엇입니까? 하나님께서 약속하신 것은 반드시 지키신다는 것입니다. 그러나 이들이 죽을 때가 다 되었는데도 하나님의 약속은 성취되지 않았습니다. 그러면 이 하나님의 약

아브라함의 숙제

속과 죽음을 어떻게 생각해야 합니까? 아브라함은 자신이 죽은 후에도 이 약속은 연장되어서 지켜져야 한다고 생각했습니다. 이것이 기독교가 갖는 가장 어려운 점인 동시에 가장 큰 축복이기도 합니다.

이 세상의 모든 약속은 사람이 살아 있을 때까지만 유효합니다. 사람이 죽어 버리면 그 약속에 책임을 지지 않습니다. 죽은 후에도 효력을 가지는 것은 유언밖에 없습니다. 그런 의미에서 하나님의 말씀은 유언과 같은 힘을 가지고 있습니다. 하나님의 약속은 죽은 사람에게나 산 사람에게나 변함없이 적용되고 성취되는 것입니다. 약속과 유언을 합쳐 놓은 것과 같습니다. 약속은 산 사람에게만 영향을 줍니다. 유언은 사람이 죽은 후에만 영향을 미칩니다. 그러나 하나님의 약속은 사람이 살았을 때나 죽었을 때나 아무 차이 없이 하나님의 때가 되면 성취됩니다.

하나님의 말씀은 영원합니다. 그러나 사람은 그 말씀의 성취를 보지 못하고 죽습니다. 그러면 어떻게 해야 합니까? 이것이 아브라함의 숙제였습니다. 사라는 아브라함과 함께 하나님의 약속을 받은 동반자입니다. 그들은 지금까지 하나님의 약속의 성취를 기다리면서 살아왔습니다. 그러나 그 성취를 보지 못하고 사라가 먼저 죽습니다. 그리고 얼마 있지 않으면 아브라함도 죽을 것입니다. 그러면 어떻게 해야 이 약속을 포기하지 않고 끝까지 붙들 수가 있습니까?

사라의 무덤이 의미하는 것

아브라함은 일단 그들이 하나님의 약속을 붙들고 가나안에서 끝까지 기다린 믿음의 흔적을 남기기 원했습니다. 그것이 무엇입니까? 헷 사람의 방식도 아니요, 가나안 사람의 방식도 아니요, 믿음의 방식으로 사라를 장사 지내는 것이었습니다. 헷 사람의 생각은 사람은 죽음으로써 모든 것이 끝난다는 것입니다. 그러나 아브라함은 죽음으로 하나님의 약속이 끝날 수 없다는 것을 알았습니다. 죽어도 하나님의 약속은 성취되어야 한다고 생각했습니다. 그는 하란으로 돌아갈 수 없었습니다. 하란으로 돌아가서 묻는다면 하나님의 약속을 포기한 것밖에 되지 않습니다. 그래서 헷 사람들의 방식도 아니요 하란의 방식도 아닌 믿음의 방식으로 장사를 지내야만 했습니다.

아브라함이 사라를 위하여 굴을 산 것은 사라가 그 무덤에서 부활하여 후손들이 가나안 땅을 차지하는 것을 보게 되리라는 뜻에서가 아니라, 단지 자신과 사라가 끝까지 하나님의 약속을 붙들었고 죽는 순간까지도 그 약속을 포기하지 않았다는 믿음의 흔적을 남기기 위해서였습니다.

우리 나라 사람들은 사람이 죽으면 후하게 장례를 치릅니다. 그것이 그 사람에게 잘 해 줄 수 있는 마지막 기회이기 때문입니다. 그래서 할 수 있으면 무덤도 좋게 만들고 관도 비싼 것으로 해 주고 비석도 비싼 것으로 세워 줍니다. 그러나 아브라함이 사라의 무덤을 사려고 한 것은 이것이 마지막으로 사라에게 잘 해 줄 수 있는 기회였기 때문이 아닙니다. 최후의 죽는 순간까지 하나님의 약속을 믿었고 죽은 후에라도 약속은 성취될 것이라는 믿음의 증거로 사라의 무덤을 남기기로 한 것입니다. 그것도 그들이 땅을 소유하지 못했던 가나안 땅에 묻음으로써 '우리는 죽어도 이 약속을 포기하지 않았다' 는 흔적을 남겼습니다.

실제로 아브라함의 후손들이 이 가나안 땅에서 살게 되는 것은 그로부터 무려 400년이 지난 후의 일입니다. 아브라함도 그 사실을 알고 있었습니다. 그러나 아무리 후손들이 가나안 땅을 차지한다 하더라도

"우리는 이 약속을 믿는다"

아브라함과는 상관없는 일입니다. 그럼에도 불구하고 아브라함이 그토록 가나안 땅에 집착하고 이 땅에 대한 약속을 붙들었던 이유가 무엇입니까?

<small>약속의 땅이 중요한 이유</small>

그것은 단지 영토 때문이 아니었습니다. 이 땅을 통해서 아브라함과 그의 후손이 공통된 믿음을 나눌 수 있기 때문이었습니다. 사람이 아무리 같은 믿음을 가지고 있다고 하더라도 믿음을 나눌 수 있는 공통된 장(場)이 없으면 소용이 없습니다. 아브라함과 그 후손들은 이 땅을 공통분모로 해서 같은 믿음을 나누었고 그 믿음을 가지고 서로 교제했습니다.

우리가 아무리 같은 믿음을 가지고 있더라도 서로 만나지 않으면 그 믿음을 나눌 수 없습니다. 아무리 같은 믿음을 가지고 있더라도 한 교회에 모이지 않으면 그 풍성함을 나눌 수가 없어요. 우리가 모이는 이 모임은 함께 믿음을 나눌 수 있는 공통된 장입니다. 지금 외국에 있는 다른 민족의 성도들과 우리가 같은 믿음을 나눌 수 있는 매개체로는 어떤 것이 있습니까? 또 서로 다른 시대에 있는 성도들과는 어떻게 믿음의 교제를 나눌 수 있습니까?

저에게는 처음 만나는 교인들이 많습니다. 설교 요청을 받아서 어느 교회에 갈 때 그 교회 교인들과 저는 전부 처음 만나는 사람들입니다. 목사님조차도 처음 만나는 분들이 많습니다. 저는 목사이고 그들은 교인이라는 것 외에는 아는 것이 하나도 없습니다. 그 때 저는 이렇게 기도합니다. "주여, 이 시간 성령의 교통함이 우리에게 있게 해 주십시오. 저는 저분들이 어떤 사람들이며 어떤 문제를 안고 여기에 왔는지 알지 못합니다. 또 저 사람들도 제가 목사라는 사실 외에는 아무것도 알지 못합니다. 성령께서 이 시간 우리를 서로 교통하게 해 주셔서 하나 되게 하시고, 우리의 믿음을 서로 나눌 수 있게 해 주옵소서."

그 때 저는 '성령의 교통하심'이라는 말이 얼마나 귀중한지 느낍니다. 그리고 설교가 시작되고 얼마 있지 않아서 이미 우리가 진리 안에서 깊이 교제하고 있다는 것을 느끼게 됩니다. 저는 그분들의 반응을 통해서 성령께서 말씀을 통하여 그분들의 깊은 부분을 건드리기 시작하셨으며, 이미 그분들 안에 아주 놀라운 일이 일어나고 있다는 것을 깨닫습니다.

아브라함은 가나안 땅에서 그냥 산 것이 아닙니다. 그는 이 가나안 땅에서 생활하면서, 앞으로 이 세상에 태어날 수많은 믿음의 후손들과 교제하고 있었습니다. 그의 삶 하나 하나가 그 후손들에게 주는 메시지였습니다. 그는 아직 태어나지도 않은 많은 후손들과 이야기하고 교제하며 그들을 가르치면서 살았습니다.

> 믿음으로 후손들을 만나다

엄마는 아기가 뱃속에 있을 때부터 많은 이야기를 나눕니다. 아이에게 말을 걸고 그 아이를 위해서 기도하며 그 아이와 함께 음악을 듣습니다. 그러면 아이는 알아들었다는 뜻으로 발로 배를 툭툭 차면서 서로 교제를 나눕니다. 그래서 아이가 태어났을 때 엄마는 아이가 낯설지 않습니다. "너 누구니? 어디서 왔어? 생전 못 보던 앤데?" 하는 엄마는 없어요. 엄마는 압니다. "내가 이야기할 때 그렇게 발로 차던 애가 바로 너였구나." 애가 낯설지가 않아요.

아브라함은 단순히 가나안 땅에 살면서 막연하게 하나님의 때만 기다리지 않았습니다. 그는 믿음 가운데서 수많은 후손들을 보았고 그들과 대화를 나누었습니다. 그렇게 할 수 있었던 공통된 기초가 무엇이었습니까? 바로 그 땅이었습니다. 사라의 무덤은 이처럼 그들이 죽는 순간까지도 하나님의 말씀을 믿었음을 증거하는 표지였습니다.

말씀, 우리의 매개체

우리들은 무엇을 매개체로 하여 지상에 있는 수많은 성도들과 믿음의 교제를 나눕니까? 원래 그 매개체는 성례였습니다. 그리스도께서 우리를 위하여 죽으셨다는 의미의 떡과 포도주는 우리 모든 그리스도인을 하나 되게 하는 공통된 요소이자 공통된 신앙고백이었습니다. 그러나 과연 이 떡과 포도주가 우리 모든 그리스도인들을 진정으로 하나 되게 할 수 있느냐 하는 데 의문이 생깁니다. 오늘날 이 떡과 포도주에 대한 신학적인 해석이 각각 너무나도 다르기 때문입니다.

저는 이 세상에 있는 모든 그리스도인들과 앞으로 이 세상에 살게 될 모든 그리스도인들을 하나 되게 하며, 시대와 지역을 초월하여 풍성한 교제를 나누게 하는 매개체가 바로 하나님의 말씀이라고 믿습니다. 특히 바른 말씀의 선포와 또 그 말씀에 대한 믿음의 반응은 시대와 지역을 초월하여 우리를 하나 되게 할 수 있습니다.

영국의 유명한 설교자 로이드 존즈 목사님은 두 교회에서 40년 간 설교했습니다. 그는 철저하게 하나님의 말씀에 헌신했으며, 철저하게 말씀에 입각하여 설교했습니다. 그의 설교를 사랑한 교인들은 녹음된 그의 설교를 풀어서 책을 만들었습니다. 지금 그의 설교는 그를 한 번도 본 적이 없는 우리 나라 설교자들과 세계의 많은 설교자들에게 지대한 영향을 주고 있습니다. 그는 죽었지만 지금도 그 설교를 통해서 많은 교인과 설교자들에게 이야기하고 있는 것입니다.

존 칼빈은 지금으로부터 460년 전의 사람입니다. 그러나 그가 깨달은 성경은 시대를 초월하여 지금도 우리들에게 말씀하고 있습니다. 제가 잠들기 전에 늘 애독하는 책이 하나 있습니다. 바로 칼빈의 〈기독교 강요〉입니다. 아주 재미있고 유익한 책인데, 일단 그 책을 읽기만 하면 마음이 편해지면서 금방 잠이 쏟아지기 시작합니다. 잠이 오지 않을 때 줄을 쳐 가면서 그 책을 읽으면 칼빈과 같은 시대로 들어가서 그와 이야기하게 됩니다.

존 낙스 같은 사람은 설교집을 전혀 남기지 않았습니다. 어느 곳에 기고한 단 두 편의 설교가 남아 있을 뿐입니다. 그러나 그가 스코틀랜드에서 행한 믿음의 행위들은 지금도 우리에게 말하고 있습니다. 그는 스코틀랜드에서 승리했고, 승리한 교회의 영광된 모습을 그 곳에서 실현했습니다. 그 결과 장로교파가 뿌리내리게 되었고, 오늘도 장로교는 우리들에게 많은 영향을 미치고 있습니다.

우리는 지금 우리끼리만 만나고 있는 것이 아닙니다. 말씀에 대한 깨달음을 통해서, 그리고 말씀에 대한 반응을 통해서 이 지상에 있는 수많은 그리스도인 형제들과 교제하고 있으며, 앞으로 이 땅을 밟게 될 많은 믿음의 후손들과도 만나고 있습니다. 우리가 위대한 믿음의 삶을 살면 살수록, 더 깊은 성경적인 진리를 깨달으면 깨달을수록 우리 믿음의 후손들은 더 풍성한 삶을 살 수 있을 것입니다.

아브라함이 사라의 무덤을 산 것은 귀에 들리지 않는 설교입니다. 그는 이 무덤을 통해서 자신과 사라가 끝까지 그 곳에서 살다가 죽었으며 죽음이 하나님의 말씀을 막지 못한다는 것을 끝까지 증거하고 남겼습니다.

<small>믿음의 사람은 죽지 않는다</small>

믿음의 사람들은 절대로 죽지 않습니다. 그들은 죽어도 계속 살아서 믿음의 후손들과 교제를 나눕니다. 어떻게 그것이 가능합니까? 그들

이 깨달았던 하나님의 말씀과 그 말씀을 어떻게 붙들고 어떻게 살았는가를 통해서입니다. 그래서 우리는 다시 한 번 맥아더 장군의 말을 상기할 필요가 있습니다. "노병은 죽지 않는다. 다만 사라질 뿐!" 노병은 죽지 않습니다. 왜냐하면 그 정신이 살아서 후배 장교들에게 말하고 있기 때문입니다. 믿음의 노병은 더욱 그렇습니다. 그들은 실제로 후손들에게 믿음의 유산을 남길 뿐 아니라 위기를 만날 때마다 자신들의 삶을 통하여 그 후손들과 대화를 나눕니다.

2. 아브라함의 거래

오늘 본문을 보면 아브라함의 생각을 위태롭게 만드는 것이 하나 있었다는 것을 알 수 있습니다. 그것은 바로 에브론이라는 사람이 가진 이중성이었습니다.

에브론의 호의 아브라함은 사라의 장지로 에브론 소유의 막벨라 동굴을 사겠다고 제안했습니다. 그가 이렇게 할 수 있었다는 것은 이미 이 문제를 두고 생각해 본 적이 있다는 뜻입니다. 그런데 의외로 그 땅 주인이 너무나도 우호적이었습니다. 그는 아브라함에게 자기 소유의 동굴과 땅이 필요하다는 것을 알고는 그냥 주겠다고 제안했습니다.

"내 주여 그리 마시고 내 말을 들으소서.
내가 그 밭을 당신께 드리고
그 속의 굴도 내가 당신께 드리되

내가 내 동족 앞에서 당신께 드리오니
당신의 죽은 자를 장사하소서"(23:11).

얼마나 반가운 이야기입니까? 이렇게 기꺼이 주겠다고 하니 그야말로 사랑의 선물이 아닐까요? 이것이야말로 하나님의 뜻이며 완전히 예비된 장소 아닙니까? 그러나 아브라함은 그 제안을 받아들이지 않고 굳이 대가를 지불하고 사겠다고 합니다.

아브라함이 이에 그 땅 백성을 대하여 몸을 굽히고
그 땅 백성의 듣는 데 에브론에게 말하여 가로되
"당신이 합당히 여기면 청컨대 내 말을 들으시오.
내가 그 밭값을 당신에게 주리니 당신은 내게서 받으시오.
내가 나의 죽은 자를 거기 장사하겠노라"(23:12,13).

에브론이 공짜로 주겠다고 하는데도 아브라함이 왜 굳이 그것을 거절하고 땅을 사겠다고 고집을 부리는지 알 수가 없습니다. 우리는 그 이유를 몇 가지로 생각해 볼 수 있습니다. 첫째로 아브라함은 이 에브론의 제안을 일시적인 충동에 의한 것으로 보았습니다. 하나님을 모르는 사람은 충동적인 것이 특징입니다. 기분이 좋을 때는 뭐든지 다 주겠다고 하지만 30분만 지나면 아까워하기 시작합니다. 그리고 조금만 더 있으면 무르려고 찾아옵니다. "조금 전에 드린 동굴을 다른 사람이 필요하다고 하는데, 그 사람이 제 삼촌이거든요. 어떻게 하지요? 저는 무르고 싶지 않지만 상황이 상황이라서……." 이렇게 이야기가 달라

> 왜 거절했을까?

질 수 있습니다. 아마 아브라함은 헷 사람들의 그런 기질을 잘 알고 있었던 것 같습니다. 지금은 기꺼이 주겠다고 하지만 조금 지나면 후회하고 무르려고 할지도 모른다고 생각했을 수 있습니다.

둘째로, 중요한 것에는 정당한 대가를 지불하겠다는 철칙이 아브라함에게 있었던 것 같습니다. 아브라함은 공짜를 좋아하지 않았습니다. 그돌라오멜로부터 소돔과 고모라 사람들의 재산을 다 찾아왔을 때에도 그들의 소유에 일체 손을 대지 않았습니다. 아브라함은 소돔 왕에게 "네 말이 '내가 아브람으로 치부케 하였다' 할까 하여 네게 속한 것은 무론 한 실이나 신들메라도 내가 취하지 아니하리라"고 말했습니다. 가나안 사람들에게 신세지기를 원하지 않았던 것입니다. 여기에는 후손들에게 부담을 주지 않으려는 의도가 있었던 것 같습니다. 나중에 후손들이 이 가나안 사람들의 땅을 차지할 때 '옛날에 도움을 받을 때는 언제고 이제 와서 공격하느냐' 는 소리를 듣지 않으려고 했는지도 모르겠어요. 여하튼 그는 가나안 사람들로부터는 아주 작은 것 하나라도 그냥 취하지 않았습니다. 모든 것에 정당한 대가를 지불하려고 했습니다.

에브론의 본심 이렇게 아브라함이 기어코 그 땅을 사겠다고 했을 때 에브론의 입에서 나온 말은 우리의 귀를 의심하게 합니다.

"내 주여, 내게 들으소서. 땅값은 은 400세겔이나
나와 당신 사이에 어떻게 교계하리이까?
당신의 죽은 자를 장사하소서"(23:15).

이제 에브론의 본심이 드러나고 있습니다. 굴 하나에 은 400세겔이나 받는 동네는 어디에도 없습니다. 전세계를 다 뒤져도 굴 하나에 은 400세겔 받는 곳은 없어요. 40세겔을 달라고 해도 바가지라고 사람들이 펄펄 뛸 것입니다. 이런 굴은 4세겔만 줘도 됩니다. 이렇게 에브론은 이중성을 가진 사람이었습니다. 은근히 가격을 제시하면서 바가지를 씌우고 있습니다. 그런데 놀랍게도 아브라함은 그 돈에서 단 한 푼도 깎지 않고 즉시 지불한 후, 그 굴에 사라를 장사 지냈습니다.

> 아브라함이 에브론의 말을 좇아 에브론이 헷 족속의
> 듣는 데서 말한 대로 상고의 통용하는
> 은 400세겔을 달아 에브론에게 주었더니
> 마므레 앞 막벨라에 있는 에브론의 밭을 바꾸어
> 그 속의 굴과 그 사방에 둘린 수목을 다 성문에 들어온
> 헷 족속 앞에서 아브라함의 소유로 정한지라(23:16-18).

여기서 우리가 생각해 보아야 할 것이 무엇입니까? 중요한 것에는 비싼 대가를 지불해야 한다는 것입니다. 공짜는 오래 가지 않습니다. 에브론의 말을 듣고 공짜로 땅을 얻었다면, 나중에 그의 마음이 변해서 도로 가져가겠다고 해도 아무 말 못 했을 것입니다. 법이라고 하는 것은 외국인에게 유리하지 않도록 되어 있게 마련입니다. 아브라함은 이런 경험을 이미 여러 번 했습니다. 블레셋 땅에서도 비싼 우물을 샀다가 군소리 못 하고 빼앗긴 적이 한두 번이 아닙니다.

다른 사람들은 아무 소용도 없는 굴을 은 400세겔씩이나 주고 산 아

중요한 것에는
대가를 치러야

브라함을 어리석다고 비난했을 것입니다. 그러나 아브라함에게는 이 무덤이야말로 그들이 최후의 순간까지 하나님의 약속을 믿고 가나안에 살았다는 가장 중요한 증거였기 때문에, 어떤 대가를 지불하고서라도 그들의 것으로 남기기를 원했습니다. 우리에게 정말 중요한 것이라면 절대로 기분에 따라 결정해서는 안 됩니다. 감정에 따라 흔들려서도 안 됩니다. 영혼이나 신앙은 흥정의 대상이 될 수 없습니다.

대가 없는
신앙생활을
경계하라

어떤 사람은 아주 탐욕스러운 상관의 손에 자신의 영혼을 맡깁니다. 그래서 옳지 않은 줄 알면서도 상관의 말이기 때문에 무조건 따라합니다. 이런 행동은 자신의 가장 귀중한 것을 가장 믿을 수 없는 사람에게 맡기는 것과 같습니다. 출세를 위해서 자신의 영혼을 담보로 맡기면 안 됩니다. 일단 출세는 할지 몰라도 그 출세가 오래 가지 않을 것입니다. 또 어떤 사람은 자신의 신앙을 믿을 수 없는 설교자에게 맡깁니다. 왜 그렇게 합니까? 신경쓰지 않아도 되고 편하기 때문입니다. 그러나 그는 자신의 가장 귀중한 것을 아무에게나 맡기고 있는 것입니다. 가장 중요한 것은 항상 자기 자신이 책임져야 하며, 그것을 안전하게 지키기 위해서 비싼 대가를 지불해야 합니다.

노예의 특징은 대가를 지불하지 않으려고 하는 것입니다. 공짜를 좋아하는 것입니다. 그런 사람은 다른 중요한 것도 얼마든지 팔아먹을 수 있습니다. 애굽에서 나온 이스라엘 백성들을 보십시오. 그들은 대가를 지불하지 않으려고 하다가 광야에서 모두 비참하게 죽고 말았습니다.

하나님의 백성들은 어떤 사람들입니까? 책임을 질 줄 아는 사람들입니다. 중요한 것에 대하여 마땅히 충분한 대가를 지불할 수 있는 사람들입니다. 그들은 치사하게 중요한 것을 공짜로 다른 사람의 기분과 감정에 맡기려고 하지 않습니다. 자포자기하지 않습니다. 될대로 되라는 식으로 신앙생활 하지 않습니다.

요즘도 많은 사람들이 신앙생활을 공짜로 하려고 합니다. 할 수 있으면 모든 것이 다 갖추어진 대교회에서 부담 없이 믿고 싶어합니다. 물론 대교회에는 장점이 많습니다. 일단 목회자에 대한 검증이 확실하고 신앙 성장을 위한 프로그램도 다양해서 배울 것이 많습니다. 그러나 가장 무서운 약점이 있습니다. 그것은 대가를 지불하지 않고 편하게 신앙생활 할 수 있다는 것입니다. 현명한 사람은 중요한 것을 수고 없이 공짜로 얻는 일을 절대로 용납하지 않습니다. 중요한 것에는 반드시 대가를 지불해야 합니다. 신앙생활을 바로 하기 위해서는 다른 것을 포기해야 합니다. 어떤 사람들은 믿는다고 하면서도 주일에 다른 볼일이 없을 때만 교회에 나옵니다. 이렇게 다른 일이 있을 때 얼마든지 교회를 빠질 수 있는 사람은 신앙과 다른 것을 얼마든지 흥정할 수 있는 사람입니다. 그 신앙은 얼마든지 빼앗길 수 있는 신앙이며 후손들에게 아무것도 물려줄 수 없는 신앙입니다.

3. 대가냐, 거룩한 전쟁이냐

이제 우리는 가장 어려운 문제를 좀 생각해 보아야겠습니다. 이 세상에 살면서 아브라함처럼 정당하게 대가를 지불하고 사야 할 것은 과연 무엇이며, 칼을 들고 싸워서 쟁취해야 할 것은 무엇일까요? 이 세

생각할 문제

상에서 어떤 영역이 우리의 이웃이며, 어떤 영역이 우리의 적입니까? 어느 부분까지 협력해야 하며 어느 부분에서 싸워야 합니까?

세상을 어떻게 대할 것인가?

하나님께서 이스라엘 백성들로 하여금 가나안 땅에 대해 취하게 하신 태도는 크게 세 가지입니다. 하나는 하나님의 때가 되기까지 아브라함처럼 대가를 지불하고 좋은 이웃으로 사는 것입니다. 아브라함은 좋은 이웃으로 살면서 가나안 주민으로서의 책임을 다했습니다. 줄 것은 주고 받을 것은 받았습니다. 다른 하나의 태도는 여호수아처럼 가나안 땅을 칼로 점령하는 것입니다. 여호수아는 가나안 사람들에게 전혀 돈을 주지 않았습니다. 그들을 다 죽이고 내쫓아서 가나안 땅을 차지했습니다. 그것을 우리는 '거룩한 전쟁'이라고 부릅니다. 세 번째 태도는 여리고 성처럼 하나님께서 특별한 방법으로 심판하시되 그 안에 있는 모든 것을 전멸시키고 물건조차 갖지 못하게 하신 것입니다. 하나님께서는 이스라엘 백성들이 여리고 성을 일곱 바퀴 돈 후 성이 무너졌을 때, 안에 있는 사람과 짐승을 하나도 살리지 말고 거기에 있는 물건도 손대지 말라고 말씀하셨습니다.

이웃의 영역

우리에게도 이 세 가지 태도가 필요합니다. 첫째로, 우리는 이웃들과 선한 관계를 맺기 위해 애써야 합니다. 그들이 무엇을 요구할 때는 정당한 대가를 주어야 하며 불필요하게 공짜로 무엇을 얻으려고 해서는 안 됩니다. 안 믿는 사람에게도 인사해 가면서 이 세상의 시민으로서 우리가 해야 할 의무를 다해야 합니다. 왜냐하면 그리스도인들은 이 세상에 은혜를 나누어 주는 자들이기 때문입니다. 때로는 하나님께서 믿지 않는 자들을 통해서 우리의 필요한 것을 채워 주시기도 합니다. 그러나 받아 쓰는 것을 좋아하기보다는 나누어 주는 것을 좋아해야 합니다.

우리는 윤리적으로 이웃들과 선한 관계에서 지내야 합니다. 줄 것은 주고 지킬 것은 지켜야 합니다. 신호등도 잘 지켜야 합니다. "주여!" 하면서 빨간 불일 때 통과하는 것은 죄짓는 것입니다. 종교가 다르다 하더라도 그것 때문에 미워하고 싸울 필요는 없습니다. 불교신자인 직장동료가 맘에 안 든다고 해서, 주님의 이름으로 심판한다고 잉크병 던지고 그러면 안 돼요. 그들과 함께 밥도 먹고 잘 지낼 수 있어야 합니다.

그러나 정신적으로는 한 순간도 쉬지 않고 영적 전쟁을 치르고 있다는 것을 알아야 합니다. 왜냐하면 이 세상의 가치관은 항상 하나님을 거부하고 그의 영광을 모욕하며 우리의 영혼을 썩게 만들기 때문입니다. 이 세상에 있는 말이나 생각 속에는 항상 하나님을 공격하고 우리의 영혼을 부패시키는 나쁜 요인들이 들어 있습니다. 그래서 함께 식사를 하거나 함께 일을 한다 하더라도 항상 긴장을 풀지 말고 정신을 차려야 합니다. 이것이 거룩한 전쟁입니다.

전쟁의 영역

영적인 부분에서는 타협이 있을 수 없습니다. 가장 어리석은 교인은 넋 놓고 텔레비전 보는 사람입니다. 기도하는 심정으로 텔레비전을 보는 사람, 거기에서 이야기하는 모든 것을 다 아멘으로 받아들이는 사람은 정신 나간 교인입니다. 물론 텔레비전 자체는 나쁘지 않습니다. 그러나 그 화면은 쉴새없이 무서운 독소를 뿜어 내고 있습니다. 재미는 있지만 신앙적으로 무익할 뿐 아니라 하나님의 영광을 해치는 사상들이 많이 있습니다. 그렇다고 텔레비전을 던지거나 깨뜨릴 필요는 없지만, 그것이 주는 사상과는 싸워야 합니다. 거기에 나오는 광고와는 싸워야 합니다. 여성을 상품화하는 태도와는 싸워야 합니다.

접근 불가의 영역

여기에서 한 걸음 더 나아가, 어떤 것은 그 존재 자체로 하나님의 주권을 거부하며 그 주권을 침범하는 것들이 있습니다. 그것은 영적인 여리고 성이므로 손도 대서는 안 됩니다. 가장 중요한 것은 영혼과 관계되는 부분입니다. 영혼은 사람이 건드릴 수 있는 영역이 아닙니다. 그러나 사람들은 바로 이 영혼의 문제에 많은 호기심을 가지고 접근합니다. 요즘 심리 치료에서 전생의 기억을 되살리는 방법을 많이 쓰고 있는데, 이것은 의학이 할 수 있는 범위를 넘어선 것입니다. 요즘 죽은 남자의 영혼이 산 여자에게 들어가서 옆에서 지켜 주고 사랑하기도 하는 영화가 있는 모양인데, 이것은 이미 영화나 소설이 할 범위를 넘어선 것입니다.

사람이라고 해서 모든 것을 마음대로 다 할 수 있는 것이 아닙니다. 의사라고 해서 자기 마음대로 사람을 살릴 수도 있고 죽일 수도 있는 것이 아니에요. 호기심이나 교만한 마음으로 그 선을 넘는 사람은 이미 인간의 가치를 포기한 것입니다. 일본 사람들은 2차세계대전 때 사람을 대상으로 실험을 많이 했습니다. 인체에 직접 병균을 집어넣기도 하고 사람을 얼려 죽이기도 했습니다. 이것은 영적인 여리고 성이므로 손도 대서는 안 되는 영역입니다. 거기에 아무리 소중한 자료가 있다고 해도 손대면 안 돼요. 그것은 곧바로 심판을 불러일으키게 되어 있습니다.

성적인 부분에서도 도저히 사람으로서 용납할 수 없는 변태적인 성행위나 문화는 영적인 여리고입니다. 손을 대서도 안 되고 호기심을 가지고 접근해서도 안 됩니다. 최근에 어떤 나쁜 사람들이 부자들을 미워해서 범죄집단을 조직하고 자기와 전혀 원한 관계가 없는 사람을 유괴해서 죽인 사건이 있었는데, 그것은 자기의 한계를 넘어선 것입니다. 그들은 이미 저주받은 자들입니다. 인간으로서의 모든 양심과 자격을 버린 것입니다.

우리는 이 세상에서 절대로 용납조차 해서는 안 되는 죄가 있다는 것을 알아야 합니다. 그것은 영혼과 관계되는 죄입니다. 우리는 영적으로 전쟁 상태에 있어야 합니다. 왜냐하면 우리 주위에 있는 사상들 중에서 죄에 오염되지 않은 것이 아무것도 없기 때문입니다. 그러면서도 생활 가운데서는 늘 친절하며 필요한 모든 것의 대가를 지불하는 선한 이웃으로 살아야 합니다. 물론 이런 생각에 대하여 정신적인 것과 육체적인 것을 지나치게 이분적으로 나누어서 생각하는 것이 아니냐는 비난을 할 수도 있습니다. 그러나 완전한 하나님의 나라가 올 때까지는 이런 이중적인 구조가 불가피합니다.

이중의 태도가 필요하다

그리스도께서 다시 오실 때 이 모든 것은 하나가 될 것이며, 불신 세계는 심판받을 것입니다. 그러나 우리는 심판을 위하여 보냄받은 자들이 아닙니다. 하나님께서는 우리에게 이웃을 심판할 권한을 주지 않으셨습니다. 오히려 우리로 하여금 축복하게 하셨습니다. 하나님께서는 이웃에 대한 사랑과 아름다운 봉사를 통해 하늘에 계신 아버지께 영광을 돌리도록 우리를 이 세상에 보내셨습니다. 그래서 우리는 선한 이웃관계를 지속해야 합니다. 믿지 않는 친척과도 잘 지내야 합니다. 제사 지낼 때 사과 깎아 주었다고 해서 지옥에 가지 않습니다.

그러나 정신적으로, 도덕적으로는 항상 긴장하고 있어야 합니다. 사탄은 끊임없이 우리의 영혼을 부패시키려 하고 우리 머리 속에 죄를 당연하게 생각하는 사상을 집어넣으려고 하기 때문입니다. 그래서 그리스도인들은 빨리 정신의 영역에 대문을 달아야 합니다. 아무 생각이나 하면 안 됩니다. 생각해야 할 것이 있고 생각하지 말아야 할 것이 있습니다. 행동하지 않았다고 해서 죄짓지 않은 것이 아니에요. 아무 사상이나 생각이나 느낌이 다 들어오지 못하도록 대문을 걸어잠궈야 합니다.

기억하십시오. 우리가 절대로 상관하지 말아야 할 부분이 있습니다. 영적인 여리고 성은 절대로 가까이 해서는 안 됩니다. 호기심을 가져서도 안 됩니다. 전생을 전제로 한 생각이나 윤회 사상은 하나님의 존재를 완전히 부정하는 것으로서, 우리에게 단 한 번 주신 이 귀중한 생명을 너무나도 무가치하게 만듭니다. 성 문제도 그렇습니다. 남성은 남성으로서 여성은 여성으로서 아주 귀한 존재입니다. 결혼을 파괴시키며 성을 파괴시키는 것들은 모두 영적인 여리고입니다.

아브라함의 태도를 보십시오. 그가 얼마나 정중합니까? 에브론의 이중성, 간사함을 잘 알면서도 꾸뻑 절하면서 지킬 것을 다 지켰습니다. 겉으로는 거래를 하고 있었지만 마음속으로는 전쟁을 치르고 있었고, 마지막까지 전쟁에 실패하지 않기 위해서 한 걸음 한 걸음 믿음으로 나아갔습니다.

오늘 우리가 믿음을 위해 지불해야 할 비용이 무엇입니까? 남들이 다 싸워 놓은 후에 편하게 걸어가면 후손들에게 아무것도 남길 수 없습니다. 내가 지금 살고 있는 하루 하루의 삶은 전세계에 있는 다른 그리스도인들과 앞으로 올 모든 그리스도인들에게 주는 설교입니다. 내가 새로 깨달은 말씀이 무엇입니까? 그 깨달은 말씀을 남기십시오. 내가 말씀대로 산 행위가 무엇입니까? 그것을 남겨 놓으십시오. 그러면 우리 후손들이 이 많은 유산을 받고 풍성하게 살 수 있을 것입니다.

7 이삭의 결혼

아브라함이 나이 많아 늙었고 여호와께서 그의
범사에 복을 주셨더라. 아브라함이 자기 집
모든 소유를 맡은 늙은 종에게 이르되
"청컨대 네 손을 내 환도뼈 밑에 넣으라.
내가 너로 하늘의 하나님, 땅의 하나님이신
여호와를 가리켜 맹세하게 하노니
너는 나의 거하는 이 지방 가나안 족속의 딸
중에서 내 아들을 위하여 아내를 택하지 말고
내 고향 내 족속에게로 가서
내 아들 이삭을 위하여 아내를 택하라."
종이 가로되
"여자가 나를 좇아 이 땅으로 오고자 아니하거든
내가 주인의 아들을 주인의 나오신 땅으로
인도하여 돌아가리이까?"
아브라함이 그에게 이르되
"삼가 내 아들을 그리로 데리고 돌아가지 말라.
하늘의 하나님 여호와께서 나를 내 아버지의 집과
내 본토에서 떠나게 하시고 내게 말씀하시며 내게
맹세하여 이르시기를 '이 땅을 네 씨에게 주리라'
하셨으니 그가 그 사자를 네 앞서 보내실지라.
네가 거기서 내 아들을 위하여 아내를 택할지니라.
만일 여자가 너를 좇아오고자 아니하면

나의 이 맹세가 너와 상관이 없나니
오직 내 아들을 데리고 그리로 가지 말지니라."
종이 이에 주인 아브라함의 환도뼈 아래 손을 넣고
이 일에 대하여 그에게 맹세하였더라.

창 24:1-9

몇년 전에 세기적인 결혼식이라고 떠들어 대던 결혼식이 하나 있었습니다. 그것은 바로 영국 황태자 찰스의 결혼식이었습니다. 영국 사람들뿐 아니라 전 세계 사람들이 텔레비전을 통해 이 결혼식을 지켜보았습니다. 영국 사람들에게 이 황태자의 결혼식이 중요한 이유가 무엇입니까? 그것은 바로 황태자가 결혼을 해서 아이를 낳아야 앞으로 영국의 왕이 나오기 때문입니다.

이스라엘 백성들에게도 왕자의 결혼식은 아주 중요했습니다. 그 왕자의 결혼을 통하여 앞으로 이스라엘을 통치하고 다스릴 왕이 태어나며, 그 새 왕을 통하여 더 완전한 하나님의 나라가 완성될 것이기 때문입니다. 이스라엘 백성들에게는 아주 강한 소망이 하나 있었습니다. 그것은 다윗의 후손을 통하여 엄청난 왕이 태어날 것이라는 약속의 성취입니다. 그래서 모든 이스라엘 백성들은 왕자가 결혼을 할 때마다 이 약속된 메시아를 대망하고 메시아를 통하여 하나님 나라가 완성될 것을 바라보면서 왕자의 결혼식을 축복했습니다.

이스라엘 백성들이 왕자의 결혼식 때 부르던 노래가 아가서로 남아 있습니다. 물론 이 노래의 배경은 솔로몬과 한 시골 여자 술람미 여인 사이의 사랑입니다. 그러나 그 중심 주제는 단순한 남녀간의 사랑이 아닙니다. 그들은 이 왕의 결혼을 통해 앞으로 오실 메시아를 대망한 것입니다. 그리고 이 결혼을 통해 이 땅에 하나님의 나라가 더 구체적으로 실현되기를 갈망했습니다.

이삭의 결혼이 중요한 이유

그런 의미에서 창세기의 아가서라고 말할 수 있는 부분이 있습니다. 그것은 바로 창세기 24장입니다. 24장은 아브라함의 아들 이삭의 결혼을 다루고 있는 부분으로서, 창세기 중에서 가장 긴 장입니다. 그 내용은 이삭을 중매하기 위하여 아브라함의 종이 임무를 띠고 아브라함의 고향으로 가서 한 처녀를 만나 데리고 오는 것입니다. 물론 이 내용이 읽힌 시점은 이삭이나 그의 아내가 죽은 지 이미 오래 되었을 때입니다. 그럼에도 불구하고 이스라엘 백성들이 이토록 이삭의 결혼을 중요하게 생각했던 것은 그의 결혼이 단순한 결혼이 아니라 하나님의 약속이 있는 결혼이며, 이 결혼을 통하여 하나님께서 약속하신 후손이 태어날 것이었기 때문입니다. 그들은 이삭을 통하여 하나님의 나라가 이 땅 위에 구체적으로 실현될 것을 바라보았습니다. 이삭이 결혼하지 않으면 하나님이 약속하신 후손이 오지 않을 것이며 하나님의 나라도 실현되지 못할 것입니다.

우리는 관심 있는 은사들을 만났을 때, "선생님은 어떻게 결혼하시게 되었어요? 사모님은 어떻게 만나게 되셨어요? 연애예요, 중매예요?"라는 질문을 가장 많이 합니다. 이런 질문을 하는 데에는 그를 개인적으로 더 잘 알고 싶은 생각과, 또 이렇게 좋은 사모님과 결혼을 했으니까 오래 사셔서 좋은 일을 많이 하라는 뜻이 담겨 있습니다.

이삭의 결혼은 단순한 결혼이 아닙니다. 앞으로 올 메시아를 대망하는 결혼입니다. 바로 이 결혼을 통하여 하나님의 나라가 구체적으로 이 땅에 이루어지게 될 것입니다. 이삭의 결혼에 보여 주신 하나님의 호의와 간섭하심과 인도하심은 수많은 이스라엘 백성들에게 주실 은혜의 한 예표입니다. 사람들이 이삭의 결혼에 나타난 하나님의 뜻에 기뻐하는 것은, 그가 이삭의 삶을 인도하셨듯이 자신들의 삶 또한 인도하시리라는 믿음 때문입니다.

1. 가장 중요한 임무

아브라함의 남은 생애에서 이삭의 결혼보다 더 중요한 것은 없었을 것입니다. 그럼에도 불구하고 이 귀중한 약속은 오랫동안 이루어지지 않고 있었습니다.

이루어지지 않은 축복

> 아브라함이 나이 많아 늙었고
> 여호와께서 그의 범사에 복을 주셨더라.
> 아브라함이 자기 집 모든 소유를 맡은 늙은 종에게 이르되
> "청컨대 네 손을 내 환도뼈 밑에 넣으라"(24:1, 2).

가장 귀중한 축복은 그렇게 쉽게 이루어지지 않는 법입니다. 하나님께서는 아브라함의 범사에 그를 축복하셨습니다. 그의 모든 일이 형통했습니다. 그러나 가장 중요한 축복은 아직 이루어지지 않고 있었습니

다. 아브라함은 아직까지 이삭이 결혼하여 아들을 낳는 것을 통해 하나님의 약속이 구체적으로 실현되는 것을 보지 못하고 있었습니다. 아브라함이 아주 늙을 때까지, 그의 인생이 종점에 이를 때까지 이 귀중한 축복은 이루어지지 않았습니다.

종에게 맡기다　　지금까지 조용하게 기다리기만 하던 아브라함은 드디어 행동을 취하기 시작합니다. 그는 가장 믿는 종을 불러서 자신의 환도뼈 밑에 손을 넣고 맹세하라고 합니다. 그리고 이삭의 아내를 구해 오는 책임을 맡깁니다. 지금까지 조용하게 기다리기만 하던 아브라함이 무엇인가 하기 위해 움직이는 이유가 무엇입니까? 이제 자기가 너무 늙어서 더 이상 살 수 없다는 것을 알았기 때문입니다. 그는 죽기 전에 분명히 한 가지 일을 해야 하는데, 그것은 이삭이 믿음으로 결혼할 수 있도록 방침을 정해 주고 도와 주는 일이라고 생각했습니다.

물론 이삭이 결혼하는 것은 하나님의 일이며, 하나님께서 알아서 하실 것입니다. 그러나 아브라함은 아무리 하나님의 뜻이라 하더라도 인간의 고집과 불순종으로 얼마든지 그 성취가 늦어질 수 있다는 것을 체험했습니다. 이삭을 낳는 데에도 자신의 불순종과 고집 때문에 얼마나 많은 기간이 필요했는지 그는 잘 알고 있었습니다. 아브라함은 얼마 있지 않아 죽을 것입니다. 그는 자기가 죽은 후에 이삭이 믿음으로 결혼할 수 있도록 어떤 일을 해야 한다고 생각했습니다.

그래서 자기 집의 모든 소유를 관리하고 있는 종을 불러서 아주 중요한 임무를 맡깁니다. 그것은 바로 이삭의 아내를 구해 오는 일입니다. 종의 생애에서 아마 이보다 더 부담스러운 임무는 없었을 것입니다. 지금까지 아브라함은 이 종에게 많은 임무를 맡겨 왔습니다. 그러나 지금 그는 사상 최대의 임무를 맡기고 있습니다.

만일 우리가 어떤 사람의 결혼을 책임져야 한다면 보통 부담스러운 일이 아닐 것입니다. 내가 보기에 좋은 사람이라도 상대방의 마음에도 드는 경우는 거의 없습니다. 나이든 사람의 관점과 젊은 사람의 관점은 전혀 다릅니다. 일치한다면 오히려 이상한 일이지요. 그런데도 아브라함은 이삭의 결혼 문제를 이 늙은 종에게 부탁하고 있습니다.

이렇게 아들의 결혼 문제를 종에게 맡긴 것은 자신의 힘으로 여자를 구할 수 없었기 때문이 아니라 그의 신앙 때문이었습니다. 아브라함은 가나안 여자를 이삭의 아내로 삼을 수 없다는 것을 분명히 알았습니다. 그러면 다른 곳에 있는 여자를 택해야 하는데, 이삭은 이 땅을 떠날 수 없다는 것이 아브라함의 믿음이었습니다. 가나안 여자는 안 되고 이삭은 여기를 떠나면 안 되니까 마냥 기다리는 수밖에 없습니다. 그러나 이제는 더 기다릴 수 없습니다. 아브라함은 너무 늙어 버렸습니다. 그래서 이 늙은 종에게 이삭의 아내를 구해 오라는 막중한 임무를 맡겼습니다.

_{믿음 때문에}

여기서 중요한 것은 아브라함이 자기 종에게 맹세하게 한 방식입니다.

> 아브라함이 자기 집 모든 소유를 맡은 늙은 종에게 이르되
> "청컨대 네 손을 내 환도뼈 밑에 넣으라"(24:2).

우리는 지금까지 여러 가지 방식의 맹세를 보았습니다. 짐승을 죽여서 그 사이를 지나가는 방식도 있었고, 돌을 세워서 맹세하는 방식도

7. 이삭의 결혼 153

있었습니다. 또 음식을 같이 나누어 먹는 방식도 있었습니다. 그런데 이번에는 아주 특별한 맹세의 형태로서, 다른 사람의 엉덩이 밑에 손을 넣고 맹세하는 방식이 나옵니다. 이 맹세가 어떤 맹세인지 많은 학자들이 연구를 했지만 아직 풀리지 않고 있습니다.

<small>이 맹세의 의미</small> 가장 그럴 듯한 것이 이스라엘 사람들의 해석 방식입니다. 그들은 이 맹세의 방식을 할례에 준하는 것으로 보았습니다. 다시 말해서 환도뼈는 뼈가 아니라 성기를 완곡하게 표현한 것으로서, 남자의 성기 위에 손을 대고 맹세를 하는 것이기 때문에 거의 할례의 언약과 같은 의미가 있다고 보는 것입니다. 할례의 의미가 무엇입니까? 하나님의 소유가 되었다는 표시입니다. 이스라엘 백성들은 성기에 그 표시를 함으로써 이 언약이 자손 대대로 유효하다는 것을 나타낸다고 보았습니다. 즉 이 해석은 아브라함이 죽는다 해도, 이 종뿐 아니라 그의 아들까지 모두 이삭의 결혼을 위하여 헌신할 것을 언약하는 표시로 보는 것입니다.

이와 비슷한 것으로, 고대 사람들은 후손들이 모두 '조상의 허리에 있다'고 생각했기 때문에, 허리 밑에 손을 넣고 맹세를 하는 것은 자자손손 이 약속을 거역하지 않고 신실하게 지키겠다는 표시라고 주장하기도 합니다.

물론 이 해석들이 다 근거 없는 것은 아니지만 저는 본문 안에서 이 맹세의 의미를 찾는 것이 좋다고 생각합니다. 종은 이 맹세를 하기 전에도 아브라함의 명령이 상당히 어려운 것이라는 사실을 알았습니다. 남자도 보지 않고 따라오려는 처녀가 어디 있겠습니까? 그래서 종은 아브라함에게 묻습니다. "만약 처녀가 따라오려고 하지 않으면 이삭을 그 곳으로 데리고 가야 합니까?" 그 때 아브라함은 "만약 그 여자가 따라오려고 하지 않으면 이 맹세는 그 순간부터 폐지되는 것이다. 다시 말해서 이 맹세는 너와 상관이 없다"고 합니다. 즉 이 맹세는 여자를 만났는데 따라오려고 하지 않을 때에야 비로소 해지되며, 그 외에는 어떤 경우라도 유효하다는 뜻입니다. 그러니까 아브라함의 종은 어떤 일이 있어도 이삭의 아내를 찾아 내야 합니다.

무슨 뜻입니까? 이 종이 아브라함의 환도뼈 밑에 손을 넣고 맹세한 일의 정확한 뜻이나 의도는 알 수 없지만, 한번 약속하면 그 약속을 성취하기까지 무한의 책임을 진다는 의미가 여기에 들어 있었다는 것입니다. 아브라함이 살았든지 죽었든지, 종 자신이 건강하든지 그렇지 않든지, 1년이 걸리든지 10년이 걸리든지 이삭의 아내를 구해 올 때까지는 이 약속에 책임을 져야 하는 무한 책임의 맹세인 것입니다.

무한히 책임진다

이 책임에서 면제되는 경우는 단 두 가지뿐입니다. 한 경우는 이삭의 아내를 데리고 왔을 때입니다. 또 한 경우는 여자를 발견했지만 그 여자가 남자를 보지 않고서는 결혼할 수 없다면서 따라오기를 거절할 때입니다. 이 두 가지 경우가 아니라면 몇 달이 걸리든 몇 년이 걸리든 이 종은 반드시 이삭의 아내를 찾아 와야 합니다. 한평생이 걸리더라도 찾아 와야 합니다.

우리는 아브라함의 모든 소유를 맡은 종이 얼마나 바쁜 사람인가를 알아야 합니다. 그런데 아브라함은 이 바쁜 종을 불러서 무한 책임의 임무를 지웁니다. 결혼 문제라면 주인이 책임을 져야 하지 않습니까? 그런 일을 종에게 맡기면 어떻게 합니까? 게다가 기한이 한두 달로 정해져 있는 것도 아니고, 아무리 오랜 시간이 걸린다 해도 무조건 이삭

이삭의 결혼은 모두의 과제

의 아내를 찾아 와야 한다는 것은 너무 심한 요구가 아닙니까?

그에 대한 아브라함의 생각은 이런 것입니다. 이삭의 결혼은 단지 이삭 개인의 문제가 아닙니다. 이삭의 결혼은 아브라함 가정에 속한 사람들의 행복이 달린 문제일 뿐만이 아니라 모든 인류의 구원이 달려 있는 중요한 문제이기 때문에, 누구라도 자신의 삶에서 가장 중요한 문제로 생각해야 한다는 것입니다. 아브라함의 종은 바쁜 사람입니다. 할 일 없는 사람이 아니에요. 하지만 아브라함은 "네가 아무리 바빠도 이삭은 결혼을 해야 해. 이삭이 결혼하지 않으면 너의 행복도 소용이 없다. 네가 아무리 돈 계산을 잘하고 이익을 남긴다고 하더라도 이삭이 결혼하고 약속된 후손이 와야 하는 거야. 그러니 너는 무한 책임을 지고 그 아내를 구해 와야 한다"고 요구합니다.

아마도 이 아브라함의 종은 다메섹 사람 엘리에셀이었을 것입니다. 그는 히브리인이 아닙니다. 그럼에도 불구하고 아브라함은 이삭이 하나님의 뜻에 따라 아름다운 결혼을 하지 못한다면 다메섹 사람인 이 종의 행복도 보장할 수 없다고 합니다. 이삭의 결혼은 모든 사람들이 자신의 삶의 최우선 과제로 생각하고 끝까지 추구해야 할 일이라는 것입니다. 다시 말해서 이 땅에 그리스도가 오시는 일은 다른 어떤 일보다 중요합니다. 이 세상 사람은 그 어떤 중요한 일보다 그리스도가 오시는 일과, 그를 통하여 하나님의 축복이 이루어지는 일을 최우선 과제로 삼아야 합니다.

전설입니다만 영국의 아더 왕은 원탁의 기사들에게 그리스도가 성찬식 때 사용했던 잔을 평생을 걸고 찾아 오라고 명령하면서 무한의 책임을 부여했다고 합니다. 이 원탁의 기사들은 그 잔을 찾지 못했기 때문에 죽을 때까지 돌아오지 못했습니다. 사람들 중에는 이런 미신적인 목표를 달성하기 위하여 한평생을 투자하는 사람들이 많습니다. 어떤 아들은 "고시에 합격하기 전까지 절대로 집에 돌아오지 않겠습니다"라고 약속합니다. 또 어떤 남편은 "이번 사업에 성공하기 전에는 절대로 돌아오지 않겠소" 하며 집을 나섭니다. 그러나 대개는 빈손으로 돌아오지요.

아브라함은 자기 종에게 "이삭의 아내를 찾기 전에는 절대로 집에 돌아오지 말라"고 하면서 보냅니다. 한평생이 걸리더라도 이삭의 아내를 찾아 와야 한다는 것입니다. 이것은 아브라함이 죽어도 유효한 명령입니다. 환도뼈 밑에 손을 넣고 맹세했다는 것은 아브라함이 죽었든지 살았든지 상관없이 어떤 일이 있어도 이삭의 아내를 찾아야만 돌아올 수 있다는 뜻입니다.

우리의 생애에도 이런 일이 있을 것입니다. 한평생 나의 삶을 두고 추구해야 할 것이 있습니다. 그것이 무엇입니까? 그 목적을 달성하기 전까지는 절대로 돌아올 수 없고, 무한 책임져야 하는 내 인생의 과제가 무엇이라고 생각합니까?

어렸을 때 외국에 입양되어 갔다가 성인이 되어서 부모를 찾아오는 젊은이들이 많습니다. 왜 그들은 자기를 버린 부모를 찾으려고 합니까? 부모를 찾지 못하면 영원한 자신의 가치를 되찾지 못하기 때문입니다. 부모가 자기를 버렸든 잃어버렸든 간에 부모를 만나야 내가 누구냐 하는 문제가 풀리는 것입니다.

이처럼 사람들은 자기의 가치를 되찾아야 합니다. 아무리 바쁘고 할 일이 많고 장사하는 데 재미가 붙었다고 하더라도 자기가 누구인지는

너의 가치를 찾아라

알아야 합니다. 예수님께서는 온 천하를 얻고도 자기 생명을 잃으면 무슨 소용이 있느냐고 말씀하셨습니다. 자기 자신이 누구인지도 모르는데 잘먹고 잘살면 무슨 의미가 있고 공부를 잘하면 무슨 의미가 있습니까? 뿌리를 찾아야 합니다. 우리의 뿌리가 어디에 있습니까? 하나님께 있습니다. 예수님은 우리의 영생이 유일하신 참 하나님과 그의 보내신 자 예수 그리스도를 아는 데 있다고 말씀하셨습니다.

아브라함의 종이 그 바쁜 일을 다 중단하고 이삭의 아내를 구하는 일에 한평생을 다 쏟기로 약속한 것은 이삭이 결혼하지 못하면 그 약속하신 씨가 오지 않을 테고, 그렇게 되면 아브라함의 삶과 자신의 삶과 이삭의 삶, 모든 인류의 삶도 의미가 없다는 것을 알았기 때문입니다. 모든 가치는 그리스도 안에 있습니다.

2. 아브라함이 제시한 기준

아브라함은 자기 종에게 이삭의 아내를 찾아 오라고 하면서, 아무 데나 가서 이상하게 생긴 여자라도 데리고 오기만 하면 된다는 식으로 말하지 않았습니다. 그는 이삭의 아내를 구할 때 중요한 기준을 제시했습니다. 그것은 인물이나 재산 같은 것이 아니었습니다. 아브라함은 이삭의 아내가 이 세상에서 가장 예쁜 여자여야 한다고 요구하지 않았고 아주 돈이 많은 왕의 딸이어야 한다고도 말하지 않았습니다.

신부의 조건, 순결

아브라함이 제시한 것은 두 가지였습니다. 하나는 여자의 순결이었습니다. 도덕적으로 흠이 없어야 한다는 것이 첫째 조건이었습니다.

"내가 너로 하늘의 하나님, 땅의 하나님이신 여호와를
가리켜 맹세하게 하노니, 너는 나의 거하는 이 지방 가나안
족속의 딸 중에서 내 아들을 위하여 아내를 택하지 말고
내 고향 내 족속에게로 가서 내 아들 이삭을 위하여
아내를 택하라"(24:3, 4).

이삭의 결혼이 이토록 늦어진 이유가 어디에 있을까요? 그것은 가나안 땅에서는 순결한 여자를 구할 수가 없었기 때문입니다. 아브라함은 이삭의 아내 자격으로 다른 것을 생각하지 않았습니다. 이삭의 아내는 순결한 사람이어야 했습니다. 가나안 땅에서 살면서 여자들을 지켜본 결과, 아브라함이 내린 결론이 무엇입니까? 가나안 여자는 절대로 아들의 아내가 되어서는 안 된다는 것입니다. 가나안 여자들은 순결하지 않았습니다. 그래서 아브라함은 자기 고향, 그의 족속에게로 가서 이삭의 아내를 구해 오라고 했습니다.

아브라함이 떠나 온 고향 친척들은 어떤 사람들입니까? 그들은 아브라함처럼 말씀에 사로잡힌 사람은 아니었습니다. 그러나 적어도 하나님은 살아 계시며 음란하게 살아서는 안 된다는 생각은 가진 사람들이었습니다. 아브라함은 전적으로 하나님의 말씀에 헌신한 사람이었습니다. 그러나 그의 가족들은 하나님을 알고 믿기는 하지만 전적으로 말씀에 붙들린 사람들은 아니었습니다. 그러나 의식적으로, 윤리적으로는 하나님을 섬기고 믿는 사람들이었습니다. 말하자면 요즘 우리가 흔히 보는 그리스도인들과 비슷한 상태였다고 말할 수 있습니다. 그러나 그렇다고 해서 하나님을 뜨겁게 사랑하지는 않았습니다. 아브라함

과 그의 가족이 헤어진 이유도 이러한 신앙의 차이 때문이었습니다. 이를테면 아브라함이 두고 온 친척들의 모습은 부흥이 필요한 교회의 모습이었습니다. 아브라함은 그들 가운데서 이삭의 아내를 데리고 오라고 부탁하고 있습니다.

<small>신부의 조건, 믿음</small>

두 번째로 아브라함이 이삭의 아내에게 요구한 것은 믿음이었습니다. 만약 여자가 남자를 보지 않고서는 오지 않겠다고 하면 어떻게 하느냐고 묻는 종에게 아브라함이 무엇이라고 합니까?

종이 가로되
"여자가 나를 좇아 이 땅으로 오고자 아니하거든
내가 주인의 아들을 주인의 나오신 땅으로
인도하여 돌아가리이까?"
아브라함이 그에게 이르되
"삼가 내 아들을 그리로 데리고 돌아가지 말라"(24:5,6).

아브라함은 하나님의 약속이 성취되기 위해서는 이삭이 가나안을 떠날 수 없으며, 만약 이삭의 아내감이라면 그 얼굴을 보지 않고서도 따라올 수 있는 믿음을 가진 자여야 한다는 것을 조건으로 제시했습니다. 이삭의 아내는 믿음이 있는 여자여야 합니다. 얼굴 한 번 보지 않고서도 말씀만 듣고 떠날 수 있는 여자여야 합니다. 그 이유가 무엇입니까? 하나님의 나라는 모두 약속으로 되어 있기 때문입니다. 믿음이 없는 사람은 하나님 나라에서 아무것도 얻을 수 없습니다. 그래서 아브라함은 처음부터 결혼 조건에 믿음을 제시했습니다.

오늘 이 땅에 하나님의 나라가 임하는 데 가장 어려운 문제가 무엇입니까? 그리스도의 신부를 찾는 것입니다. 그리스도의 신부만 찾으면 왕의 결혼식이 벌어질 것입니다. 온 하늘에서 천사들과 모든 성도들이 함께하는 엄청난 왕의 결혼식이 벌어질 것입니다. 제가 너무 풍유적으로 성경을 해석하려고 한다고 비난할지 모르겠습니다. 그러나 이 부분은 풍유가 아닙니다. 참으로 하나님께서 그 모든 종들에게 내리신 가장 중요한 명령은 온 세상을 뒤져서라도 그리스도의 신부를 찾아 오는 것입니다.

> 그리스도의
> 신부를 찾아라

신부의 자격은 두 가지입니다. 그들은 순결해야 합니다. 그리스도 외에는 아무것도 바라보지 않는 사람이어야 하며, 이 세상의 더러운 죄에 빠지지 않은 사람이어야 합니다. 세상을 사랑하는 사람은 안 됩니다. 또한 그리스도의 신부는 말씀만 듣고서도 따라올 수 있는 믿음의 사람이어야 합니다. 그리스도를 본 적은 없지만 말씀만 듣고서도 따라올 수 있는 사람이어야 합니다. 온 세상을 뒤져서라도 이 두 가지 조건에 맞는 사람을 찾아 내야 합니다. 그래서 온 천사가 세상을 뒤지고 있습니다. 순결하면서도 말씀 하나만 붙들고 따라올 수 있는 이 순결한 그리스도의 신부를 찾고 있습니다.

우리는 아직 교회가 가진 신비를 다 알지 못하고 있습니다. 지금 우리가 보는 교회는 마치 아브라함이 떠나 온 옛 고향의 친척들과 같습니다. 하나님을 믿기는 하지만 사랑하지는 않습니다. 하나님의 말씀을 믿기는 하지만 말씀에 전적으로 붙들린 것은 아닙니다. 그러나 일단 기쁜 소식이 전해지면 다시 살아날 가능성이 있습니다. 이것이 교회의 부흥에 대한 하나님의 약속입니다.

기억상실증에 걸린 교회

어느 분이 교회에 대하여 쓴 책 중에 〈기억상실증에 걸린 신데렐라〉라는 책이 있습니다. 교회는 신데렐라인데, 기억상실증에 걸린 신데렐라입니다. 자기가 누구인지 잊어버렸고, 자기를 찾고 있는 왕자님이 누구인지 모르고 있습니다. 유리구두가 무엇인지도 잊어버렸습니다. 지금 교회가 바로 그렇습니다. 교회는 자신의 영광을 잃어버렸고, 자기를 찾고 있는 자가 누구이며 자기를 기다리고 있는 축복이 어떤 것인지 다 잊어버렸습니다. 그저 세상에 있는 것을 긁어모아서 즐기면 되는 것처럼 생각하고 있습니다. 아브라함은 이삭의 아내는 바로 그런 자기 고향 사람들 중에서 찾아야 한다고 믿었습니다.

모든 사람들이 교회가 다시 그 영광스러운 옛 모습을 되찾기를 원하고 있습니다. 교회가 가장 교회다웠고, 교회가 가장 영광스러웠던 초대 교회 시대의 모습을 되찾기를 원하고 있습니다. 그 때 교회는 그리스도의 신부였습니다. 어떻게 하면 다시 그 영광과 능력을 되찾을 수 있습니까? 말씀을 통하여 믿음과 순결을 되찾아야 합니다.

순결하다는 것은 한 번도 죄를 짓지 않았거나 타락하지 않았다는 의미가 아닙니다. 우리는 그리스도를 몰랐을 때 이미 죄에 **빠졌던** 사람들입니다. 그렇지 않았던 사람은 아무도 없을 것입니다. 그러나 믿음이 온 후에는 더 이상 그렇게 살아서는 안 됩니다. 그뿐 아니라 그리스도의 신부는 믿음으로 살아야 합니다. 눈으로 보고 따라가는 것이 아닙니다. 말씀 하나만 붙들고 생전 보지도 못한 이삭과 결혼하려고 나서는 믿음의 여자만이 이삭의 신부가 될 수 있습니다.

오늘 그리스도의 신부인 우리들에게 가장 중요한 것이 무엇입니까? 눈에 보이는 것을 붙들지 않고 말씀을 붙들고 걸어가는 것입니다. 그리스도의 신부는 이 세상 것으로 만족하지 않습니다. 그리스도가 주시는 것과 세상이 주는 것을 구분해서 그리스도가 주시지 않는 것은 절대로 갖지 않습니다. 사도 바울은 "내가 비천에 처할 줄도 알고 풍부에 처할 줄도 알아 모든 일에 배부르며 배고픔과 풍부와 궁핍에도 일체의 비결을 배웠노라"(빌 4:12)고 했습니다.

바로 이것입니다. 주님이 주시지 않은 것은 어느 것도 취하지 않는 것입니다. 주님이 가난하게 하시면 그냥 가난하게 사는 것입니다. 부자를 시기하고 욕할 필요가 뭐가 있습니까? 주님이 날 무식하게 하시면 그냥 무식하게 사는 것입니다. 주님이 날 독신으로 살게 하시면 그냥 독신으로 사는 것입니다. 쌀도 적게 들고 얼마나 좋습니까? 또 주님이 부요하게 하시면 부요하게 사는 것이지 어떻게 하겠습니까?

오늘 온 세상이 보고 싶어하는 사람이 있습니다. 그 사람은 화려한 옷을 입은 모델 같은 여자가 아닙니다. 순결하면서도 믿음 하나로 사는 그리스도의 신부가 과연 이 세상에 남아 있는지, 눈이 부실 정도로 순결하고 아름다운 그리스도의 신부가 어디 있는지 보고 싶어합니다. 어떤 곳에 그리스도의 신부가 있다고 해서 달려갔더니, 이 세상 여자들과 하나도 다를 바가 없습니다. 빨간 립스틱을 짙게 바른 입으로 더러운 말을 마구 내뱉습니다. 신데렐라인 줄 알고 갔는데, 알고 보니 그 언니들이이에요. 뒤꿈치가 까질 때까지 발을 밀어넣는데도 구두는 절대 들어가지 않습니다. 그런 여자들은 신부가 아닙니다.

세상이 원하는 신부

3. 아브라함의 신앙 고백

아브라함은 아들 이삭의 결혼을 자신의 믿음에 따라서 준비하고 있습니다. 사람들이 어떤 행동을 취하는 데는 반드시 이유가 있습니다. 그 이유는 바로 그 사람의 신앙이요 신념입니다. 아브라함의 신앙은 아들 이삭의 결혼에서 더 분명하게 드러나고 있습니다. 7절을 보십시오.

"하늘의 하나님 여호와께서 나를 내 아버지의 집과
내 본토에서 떠나게 하시고 내게 말씀하시며
내게 맹세하여 이르시기를 '이 땅을 네 씨에게 주리라'
하셨으니 그가 그 사자를 네 앞에 보내실지라.
네가 거기서 내 아들을 위하여 아내를 택할지니라."

아브라함의 믿음 아브라함은 자기가 이 곳으로 오게 된 것이 하나님의 부르심 때문이었다는 것을 확신하고 있습니다. 하나님께서는 아비 집과 본토를 떠나게 하실 때 자기에게 씨를 주고 그 씨에게 이 땅을 주겠다고 약속하셨습니다. 자신이 하나님의 말씀을 붙들기만 하면 그 모든 약속을 성취할 책임은 하나님께 있다는 것을 아브라함은 여기에서 분명히 이야기하고 있습니다. 아브라함이 지켜야 할 언약은 두 가지입니다. 가나안 땅을 떠나지 말 것과 이방 신을 섬기지 말 것입니다. 이 두 가지만 지키면 하나님은 그에게 씨를 주실 것이며 그 씨를 통하여 가나안 땅을 주시리라는 것이 아브라함의 믿음이었습니다.

아브라함은 하나님의 섭리와 간섭을 믿고 있습니다. 하나님의 섭리와 간섭하심을 믿는 것보다 더 우리를 안전하게 지켜 주는 것은 없습니다. 우리는 이 세상에서 많은 문제를 끌어안고 살고 있습니다. 우리 주위에는 날마다 위험이 도사리고 있습니다. 지금 우리 안에 어떤 병이 생기고 있는지도 모릅니다. 또 언제 사고가 날지 모릅니다. 집에 갑자기 불이 나면 어떻게 합니까? 교통사고가 나면 어떻게 합니까? 우리 아이에게 불행한 일이 생기면 어떻게 합니까? 또 이 땅에는 언제 전쟁이나 재앙이 닥칠지 모릅니다.

그러나 우리가 믿는 것이 하나 있습니다. 이 모든 것이 다 사실이라고 하더라도 하나님의 허락 없이는 참새 한 마리도 땅에 떨어지지 않는다는 것입니다. 우리는 모든 것을 다 알지 못합니다. 그러나 언약의 말씀을 붙들고 있기만 하면 하나님은 우리의 모든 삶을 책임지시고 약속대로 풍성한 삶을 주실 것입니다.

아브라함은 종을 보내면서도 이 모든 것이 종에게 달려 있다고 생각하지 않습니다. 그는 하나님께서 그 사자를 먼저 보내어 모든 일을 준비시켜 주실 것이며 모든 것을 이루실 것을 믿고 있습니다. 이것이 하나님의 섭리와 간섭을 믿는 것입니다. 사람들이 이 세상에서 살 수 있는 이유는 둘 중에 하나입니다. 운명으로 생각하고 모든 것을 잊어버리든지, 아니면 하나님의 섭리와 간섭하심을 믿기 때문입니다. 아브라함은 우리가 할 수 있는 것은 아무것도 없으며 하나님께서 그의 사자를 통하여 모든 것을 이루시리라고 믿었습니다.

여러분, 우리가 어떤 선한 일을 할 때 이 선한 일을 한 사람은 우리가 아닙니다. 하나님께서는 우리 안에 선한 마음을 주셔서 그 일을 하

"당신의 섭리와 간섭을 믿습니다."

게 하십니다. 그리고 다른 사람이 그 선한 일을 받아들일 수 있도록 마음을 준비시켜 주십니다. 그래서 전혀 모르는 사람끼리 만나도 마치 오래 함께 일해 온 것처럼 주님의 영광을 나타내게 되는 것입니다. 그러나 그것은 우리가 잘 했기 때문이 아닙니다. 하나님께서 모든 것을 준비시키시고 간섭하셨기 때문입니다.

하나님께서는 우리에게 어떤 좋은 것을 주려고 하실 때, 먼저 기도할 마음을 주십니다. 그리고 우리가 기도할 때 그 준비한 것을 주십니다. 기도할 마음을 주시지 않았는데도 기도하는 사람은 한 명도 없습니다. 그러므로 기도할 마음이 생길 때 무조건 기도하십시오. 왜냐하면 하나님께서 무언가 좋은 것을 준비하고 계시다는 표시이기 때문입니다.

이 세상에서 우리가 아무리 선한 일을 많이 했다고 하더라도 그것은 하나님께서 마치 엎드려 절받으시는 것과 같습니다. 하나님께서는 아브라함으로 하여금 종을 보내게 하시고, 아브라함의 고향에 한 여자를 준비시켜 놓으십니다. 겉으로 보기에는 아브라함의 종이 잘 찾아간 것 같고 그 여자의 믿음이 좋은 것 같지만, 실제로는 하나님께서 그 모든 것을 행하신 것입니다. 아브라함은 이처럼 하나님께서 반드시 그 사자를 먼저 보내어 모든 것을 준비시켜 놓으실 것을 믿고 종을 보냈습니다.

오늘 말씀이 우리에게 보여 주는 것이 무엇입니까? 하나님의 가장 중요한 일은 그렇게 쉽게 이루어지지 않는다는 것입니다. 아브라함은 이삭의 결혼을 오래 오래 기다려야만 했습니다. 그리고 이스라엘 백성들은 수많은 왕자들의 결혼식을 지켜보면서 앞으로 오실 메시아를 대망해야만 했습니다. 이것은 남의 일이 아니었습니다. 바로 자기들의 영원한 미래가 달린 사건이었습니다. 그래서 그들은 이삭의 결혼을 그렇게 기뻐했고, 특히 이 결혼에 하나님께서 함께하신 것을 자신들의 삶에 함께하시는 증거로 생각했습니다.

오늘 우리에게는 우리의 모든 중요한 것들을 내려놓고 한평생 찾아야 할 것이 있습니다. 그것은 내 영혼의 가치를 찾는 일입니다. 자기의 영혼의 가치를 되찾지 않으면 아무것도 되지 않습니다. 영혼의 진정한 가치는 어디에 있습니까? 왕의 결혼식 잔치에 있습니다. 우리 죄인들과 그리스도가 만나는 영원한 결혼식에 있습니다.

오늘 이 세상은 진정으로 그리스도의 신부를 보기를 원합니다. 그것은 크고 훌륭한 교회가 아닙니다. 많은 사람들이 모인 교회, 학벌 좋은 사람들이 모인 교회가 아닙니다. 세상은 순결하면서도 말씀 하나만 붙들고 나아가는 그리스도의 신부를 보고 싶어합니다. 말씀을 팽개치고 눈에 보이는 돈이나 집이나 직장을 붙들고 사는 사람은 신데렐라의 언니들입니다. 어디에 그리스도의 신부들이 있습니까? 바른 하나님의 말씀이 선포되는 곳에, 그 말씀에 전심으로 반응하는 자들 가운데 있습니다.

여러분, 우리는 미래를 다 알지 못합니다. 그러나 하나님의 말씀을 붙들면 하나님이 우리의 모든 삶을 책임지신다는 것을 믿고 있습니다. 어떤 사람은 자기는 믿음으로 살면서 자식들은 믿음으로 살지 못하게 합니다. 그 이유가 무엇입니까? 그 믿음이 자신의 진정한 믿음이 아니기 때문입니다. 교회생활은 잘 하는데 직장이나 결혼 문제에서 믿음으로 하지 못한다면 그것은 온전한 믿음이 되지 못합니다. 하나님의 섭리를 믿는 사람은 미래를 두려워하지 않습니다. 나의 삶을 통하여 하나님의 살아 계심과 그의 영광만 나타날 수 있다면 그보다 더 귀한 것이 없습니다. 나의 고난과 죽음이 하나님을 기쁘시게 할 수만 있다면 조금도 두려울 것이 없습니다.

지금 온 세상은 그리스도의 신부가 나타나기를 기다리고 있습니다. 사랑하는 그리스도의 신부 여러분, 자기 자신을 더욱 믿음으로 단장하십시오. 이 세상을 사랑하지 마십시오. 그래야 이 왕의 잔치에 영광스럽게 참예할 수 있을 것입니다.

8 하나님의 뜻을 발견하는 법

이에 종이 그 주인의 약대 중 열 필을 취하고
떠났는데, 곧 그 주인의 모든 좋은 것을 가지고
떠나 메소보다미아로 가서 나홀의 성에 이르러
그 약대를 성 밖 우물 곁에 꿇렸으니 저녁 때라.
여인들이 물을 길러 나올 때이었더라.
그가 가로되
"우리 주인 아브라함의 하나님 여호와여,
원컨대 오늘날 나로 순적히 만나게 하사
나의 주인 아브라함에게 은혜를 베푸시옵소서.
성중 사람의 딸들이 물 길러 나오겠사오니
내가 우물 곁에 섰다가 한 소녀에게 이르기를
'청컨대 너는 물항아리를 기울여
나로 마시게 하라' 하리니
그의 대답이 '마시라. 내가 당신의 약대에게도
마시우리라' 하면 그는 주께서 주의 종 이삭을
위하여 정하신 자라. 이로 인하여 주께서 나의
주인에게 은혜 베푸심을 내가 알겠나이다."
말을 마치지 못하여서 리브가가 물항아리를
어깨에 메고 나오니 그는 아브라함의 동생
나홀의 아내 밀가의 아들 브두엘의 소생이라.
그 소녀는 보기에 심히 아리땁고 지금까지
남자가 가까이하지 아니한 처녀더라.
그가 우물에 내려가서 물을 그 물항아리에
채워가지고 올라오는지라.
종이 마주 달려가서 가로되
"청컨대 네 물항아리의 물을 내게 조금 마시우라."

그가 가로되 "주여, 마시소서" 하며,
급히 물항아리를 손에 내려 마시게 하고
마시우기를 다하고 가로되
"당신의 약대도 위하여 물을 길어 그것들로
배불리 마시게 하리이다" 하고
급히 물항아리의 물을 구유에 붓고 다시 길으려고
우물로 달려가서 모든 약대를 위하여 긷는지라.
그 사람이 그를 묵묵히 주목하며
여호와께서 과연 평탄한 길을 주신 여부를 알고자
하더니 약대가 마시기를 다하매
그가 반 세겔 중 금고리 한 개와 열 세겔 중
금 손목고리 한 쌍을 그에게 주며 가로되
"네가 뉘 딸이냐? 청컨대 내게 고하라.
네 부친의 집에 우리 유숙할 곳이 있느냐?"
그 여자가 그에게 이르되
"나는 밀가가 나홀에게 낳은 아들
브두엘의 딸이니이다."
또 가로되 "우리에게 짚과 보리가 족하며
유숙할 곳도 있나이다."
이에 그 사람이 머리를 숙여 여호와께 경배하고
가로되 "나의 주인 아브라함의 하나님 여호와를
찬송하나이다. 나의 주인에게 주의 인자와 성실을
끊이지 아니하셨사오며, 여호와께서 길에서 나를
인도하사 내 주인의 동생 집에 이르게 하셨나이다"
하니라.

창 24:10-27

우리가 이 세상 인생길을 걸어가는 것은 한 번도 가 본 적이 없는 길을 걸어가는 것과 같습니다. 물론 지나고 난 후에 돌이켜보면 별 것 아닌 것 같을지 몰라도, 막상 그 당시에는 하나 하나의 문제가 그토록 어렵고 막연할 수가 없습니다.

우리는 이 세상에 살면서 많은 선택을 해야 합니다. 어떤 학교를 지원해야 하며 어떤 계통의 직장을 가져야 하며 또 결혼 상대로는 어떤 사람을 선택해야 하는지 등, 아주 중요한 문제들이 많이 있습니다. 물론 사람들은 누구든지 최선의 선택을 하기 위하여 머리를 짜 내기도 하고, 또 여러 사람들에게 물어 보기도 합니다.

그런데 그리스도인들에게는 이런 선택의 문제가 신앙이 없는 사람들에 비하여 말할 수 없을 정도로 어려울 때가 많습니다. '과연 내가 이런 식으로 선택하는 것이 현실적으로 가능할까' 하는 생각이 들 정도입니다. 왜냐하면 이 세상에서 무엇인가를 선택하는 것 자체가 쉬운 일이 아닌데다가, 그리스도인들은 거기서 신앙의 문제, 또는 하나님의 뜻까지 찾아야 하기 때문입니다.

선택이 어렵다!   예를 들어서 이 세상에서 자기에게 적합한 직장을 선택하는 것은 결코 쉬운 일이 아닙니다. 그러나 그리스도인에게는 그것만 문제가 되는 것이 아닙니다. 과연 그 직장이 하나님의 뜻에 맞으며 신앙적인 조건에도 맞느냐는 점까지 해결되어야 합니다. 그러니까 보통 어려운 문제가 아니지요. 마치 넓은 바다에서 바늘 하나를 찾아 내는 일과 같습니다.

결혼만 해도 그렇습니다. 자기 마음에 드는 결혼 배필을 찾는 것은 결코 쉬운 일이 아닙니다. 그런데 그리스도인들은 단순히 결혼상대만 찾는 게 아닙니다. 신앙적인 조건까지 맞아야 합니다. 내가 선택하는 그 사람이 내 마음에도 맞아야 하고 하나님의 뜻에도 맞아야 하는 겁니다. 그러니까 선택의 폭이 너무나도 좁아져서 결국 '이 세상에서 나의 마음에도 들면서 하나님의 뜻에도 일치하는 사람이 과연 있을까' 하는 의문을 갖게 됩니다. 물론 머리로는 그런 사람이 있을 것 같지요. '내 배필은 이 세상에 분명히 있어. 내 갈비뼈는 어딘가에 분명히 있어.' 그런데 몇 번 선을 보거나 결혼을 해 보려고 시도하다 보면 그게 보통 어려운 일이 아니라는 것을 깨닫게 됩니다. 이론과 실제 사이에 엄청난 차이가 있는 것입니다.

오늘 본문을 보면 아주 중요한 임무를 띠고 집을 나선 아브라함의 종이 있습니다. 그의 임무가 무엇입니까? 어디론가 가서 이삭의 신부를 찾아 오는 것입니다. 아브라함이 이런 임무를 맡기는 것은 아무 데나 가서 참한 색시 한 명 데려오라는 뜻이 아닙니다. 지금 어디엔가 이삭의 준비된 신부가 있으니 그 신부를 찾아서 데려오라는 것입니다. 종은 그 신부가 대체 어디에 살고 있는지, 이름은 무엇인지, 어떻게 사는지 아무것도 모릅니다. 그럼에도 불구하고 이 종은 신부를 찾아 집을 떠났습니다.

이 본문을 이야기하기는 쉽습니다. 그러나 막상 우리가 이 종이었다고 생각해 보십시오. 집을 일단 나서기는 했지만 도대체 어디로 가야 합니까? 어디에 그 처녀가 있습니까? 누구 딸입니까? 어떻게 생겼습니까? 어떤 여자가 이삭의 신부란 말입니까? 설사 그런 여자를 만난다 하더라도 어떻게 그를 알아볼 수 있겠습니까? 모든 것이 막연합니다. 어쩌면 영원히 이삭의 신부를 찾지 못하고 고생만 실컷 하다가 끝날지도 모릅니다.

그러나 오늘 성경 말씀이 우리에게 보여 주는 것이 무엇입니까? 아브라함의 종은 아무것도 모르고 길을 갔지만, 하나님께서 그의 걸음을 인도하셔서 정확하게 그 신부를 찾아 내게 하셨다는 것입니다. 바로 이것입니다. 이스라엘 백성들이 이삭의 결혼에 대한 이 이야기를 그토록 소중하게 생각했던 것은 하나님께서 아브라함의 종과 함께하셔서 정확한 뜻에 따라 행하게 하셨던 것처럼, 그들이 어려운 결정을 내려야 할 때마다 그 걸음을 인도하셔서 정확하게 하나님이 원하는 목적지로 가게 하시리라는 믿음 때문입니다.

> 종의 걸음을
> 인도하셨듯이

자녀들이 어려움에 처했을 때 그들을 담대하게 하는 것이 무엇입니까? '이런 경우에 우리 아버지와 어머니는 어떻게 했던가? 하나님께서 우리 아버지와 어머니를 어떻게 도우셨던가?'를 생각하는 것입니다. 하나님께서 아버지와 어머니를 선대하신 것처럼 자신들에게도 반드시 동일한 은혜를 주시리라는 것이 자녀들이 위기 때 가지게 되는 신앙입니다.

8. 하나님의 뜻을 발견하는 법

**우리도
도우시리라**

아브라함의 종은 아무것도 모르는 채 길을 가고 있습니다. 지금 자기가 가고 있는 길이 그 목적지를 향한 길인지, 아니면 정반대인지 전혀 모르고 있습니다. 그러나 하나님께서는 이 종의 걸음을 인도하셔서 정확하게 그 신부가 있는 곳으로 이끄셨고, 신부를 찾아 내게 하셨으며 데려오게 하셨습니다. 우리도 아브라함의 종처럼 어디가 길인지 모르고 막연하게 가야 할 때가 많습니다. 그러나 하나님께서는 우리에게도 가장 좋은 길을 보여 주실 것입니다.

1. 종의 믿음

아브라함의 종은 너무나도 막연한 임무를 가지고 집을 떠났습니다. 그 임무는 어디엔가 있을 이삭의 신부를 찾아 오는 것입니다. 도대체 이 넓은 세상 어디에서 한 번도 본 적이 없는 이삭의 아내를 찾아 냅니까? 그러나 아브라함의 종은 그 신부를 찾기 위하여 아주 먼 길을 떠났습니다.

> 이에 종이 그 주인의 약대 중 열 필을 취하고 떠났는데
> 곧 그 주인의 모든 좋은 것을 가지고 떠나
> 메소보다미아로 가서 나홀의 성에 이르러
> 그 약대를 성 밖 우물 곁에 꿇렸으니 저녁 때라.
> 여인들이 물을 길러 나올 때였더라(24:10,11).

아브라함의 종이 이 길을 떠날 수 있었던 것은 한 가지 믿음이 있었기 때문입니다. 그것이 무엇입니까? 하나님께서 자기 주인 아브라함을 사랑하시며 그의 길에 적극적으로 개입하신다는 사실입니다. 이 믿음은 그의 기도에 잘 나타나고 있습니다.

그가 가로되
"우리 주인 아브라함의 하나님 여호와여,
원컨대 오늘날 나로 순적히 만나게 하사
나의 주인 아브라함에게 은혜를 베푸시옵소서"(24:12).

아브라함의 종이 자기 주인 아브라함을 지켜보았을 때 그의 삶에서 절대로 빼놓을 수 없는 가장 중요한 것이 있었습니다. 그것이 무엇입니까? 바로 하나님의 함께하심이었습니다. 아브라함의 삶은 전적으로 하나님께서 함께하시는 삶이었습니다. 만약 하나님께서 함께하시지 않으셨다면 아브라함은 이 거친 세상에서 살아남을 수도 없고 견뎌 낼 수도 없었을 것입니다. 아브라함의 종은 주인 아브라함의 삶을 보면서 하나님은 살아 계시며 주인을 사랑하신다는 믿음을 가지게 되었습니다.

아브라함의
하나님은
살아 계시다

하나님을 아는 사람과 모르는 사람의 사고방식에는 근본적인 차이가 있습니다. 만일 아브라함의 종이 하나님의 존재를 몰랐다면 얼굴도 모르는 이삭의 신부를 찾아 나선다는 것 자체가 미친 짓으로 여겨졌을 것입니다. 도대체 어디서 이삭의 신부를 찾으며, 설사 그를 만난다 하더라도 그가 이삭의 신부인지 아닌지 어떻게 알겠습니까? 그러나 이 좋은 하나님은 살아 계시며 모든 것을 알고 계시며 이 걸음을 인도하실 것을 믿었습니다.

우연이냐, 섭리냐

하나님을 모르는 사람의 삶을 지배하는 원리는 우연입니다. 모든 것이 우연이에요. 노래 가사처럼 사람을 만나는 것도 우연, 헤어지는 것도 우연, 우연 외에는 아무것도 없습니다. 그러나 하나님을 믿고 하나님을 아는 사람들이 갖는 사고방식은 어떻습니까? 하나님은 이 세상 모든 것을 만드셨을 뿐 아니라, 이 만드신 모든 것이 갑자기 파괴되거나 붕괴되지 않도록 붙들고 계시며 지키고 계신다는 믿음을 가지고 있습니다. 그것을 우리는 하나님의 '섭리'라고 부릅니다. 아무리 좋은 것을 만들어도 당장 부서진다면 무슨 소용이 있겠습니까? 부서지지 않고 제 기능을 잘 발휘할 수 있도록 지키고 관리해야지요. 하나님께서는 이 세상을 만드셨을 뿐만 아니라 이 세상에 있는 모든 것들이 부서지거나 파괴되지 않고 하나님의 뜻대로 잘 유지될 수 있도록 붙들고 계십니다. 우연이 아닙니다. 모든 것이 하나님의 선한 뜻대로 그 기능을 발휘하고 있습니다.

하나님의 섭리를 믿지 않는 사람들은 불안해서 살 수가 없습니다. 우리 몸에 어떤 병이 생기고 있는지 어떻게 압니까? 내일 어떤 사고가 터질지 어떻게 압니까? 불안해서 도저히 못 삽니다. 그러나 하나님을 아는 사람은 하나님이 나를 붙드시고 지키시며, 아무리 어려운 일에 부딪힌다 해도 하나님의 허락 없이는 아무 일도 일어나지 않는다는 것을 믿습니다. 하나님을 아는 사람과 하나님을 모르는 사람의 차이는 마치 눈 뜬 사람과 소경의 차이와 같습니다. 보지 못하는 사람은 막연한 두려움에 사로잡혀 있습니다. 그러나 모든 것이 환하게 보인다면 두려울 게 없습니다.

운전하는 사람은 밤에 특히 주의해야 합니다. 시야가 좁아지기 때문에 언제 어떤 돌발 사태가 발생할지 모릅니다. 만일 안개가 자욱하게 끼어 있다면 더욱 조심해야 합니다. 앞차가 가고 있는지 서 있는지 보이지 않기 때문입니다. 우리 나라 운전자들은 앞이 전혀 보이지 않을 만큼 안개가 잔뜩 끼어 있는 고속도로도 시속 120킬로미터로 달릴 정도로 무모합니다. 이것은 믿음이 아닙니다. 미련한 짓이에요. 그래서 이런 날 교통사고가 나면 십몇 중 추돌사고가 일어납니다.

운명을 믿는 사람은 안개 속을 과속으로 달리는 사람과 같습니다. 그냥 달리고 보는 거예요. 일단 취직해 놓고, 일단 결혼해 놓고 나서 잘 되면 다행이고 안 되면 어쩔 수 없는 것입니다. 모든 것을 운명의 손에 맡겼다가 아무 일이 일어나 주지 않으면 다행이고, 사고가 일어나도 어쩔 수 없습니다.

그러나 하나님의 존재를 믿는 사람은 이 세상 모든 것들이 하나님의 선한 뜻대로 돌아간다는 것을 압니다. 그래서 아무렇게나 달리지 않습니다. 속도를 조절합니다. 하나님의 뜻이 모호할 때에는 조심 조심 갑니다. 그러나 하나님의 뜻이 분명하고 어느 정도 시야가 확보되었을 때에는 충분히 속력을 내서 달립니다. 그러면서도 불안해하지 않습니다. 이 세상 모든 것이 하나님의 손에 붙들려 있으며 하나님의 허락 없이는 아무 일도 일어날 수 없다는 것을 알기 때문입니다.

아브라함의 종은 지금 우연을 믿고 이삭의 신부를 찾아 나선 것이 아닙니다. 실제로 존재하지도 않는 파랑새를 찾는 아이들처럼 이 세상 어디엔가 천사처럼 아름다운 이삭의 신부가 있으리라는 막연한 기대

믿음이 삶의 차이를 낳는다

8. 하나님의 뜻을 발견하는 법 *177*

와 동경을 가지고 떠난 것이 아닙니다. 자신은 모르고 있지만 하나님은 모든 것을 알고 계시며, 아브라함을 사랑하시기에 자신을 그 곳으로 인도하시리라는 믿음을 가지고 떠난 것입니다.

섭리보다 큰 축복

오늘 우리는 믿는 자들에게 섭리 이상의 축복이 있다는 것을 보게 됩니다. 섭리란 이 세상에서 일어나는 일 중에서 하나님이 허락하시지 않은 일은 하나도 없다는 것입니다. 우리가 좋지 않은 일과 불행한 일이 일어났을 때도 불안해하지 않는 것은 그것이 하나님께서 허락하신 고난이며 연단임을 믿기 때문입니다. 그러나 우리에게는 단순한 섭리 이상의 축복이 있습니다. 하나님께서는 우리의 삶을 붙들어 주시고 지켜 주실 뿐만 아니라 우리의 삶을 인도하셔서 최선의 목적지를 향하여 가게 하십니다. 이 세상의 일들이 제멋대로 일어나지 못하게 막고 계실 뿐만 아니라, 믿는 자들의 생각 가운데 함께하시며 그들의 걸음을 인도하셔서 하나님이 생각하시는 가장 아름다운 목표에 가도록 인도하십니다.

오늘 우리가 본문을 통하여 볼 수 있는 것이 바로 이것입니다. 하나님께서는 이 세상을 주장하십니다. 하나님이 원치 않으시는 일은 전혀 일어나지 않습니다. 우연에 의해서 멸망이 일어나지 않습니다. 그러나 그것이 전부가 아닙니다. 하나님께서는 종의 걸음을 섬세하게 인도하셔서 그가 모르는 가운데 하나님이 가장 기뻐하시며 좋아하시는 신부가 있는 곳으로 이끄셨습니다.

우리는 이 세상을 살아가면서 세상의 그 어떤 일들도 하나님의 허락 없이 일어날 수 없다는 사실에 대단히 안심합니다. 그러나 그것은 하나님께서 우리에게 주시는 축복의 전부가 아닙니다. 하나님께서는 우리를 악의 세력으로부터 지켜 주실 뿐만 아니라, 우리의 삶에 대한 선한 계획을 가지고 계시며 가장 풍성하고 아름다운 목적지를 향하여 우리를 인도하고 계십니다. 이스라엘 백성들이 이삭의 결혼에서 은혜를 받는 부분이 바로 이것입니다.

지금 모세의 설교를 듣고 있는 이스라엘 백성들은 어떤 상태에 있습니까? 그들은 끝없는 사막을 걷고 있습니다. 하루라도 만나가 내리지 않는다면, 하루라도 물이 생기지 않는다면 사막에서 죽고 말 것입니다. 그러나 기쁘게도 '그런 일은 일어나지 않는다' 는 것입니다. 하나님은 지금 그들의 삶을 붙들고 계시며 앞으로도 계속 물과 만나를 공급해 주실 것입니다. 그들은 사막에서 멸망하지 않습니다. 그러나 그보다 더 놀라운 것은 지금 그들이 막연한 사막 길을 걷고 있는 것처럼 보이지만 사실은 하나님의 아름다운 목적지를 향하여 한 걸음씩 한 걸음씩 나아가고 있다는 사실입니다.

오늘 우리가 붙들어야 할 사실이 바로 이것입니다. 우리는 아무것도 모릅니다. 하루 하루를 무미건조하게 살고 있는 것 같습니다. 그러나 하나님은 나에 대한 선한 뜻을 가지고 계시며 그 선한 뜻을 향하여 나의 길을 인도하고 계십니다. 이것이 우리로 하여금 오늘 이 세상에서 소망을 가지게 합니다. 우리는 기대할 필요가 있습니다. 지금 내가 가지고 있는 모습은 하나님께서 나에게 주시려고 하는 모습의 전부가 아닙니다. 지극히 작은 일부분에 불과합니다. 하나님을 믿는다면 이 과정을 통하여 만들어질 나의 아름다운 모습을 기대해야 하며 앞으로 누릴 풍성한 삶을 기대해야 합니다.

> 선한 목적지로 인도하신다

2. 하나님의 인도를 어떻게 적용할까?

우리 중 많은 사람들은 하나님께서 나에 대해 선한 계획을 가지고 계시며 나의 삶을 인도하고 계신다는 것을 믿습니다. 그러나 그것을 구체적인 삶에 적용하는 데는 많은 어려움을 겪습니다.

아브라함의 종은 하나님께서 자기 주인 아브라함을 사랑하신다는 것과 자기는 모르지만 하나님께서 그 걸음을 인도하시리라는 것을 믿고 지금까지 왔습니다. 그런데 나홀의 성에 이르자, 그렇게 단순한 믿음만으로는 부족하다는 것을 알게 되었습니다. 그래서 그는 처음으로 하나님의 뜻을 시험해 보게 됩니다.

종의 기도　아브라함의 종은 하나님 앞에서 누가 이삭의 신부감인지 자신은 알 수 없다는 사실을 솔직하게 인정합니다. 그러면서 자기가 어떤 여자를 만나게 되면 이러이러하게 말을 걸어 보고, 그 쪽에서 이러이러한 식으로 반응을 하면 그 여자를 하나님이 정하신 신부로 생각하겠다는 식으로 기도합니다. 어떻게 보면 아브라함의 종이 드리는 이 기도는 일종의 도박에 가깝다고 할 수 있습니다. 자기 혼자 일방적으로 기도해 버렸어요. "하나님, 저는 도저히 이삭의 신부를 구별해 낼 수가 없습니다. 하나님께서 그 여자를 저에게 보여 주십시오. 어떤 여자에게 제가 물을 좀 달라고 했을 때 내게만 물을 주는 것이 아니라 낙타에게도 주겠다고 하면 그 여자를 이삭의 신부로 알겠습니다."

우리가 확인해 보아야 할 것은 아브라함의 종이 이렇게 기도한 것이 하나님을 시험하는 것은 아니냐, 만약 시험하는 것이 아니라면 오늘 우리도 이런 식으로 하나님께 기도해도 되느냐 하는 점입니다.

예를 들어서 어떤 한 형제가 있는데 누가 자기의 배필이 될 여자인 　　종의 기도가
지 궁금합니다. 그래서 유난히도 기쁜 어느 날 이렇게 기도했다고 합 　아닌 것
시다. "하나님, 아브라함의 종을 인도하셨듯이 저의 삶을 인도하실 줄
믿습니다. 저는 결혼하지 않고서는 도저히 올해를 넘길 수가 없습니
다. 오늘 저에게 아내 될 사람을 보여 주십시오. 오늘 제가 어느 여직
원에게 커피를 사 달라고 하겠습니다. 그런데 커피뿐 아니라 점심까지
사 주겠다고 하면 그 여자가 제 신부인 줄 알겠습니다." 이 형제는 지
금 하나님의 뜻을 잘 분별하고 있습니까? 이런 기도는 누가 들어도 유
치한 것입니다. 내용은 종의 기도와 비슷한 것 같지만, 실제로는 하나
님의 거룩한 뜻을 조롱하는 것입니다.

아브라함의 종이 구한 것은 결정적인 하나님의 뜻입니다. 그는 나홀
의 성에 오기까지 계속 하나님의 말씀의 인도를 받아 왔습니다. 그리
고 마침내 이 성에 왔을 때 결정적인 순간이 다가왔다는 확신이 들었
습니다. 난파한 배가 육지에 접근하고 있는지 확인하려면 계속 수심을
재 보아야 합니다. 그리고 더 이상 배에 타고 있으면 안 된다는 판단이
드는 결정적인 순간, 배를 버려야 합니다. 그런 확인도 없이 바다에 풍
덩풍덩 빠진다면 모두 상어밥이 되고 말 것입니다.

주관적인 확신에 따라서 마음대로 하나님의 말씀을 적용하는 것이
곧 하나님의 뜻을 분별하는 것은 아닙니다. 어느 한순간 갑자기 떠오
르는 생각을 하나님의 뜻으로 볼 수는 없습니다. 물론 하나님께서 그
런 식으로 말씀하실 때도 있습니다. 그러나 아브라함의 종은 아무 곳
에나 가서 그런 식으로 기도하지 않았습니다. 그는 어떤 기준에 따라
여기까지 왔습니다. 그 기준이 무엇입니까?

8. 하나님의 뜻을 발견하는 법 *181*

기준이 있어야　　첫째는 하나님께서 이삭의 결혼을 통하여 온 세상을 축복하기 원하신다는 것입니다. 따라서 이삭의 신부는 반드시 있다는 믿음이 종에게 있었습니다. 둘째로 이 신부는 가나안 여자가 아니라 아브라함의 친척 중에, 아브라함의 고향 땅에 있다는 것입니다. 셋째는 하나님께서 자신에게 신부가 될 여자를 알려 주시리라는 것입니다.

아브라함의 종은 아무 곳에나 가서 만나는 여자에게마다 물을 달라고 하지 않았습니다. 이미 그에게는 말씀의 기준이 있었습니다. 그 기준에 따라서 충실하게 걸어 온 그는 나홀의 성에 도달했을 때 자신에게 결정적인 증거를 보여 달라고 기도했습니다.

아무 데서나 기분나는 대로 기도하고 그것을 하나님의 뜻으로 단정해 버리는 행동은 하나님을 시험하는 것에 지나지 않습니다. 때로 하나님의 뜻이 아닌 줄 알면서도 '진짜 하나님의 뜻이 아니면 길을 막으시겠지' 하는 마음으로 일을 계속 진행시키시는 경우가 있습니다. 하나님이 기뻐하시지 않는다는 것을 알면서도 막힐 때까지 가 보자는 것이지요. 이것은 하나님을 시험하는 것입니다.

거짓 선지자 발람이 돈에 매수되어 모압으로 갈 때의 심정이 바로 그러했습니다. 하나님께서는 발람의 길을 분명히 막으셨습니다. 그러나 그는 가고 싶었습니다. 발람을 태운 나귀는 눈앞에 하나님의 천사가 칼을 들고 막는 것을 보았습니다. 그래서 무서워하며 길에서 도망치려고 하다가 발람의 발에 상처를 냈습니다. 발람은 화가 나서 나귀에서 내려 막대기로 나귀를 때렸습니다. 그 때 하나님께서 나귀의 입을 여셨습니다. "내가 너에게 무슨 짓을 했길래 나를 세 번씩이나 때리느냐?" 정상적인 사람이라면 나귀가 이런 식으로 말한다는 데 깜짝 놀라야 합니다. 그런데 발람은 나귀가 자신을 꾸짖는 것도 깨닫지 못하고 오히려 칼이 있었다면 나귀를 죽였을 거라고 했습니다. 발람은 돈 때문에 미쳤습니다. 빨리 발락에게 가서 돈을 받아야 하는데 나귀가 길을 막고 안 가니까 너무 화가 난 나머지, 지금 자기와 말하는 것이 나귀인지 사람인지 구분을 못 하고 있습니다.

하나님의 뜻이 아닌 줄 알면서도 고집을 부리면서 가는 선지자는 나귀보다 못한 사람입니다. 발람처럼 자기 욕심대로 가면서 '하나님이 기뻐하시는 뜻이 아니라면 막으시겠지' 라고 생각할 때 하나님은 그냥 가게 하십니다. 그렇게 가는 도중에 혹시 차 엔진에서 소리가 나거나 집에서 기르는 개가 짖어 댈지도 모릅니다. 또는 주위에 있는 불신자들이 경고를 해 줄 지도 모릅니다. 그런데도 깨닫지 못하고 더러운 자기 고집대로 하는 경우가 얼마나 많은지 모릅니다. 주위의 신앙 없는 사람들이 모두 비웃고 조롱하는데도 자기 혼자 정신을 차리지 못하고 가면서 그것이 선지자의 길이며 하나님의 뜻이라고 주장하는 것보다 더 답답한 일은 없습니다.

아브라함의 종은 이런 식으로 하나님을 시험하지 않았습니다. 그는 계속 하나님의 뜻을 찾았고 수심을 재어 왔습니다. 그리고 드디어 아브라함의 옛 고향, 주인이 말씀한 그 곳에 도달했습니다. 이제는 일반적인 인도 외에 더 직접적이고 더 분명하고 더 구체적인 하나님의 뜻이 필요합니다. 그는 지금부터는 주파수를 바꾸어야 한다는 것을 알았습니다. 더 분명한 하나님의 뜻을 분별해야만 했습니다. 그래서 이런 기도를 드린 것입니다.

그러면 우리도 하나님께 이렇게 기도해도 될까요? 저는 얼마든지

구체적인 뜻을 언제 구할까?

가능하다고 생각합니다. 지금까지 하나님의 말씀을 따라서 걸어 왔다면 더 분명하고 확실한 하나님의 뜻이 필요할 때 "하나님, 아니면 아니라고 말씀해 주십시오. 옳으면 옳다고 말씀해 주십시오" 하고 기도하십시오. 그러면 하나님께서는 직접적으로 자신의 뜻을 보여 주십니다. 아주 분명하게 의사표시를 하십니다. 그러나 지금까지 하나님의 뜻대로 오지 않았고, 나귀도 소리지르고 엔진도 소리지르고 옆집 개가 짖는데도 못 알아들은 사람이 하나님께 말씀해 달라고 하면 말씀하시지 않습니다.

웬만한 일들은 신앙 양심과 상식으로 구분할 수 있습니다. 예를 들어 발람이 돈 때문에 모압으로 가는 것은 아무리 생각해도 하나님의 뜻이 아닙니다. 그러나 구체적인 하나님의 뜻이 필요한 결정적인 순간이 있습니다. 과연 이 사람이냐 저 사람이냐, 이 일이냐 저 일이냐를 결정해야 할 때는 좀더 구체적인 하나님의 뜻이 필요하지요. 그 때 우리는 아브라함의 종처럼 기도할 수 있습니다. "하나님, 저는 지금까지 당신의 길을 따라 왔습니다. 그런데 이제 한계에 도달했습니다. 이 문제는 지금까지 제가 따라 온 방식으로는 더 이상 분별할 수가 없습니다. 이제 제 지각의 한계에 도달했습니다. 하나님, 저에게 좀더 직접적으로 말씀해 주십시오. 누구입니까? 어느 것입니까?" 그러면 아주 분명하게 대답해 주십니다. "저 사람이 네가 보기에는 참 좋지? 하지만 아니야. 난 싫어. 난 이 사람이 좋아"라고 분명하게 보여 주십니다.

<small>작은 것에
대답이 있다</small>

하나님의 말씀에 순종해서 살려고 하는 사람은 이 세계 전체가 하나님의 오케스트라라는 것을 알게 됩니다. 오케스트라에는 지휘자의 지시 없이 소리나는 악기가 하나도 없습니다. 아주 작은 음 하나에도 의미가 있고 뜻이 있습니다. 하나님의 말씀과 함께 걸어 온 사람은 아주 작은 변화, 아주 세미한 소리에서 너무나도 분명한 하나님의 뜻을 느낍니다.

아주 작은 음성, 아주 작은 한 사건 가운데서 하나님이 말씀하십니다. 지금 위험하니 모든 것을 포기하고 몸만 건져서 무슨 수를 써서라도 **빠져 나오라**는 사인을 하시거나 지금 내가 있는 곳이 하나님이 주실 땅이니 별도의 지시가 있을 때까지 계속 머물러 있으라고 말씀하십니다. 또 아주 작은 한 사건을 통해서 지금까지 내가 믿고 결혼하려고 했던 사람이 절대로 믿어서는 안 될 사람이라는 것을 알려 주시기도 합니다.

그러면 아브라함의 종은 이렇듯 순탄하게 이삭의 신부를 찾았는데, 왜 우리에게는 그토록 오랫동안 하나님의 뜻을 보여 주시지 않는 것일까요? 왜 우리는 아브라함의 종처럼 기도해도 우물가에서 물 주는 사람이 없습니까? 하나님께서 중요하게 생각하시는 것은 결과가 아니기 때문입니다. 우리는 목표만 달성하면 그만입니다. 그러나 하나님께서는 그 목표를 통하여 내가 더 새로워지고 더 변화되기를 원하십니다. 그래서 욕심을 가지고 하나님의 뜻을 구할 때, 우리 자신은 변하지 않으면서 어떤 목적만 구할 때 하나님은 침묵하십니다. 우리는 입으로 "하나님, 저는 그럴 사람이 아닙니다. 저를 한 번만 믿어 주십시오. 그러면 정말 잘 믿겠습니다"라고 기도합니다. 그러나 하나님은 그 이중적인 마음을 아시고 절대로 응답하시지 않습니다.

하나님의 뜻은 단순히 아브라함의 종에게 이삭의 신부를 만나게 해 줌으로써 결혼을 빨리 성사시키는 것이 아닙니다. 하나님은 이 하나의

하나님이
침묵하실 때

사건을 통하여, 우리 모든 성도의 삶도 이런 식으로 인도신다는 것과 하나님을 인정하고 하나님의 뜻을 구하는 자에게는 항상 좋은 것을 주신다는 사실을 보여 주고자 하십니다.

그는 속지 않으신다

우리 자신은 변하려고 하지 않으면서 그 목적만 욕심낼 때 하나님은 절대로 속지 않으십니다. 계속 침묵하심으로써 그로 하여금 모순에 빠지게 하십니다. 그 자신이 변하기를 원할 때까지 절대로 그에게 길을 보여 주시지 않습니다. 오늘 우리가 깨달아야 할 것이 무엇입니까? 나의 삶에 어떤 큰 장애가 있을 때 마치 함정에 빠진 것처럼 아무리 살려고 몸부림을 쳐도 그 자리에서 빠져 나올 수가 없을 때, 내려야 할 결론은 '나는 지금 하나님의 덫에 걸렸으며, 여기서 빠져 나오는 길은 모든 잔재주를 버리고 자존심과 욕심을 포기하고 하나님이 원하시는 뜻대로 만들어지는 것뿐이다' 입니다. 그 전에는 온갖 인간적인 방법을 동원한다 해도 한 걸음도 빠져 나오지 못할 것입니다.

어떤 사람은 도대체 되는 일이 하나도 없다고, 재수가 없어도 너무 없다고 합니다. 그러나 재수가 없는 게 아닙니다. 그는 지금 하나님의 함정에 빠져 있는 것이며, 그 자신이 근본적인 결단을 내리기 전까지는 절대로 그 함정에서 빠져 나오지 못할 것입니다. 이스라엘 백성들을 보십시오. 그들이 변하지 않고 가나안 땅만 차지 하려고 했을 때 하나님의 함정에 걸려들었습니다. 그 함정이 무엇입니까? 40년 동안 계속 광야를 방황한 것입니다. 그들은 거기서 한 걸음도 빠져 나오지 못했습니다.

이것이 바로 오늘 우리들에게도 일어나고 있는 일입니다. 목표만 달성하려고 해서는 안 됩니다. 하나님의 축복만 강탈하려고 해서는 안 됩니다. 하나님은 속지 않는 분이십니다. 우리 자신이 변해야 합니다. 그렇게 하기만 하면 갑자기 우리 주위에 있는 모든 것이 하나님이 연주하시는 오케스트라가 될 것입니다. 아주 작은 한 사건을 통해서, 우연히 지나가는 어떤 사람의 말 한 마디를 통해서 나에 대한 하나님의 분명한 뜻을 들을 수 있을 것입니다.

3. 가장 합리적인 기준

아브라함의 종이 이삭의 신부를 분별할 수 있는 기준으로 제시한 것이 무엇입니까? 흘러 넘치는 자발적인 은혜와 사랑입니다. 아브라함의 종은 다른 것을 기준으로 제시하지 않았습니다. 그는 하나님께 "저녁이 되면 여인들이 물을 길러 나올 텐데 제가 일단 물을 좀 달라고 하겠습니다. 그런데 그 여자가 저에게 물을 줄 뿐만 아니라 낙타에게까지도 물을 주겠다고 하면, 그 여자를 이삭의 아내로 결정하겠습니다" 하고 기도했습니다.

아브라함의 종이 왜 이런 조건을 통해서 이삭의 아내를 찾으려고 했을까요? 이삭의 아내가 되기 위해서는 다른 것은 몰라도 사랑에서만큼은 소극적인 사람이어서는 안 된다고 생각했기 때문입니다.

저녁 시간에 물길러 나온 여자들 중에서 한가한 사람은 아무도 없을 것입니다. 모두 다 빨리 물을 길어 가서 할 일들이 많이 있었을 거예요. 낙타 한 마리가 하루 종일 사막을 걸어온 후에 마시는 물의 양이 얼마나 되는지 아십니까? 한 드럼통입니다. 그러니까 낙타가 열 마리

> 이삭의 신부가 갖추어야 할 것

라면 열 드럼통의 물을 마시는 것입니다. 자기 낙타도 아니고 다른 사람의 낙타, 그것도 지나가는 사람의 낙타 열 마리에게 물을 준다는 것은 보통의 열정과 사랑으로는 할 수 없는 일입니다. 이런 사랑은 실수로 베풀 수 없는 것입니다.

아브라함의 종은 왜 신부감의 기준을 이 넘치는 사랑으로 삼았을까요? 그가 아브라함의 집에 살면서 본 것이 바로 이것이었기 때문입니다. 사람들은 자기가 본 대로 신앙생활 합니다. 이 집 사람들은 누가 도와 달라고 할 때 마지못해 도와 주는 사람을 아주 미련하고 게으른 사람으로 생각했습니다. 그래서 다른 사람의 입에서 무슨 요구가 나오기 전에 항상 먼저 필요를 채워 주었습니다.

<small>사랑에서는
최고여야</small>

이것을 보아 온 아브라함의 종은 이삭의 아내라면 다른 것은 몰라도 남을 사랑하는 일에서만큼은 2등이 되어서는 안 된다는 것을 기준으로 삼았습니다. 공부는 1등을 못 할 수 있습니다. 인물은 최고가 아닐 수 있습니다. 그러나 적어도 남을 사랑하는 데 1등을 못 한다는 것은 교만 아니면 게으름 때문입니다.

예수님께서는 안식일에 병자들을 고쳤다고 비난하는 유대인들을 향하여 이렇게 대답하셨습니다.

> 예수께서 저희에게 이르시되 "내 아버지께서 이제까지
> 일하시니 나도 일한다" 하시매 (요 5:17)

예수께서 육신을 입고 이 땅에 오시기 전에 하늘에서 본 것이 무엇입니까? 하나님 아버지가 안식일에 한 번도 쉬신 적이 없다는 것입니

다. 하나님은 안식일을 정하시고 공식적으로는 휴식하셨습니다. 그러나 실제로는 안식일에 더 많은 일을 하셨고 사람들에게 더 큰 축복을 주셨습니다. 예수님은 그것을 본 아들이 어떻게 수많은 아픈 사람들과 불행한 사람들을 보고서도 단순히 안식일이라는 이유로 쉴 수 있느냐고 하셨습니다. 하나님 가족의 특징이 무엇입니까? 남들이 아파서 찾아오기 전에 항상 먼저 그들을 찾아간다는 것입니다. 하나님 나라 가족의 특징은 먼저 사랑하는 것입니다. 그들은 적극적입니다.

아브라함의 종은 이삭의 신부는 바로 이런 사람이어야 한다고 생각했습니다. 여러분, 우리가 다른 부분에서는 1등 하기 어렵습니다. 공부 좀 해 본 사람은 알지만 아무나 1등 하는 것이 아닙니다. 아무리 열심히 해도 머리 좋은 사람을 도저히 따라갈 수가 없습니다. 또 어떤 일들은 천부적인 재능이 필요합니다. 노력으로 따라갈 수가 없어요.

변명할 수 없다

그러나 남을 사랑하는 데 2등 하는 것은 변명할 여지가 없습니다. 사랑하는 데에는 좋은 머리가 필요한 것도 아니고 천부적인 재능이 필요한 것도 아닙니다. 남을 사랑하는 데 2등 하는 사람은 교만하거나 게으르거나 자기 욕심에 빠져 있는 사람입니다. 그리스도인들이 공부는 1등 못 할 수 있어요. 또 재주는 없을 수 있어요. 그러나 적어도 남을 사랑하는 데에는 2등을 할 수가 없습니다. 2등 할 이유가 없습니다. 교만하지 않은데, 게으르지 않은데, 악하지 않은데, 왜 남을 사랑하는 데 2등을 하겠습니까?

오늘 본문을 보십시오. 종이 기도를 마치자마자 준비된 신부가 등장하고 있습니다. 15절과 16절을 보십시오.

> 말을 마치지 못하여서 리브가가 물항아리를 어깨에
> 메고 나오니 그는 아브라함의 동생 나홀의 아내
> 밀가의 아들 브두엘의 소생이라.
> 그 소녀는 보기에 심히 아리땁고
> 지금까지 남자가 가까이하지 아니한 처녀더라.
> 그가 우물에 내려가서 물을 그 물항아리에
> 채워가지고 올라오는지라.

정말 아름다운 여자, 리브가

얼마나 건강하고 싱싱한 모습입니까? 물 길러 오는데 마치 기다렸다는 듯이 1등으로 뛰어나오고 있습니다. 그리고 아브라함의 종이 물을 좀 달라고 했을 때 조금도 망설이지 않고 물을 주었을 뿐 아니라, 더위에 지친 낙타들에게도 물을 주겠다고 하면서 물을 구유에 부은 후에 또 우물로 뛰어내려가고 있습니다. '심히' 아름다운 모습입니다.

구약에서 아름답다는 것은 건강하다는 뜻입니다. 그런데 구약에서 제일 아름다운 여자가 리브가였습니다. 그 말은 리브가가 제일 건강한 여자였다는 뜻입니다. 요즘의 기준으로 보면 리브가는 가장 아름다운 여자가 아니었을 겁니다. 오늘날 미의 기준은 좀 관능적이고 섹시한 것입니다. 그러나 구약 시대에 그런 여자는 인간 축에도 못 들었어요. 미인이라면 적어도 물동이를 들고 1등으로 뛸 수 있는 여자, 낙타 열 마리에게 물을 줄 수 있는 여자, 그렇게 건강한 여자라야 합니다. 이삭의 아내는 아주 정상적인 건강한 시골 처녀였습니다.

하나님께서 우리에게 주시려고 하는 것은 이상한 것이 아닙니다. 이삭의 아내감이라고 해서, 기도원에서 몇 년씩 수도한 여전도사님이 아니었습니다. 아주 아름답고 건강하며 사랑에 넘치는 처녀였습니다. 리브가는 아브라함의 종이 처음 만났을 때 통성기도 하고 있지 않았어요. 물길러 나왔지요.

저는 우리 그리스도인들이 누가 봐도 아름답고 매력적이며 정신적으로 건강해야 한다고 생각합니다. 특히 광신자를 경계해야 합니다. 왜냐하면 그들은 그리스도의 신부들을 도저히 이해할 수 없는 미친 여자로 오해하게 만들기 때문입니다. 가장 아름답고 건강한 사람들이야말로 그리스도의 신부들입니다. 하나님의 뜻이라고 하면서 더럽고 추한 자기 욕심으로 달려가서는 안 됩니다.

저는 하나님의 뜻을 분별할 때 제일 먼저 상식적으로 말이 되는지부터 생각해 봅니다. 상식적으로 말이 되지 않는 것은 하나님의 뜻이 아닙니다. 아무리 성경을 몇 구절씩 인용한다 해도 하나님의 뜻이 아닙니다. 신앙은 누가 보아도 아름다운 것이어야 합니다. 믿지 않는 사람들이 볼 때에도 '신앙은 이 세상에서 가장 아름답고 합리적이며 매력적인 것이구나. 예수 믿는 사람들하고 만나니까 이야기가 되는구나'라고 말할 수 있어야 합니다.

오늘 본문이 이야기하고 있는 것이 무엇입니까? 우리는 때때로 삶이 불안합니다. 마치 사막을 걸어가고 있는 이스라엘 백성처럼 하나님이 하루라도 도와 주시지 않는다면 죽을 수밖에 없고 멸망할 수밖에 없을 것 같은 위기에 직면합니다. 그래도 두려워하지 않는 것은, 하나님의 허락 없이는 참새 한 마리도 땅에 떨어지지 않으며 우리의 머리털 하나까지 다 세신 바 된다는 믿음 때문입니다. 우리에게 어려움이 오는 것은 그 어려움이 유익하기 때문입니다. 그 어려움이 절대 우리를 망하게 하지 못합니다.

그러나 그보다 더 놀라운 것이 있습니다. 우리는 방향을 모른 채 걷고 있지만 하나님은 우리의 걸음을 하나씩 하나씩 인도하시며, 가장 아름답고 풍성한 삶을 주기 위하여 인도하고 계십니다. 나는 시간낭비하고 있는 것 같지만 하나님은 정확한 길로 인도하고 계십니다.

그러므로 하나님의 말씀과 함께 걸어가십시오. 아무 말씀이나 붙들고 하나님의 뜻이라고 고집하지 마십시오. 하나님의 뜻을 가지고 조심스럽게 길을 걸어가십시오. 그러면 결정적인 순간에 아주 세미한 음성을 통해서, 아주 작은 계기를 통해서 내가 어떤 상태에 있으며 나에 대한 하나님의 계획이 무엇인지 분명하게 보여 주실 것입니다.

아브라함의 종이 발견한 이삭의 신부는 어떤 여자였습니까? 아주 정상적이고 건강하고 발랄한 젊은 처녀였습니다. 광신자가 아니었습니다. 교회는 광신자들의 집단이 아닙니다. 신앙은 안 믿는 사람이 봐도 아름답고 매력적이고 친절하고 납득이 가는 것입니다. 이야기가 되는 신앙, 아름다운 신앙, 이것이 기독교입니다.

9 아브라함의 종의 진술

소녀가 달려가서 이 일을 어미 집에 고하였더니
리브가에게 오라비가 있어 이름은 라반이라.
그가 우물로 달려가 그 사람에게 이르니
그가 그 누이의 고리와 그 손의 손목고리를 보고
또 그 누이 리브가가 그 사람이 자기에게 이같이
말하더라 함을 듣고 그 사람에게로 나아감이라.
때에 그가 우물가 약대 곁에 섰더라.
라반이 가로되 "여호와께 복을 받은 자여,
들어오소서. 어찌 밖에 섰나이까?
내가 방과 약대의 처소를 예비하였나이다."
그 사람이 집으로 들어가매 라반이 약대의
짐을 부리고 짚과 보리를 약대에게 주고
그 사람의 발과 그 종자의 발 씻을 물을 주고
그 앞에 식물을 베푸니, 그 사람이 가로되
"내가 내 일을 진술하기 전에는
먹지 아니하겠나이다."
라반이 가로되 "말하소서."
그가 가로되 "나는 아브라함의 종이니이다.
여호와께서 나의 주인에게 크게 복을 주어 창성케
하시되 우양과 은금과 노비와 약대와 나귀를
그에게 주셨고, 나의 주인의 부인 사라가 노년에
나의 주인에게 아들을 낳으매 주인이 그 모든
소유를 그 아들에게 주었나이다.
나의 주인이 나로 맹세하게 하여 가로되
'너는 내 아들을 위하여 나 사는 땅 가나안 족속의
딸 중에서 아내를 택하지 말고 내 아비 집
내 족속에게로 가서 내 아들을 위하여 아내를
택하라' 하시기로 내가 내 주인에게 말씀하되
'혹 여자가 나를 좇지 아니하면 어찌하리이까' 한즉
주인이 내게 이르되 '나의 섬기는 여호와께서
그 사자를 너와 함께 보내어 네게 평탄한 길을

주시리니 너는 내 족속 중 내 아비 집에서 내
아들을 위하여 아내를 택할 것이니라. 네가 내
족속에게 이를 때에는 네가 그 맹세와 상관이
없으리라. 설혹 그들이 네게 주지 아니할지라도
네가 그 맹세와 상관이 없으리라' 하시기로,
내가 오늘 우물에 이르러 말씀하기를
'나의 주인 아브라함의 하나님 여호와여,
만일 나의 행하는 길에 형통함을 주실진대 내가
이 우물 곁에 섰다가 청년 여자가 물을 길러 오거든
내가 그에게 청하기를 "너는 물항아리의 물을 내게
조금 마시우라" 하여 그의 대답이 "당신은 마시라
내가 또 당신의 약대를 위하여도 길으리라" 하면
그 여자는 여호와께서 나의 주인의 아들을 위하여
정하여 주신 자가 되리이다' 하며
내가 묵도하기를 마치지 못하여
리브가가 물항아리를 어깨에 메고 나와서
우물로 내려와 긷기로 내가 그에게 이르기를
'청컨대 내게 마시우라' 한즉
그가 급히 물항아리를 어깨에서 내리며 가로되
'마시라. 내가 당신의 약대에게도 마시우리라'
하기로 내가 마시매 그가 또 약대에게도
마시운지라. 내가 그에게 묻기를
'네가 뉘 딸이뇨?' 한즉 가로되
'밀가가 나홀에게서 낳은 브두엘의 딸이라' 하기로
내가 고리를 그 코에 꿰고 손목고리를 그 손에
끼우고 나의 주인 아브라함의 하나님 여호와께서
나를 바른 길로 인도하사 나의 주인의 동생의 딸을
그 아들을 위하여 택하게 하셨으므로 내가 머리를
숙여 그에게 경배하고 찬송하였나이다.
이제 당신들이 인자와 진실로 나의 주인을
대접하려거든 내게 고하시고 그렇지 않을지라도
내게 고하여 나로 좌우간 행하게 하소서."

창 24:28-49

텔레비전 프로 중에서 가장 재미없는 것은 아마 이미 본 적이 있는 드라마를 재방송하는 프로일 것입니다. 스토리가 어떻게 전개되는지 이미 다 알고 있기 때문에, 한 번 본 드라마를 다시 보는 사람은 거의 없습니다. 그러나 드라마가 아닌 실화의 경우에는 이미 본 것이라 하더라도 몇 번씩 반복해서 보여 줄 때가 많습니다. 왜냐하면 이것은 단순한 드라마가 아니라 실화이기 때문입니다. 이것이 드라마와 다큐멘터리의 차이입니다. 예를 들어서, 대통령이 테러범에게 저격당하는 장면은 하루에도 몇 번씩 보여 줍니다. 또 중요한 역사적 조약의 체결 장면 등도 몇 번씩 보여 줍니다. 그 사실 자체가 가치 있기 때문입니다.

사람들은 이삭의 신부를 구하는 이 창세기 24장을 하나의 드라마로 감상하려고 합니다. 얼마나 낭만적이고 감동적인 이야기입니까? 한 종이 전혀 알지도 못하고 보지도 못한 신부를 찾아서 무작정 길을 떠납니다. 그러다가 어느 날 저녁에 어느 한 성의 우물 곁에 당도합니다. 그는 하나님께 기도합니다. "제가 어느 처녀에게 물을 좀 달라고 할 때, 친절하게도 제게 물을 줄 뿐 아니라 낙타에게도 물을 준다면 그 처녀가 바로 하나님이 예비하신 신부인 줄 알겠습니다." 기도를 채 마치기 전에 어떤 처녀가 물동이를 들고 나오는데 그렇게 건강하고 아름다울 수가 없습니다. 그래서 물을 좀 달라고 하니까 자기에게 줄 뿐만 아니라 낙타에게도 주겠다고 합니다. 알고 보니 그 처녀는 아브라함의 집안 사람이었고, 종이 찾던 바로 그 여자였습니다. 그리고 나서 모든 것이 행복하게 잘 끝났습니다. 이런 식으로 이야기가 진행된다면 얼마나 좋겠습니까?

<small>왜 같은 내용을 반복했을까?</small>

그러나 이런 드라마를 완전히 구겨 놓는 부분이 있습니다. 그것은 처녀의 집에 간 아브라함의 종이 지금까지 자기에게 일어난 일을 자세하게 설명하는 부분입니다. 이 부분은 우리가 다 알고 있는 내용입니다. 드라마로 치면 재방송 프로와 다를 게 없습니다. 이 사실을 성경 저자도 물론 잘 알고 있습니다. 그럼에도 불구하고 이 저자는 이미 청중들이 다 알고 있는 내용을 종의 입을 통하여 다시 반복하고 있습니다. 그 이유가 무엇이겠습니까? 이유도 없이 이렇게 지루할 정도로 자세하게 우리가 이미 다 알고 있는 내용을 반복할 리는 없습니다. 오늘 우리가 살펴보려고 하는 것이 바로 이 부분입니다.

1. 아브라함의 종의 임무

아브라함의 종은 중요한 임무를 띠고 이 곳으로 왔습니다. 그것은 단순히 이삭의 신부를 발견하는 것만이 아니었습니다. 물론 이삭의 신부를 찾는 것도 쉬운 일이 아닙니다. 얼굴도 알지 못하고 누구인지도 모르는 사람을 찾아 내는 것은 쉬운 일이 아니에요. 그러나 그에게 더 어려운 임무는 발견한 이삭의 아내를 설득해서 데리고 가는 일이었습니다. 아무리 이삭의 신부감을 찾아 내면 무슨 소용이 있습니까? 여자가 가기 싫다고 하면 그만입니다. 아브라함의 종은 바로 그 문제를 해결해야 했습니다.

오늘 본문을 보면, 리브가는 집으로 달려가서 자기에게 일어난 일을 식구들에게 이야기했습니다. 우물가에서 아주 관대한 부자를 만났는데 그가 금고리와 손목고리를 주었다는 것입니다. 이것은 식구들에게 아주 반가운 일이었습니다. 처음 보는 처녀에게 이렇게 비싼 선물을 줄 만큼 관대한 사람이 또 어디에 있겠습니까?

또 하나의 숙제

이 때 리브가의 오라비 라반이라는 사람이 등장합니다. 라반은 이 때부터 리브가 집의 모든 일에 대변인 역할을 합니다. 우리가 나중에 야곱의 생애에서 보게 되는 것처럼 이 라반이라는 사람은 대단히 약삭빠른 사람이었습니다. 그런데 왜 부모를 제쳐 두고 이 오라비 라반이 집안의 모든 일에 대하여 대변인 역할을 했는지 알 수가 없습니다. 어떤 사람은 이 사회가 모계사회였기 때문에 그랬을 것이라고 말하기도 합니다. 28절을 보면 "소녀가 달려가서 이 일을 어미 집에 고하였더니"라고 말하고 있습니다. '아비 집'이 아니라 '어미 집'이라고 표현한 것입니다. 그러나 그것은 크게 중요한 문제가 아닙니다. 정말 중요한 것은 아브라함의 집 사정을 전혀 모르고 있는 리브가 집 사람들을 설득해서 이 처녀를 데려가는 일이었습니다.

리브가를 데리고 가는 일은 어려운 문제입니다. 첫 번째 문제는 일단 신랑 될 사람이 거기에 없다는 것입니다. 물론 아주 옛날에는 신랑이나 신부 얼굴도 보지 않고 부모들끼리 결혼을 결정하는 경우가 많이 있었습니다. 그러나 그것은 어디까지나 우리 나라의 사정이고, 이 당시에는 그렇게 했던 것 같지 않습니다. 결혼하기 위해서는 적어도 결혼 당사자의 얼굴이라도 보아야 하는 것이 최소한의 조건이었던 것 같습니다. 아브라함의 종은 떠나기 전부터 이 사실을 우려했기 때문에, 신부가 신랑을 보지 못했다는 이유로 따라오지 않겠다고 할 경우 이삭을 그 곳으로 데려가야 하느냐고 아브라함에게 물었습니다. 이에 대하여 아브라함은 설사 그런 일이 있더라도 이삭을 데려가서는 안 된다고 단호하게 대답했습니다. 그러니까 종은 신랑도 보여 주지 않은 채 신부를 데려가야 했던 것입니다.

　두 번째 문제는 아브라함의 신앙과 리브가 집의 신앙 차이입니다. 어떻게 보면 리브가 집은 아브라함으로부터 상처를 받았다고도 할 수 있습니다. 아브라함은 처음에 그들과 함께 하란 땅에서 대단히 잘 살았습니다. 그런데 어느 날 하나님의 말씀이 자기에게 임했다고 하면서 친척과 아비 집과 땅과 모든 것을 다 버리고 보장된 것이 하나도 없는 길을 떠났습니다. 리브가의 가족은 아브라함이 버리고 떠난 친척이요 가족이었습니다. 떠날 때는 언제고 그 동안 소식 한 번 없다가 이제 자기 아들을 결혼시키려고 하니 딸을 내놓으라고 하는 것입니까? 그들은 아브라함을 이해할 수 없었습니다.

종의 설득 방법　그래도 아브라함의 종은 이삭의 신부를 데려가야만 합니다. 그는 어떻게 이들을 설득했습니까? 모든 것을 정직하게 사실대로 이야기해 주었습니다. 바로 그 내용이 오늘 본문입니다.

그 앞에 식물을 베푸니 그 사람이 가로되
"내가 내 일을 진술하기 전에는 먹지 아니하겠나이다."
라반이 가로되 "말하소서."
그가 가로되 "나는 아브라함의 종이니이다"(24:33,34).

아브라함의 종은 이렇게 말을 꺼내면서 모든 것을 사실 그대로, 하나도 더하거나 빼지 않고 진술합니다. 이미 모든 스토리를 알고 있는 우리는 이 종의 진술이 사실인지 아닌지 다 알 수 있습니다. 종의 말은 아주 작은 부분까지 사실이 아닌 것이 없습니다. 모든 것이 사실 그대로입니다.

지금 성경 저자가 이야기하고자 하는 것이 바로 이것입니다. 즉, 말씀을 듣는 청중들과 함께 아브라함의 종의 말이 얼마나 진실하며 얼마나 사실 그대로인지 확인해 보자는 것입니다. 아브라함의 종은 리브가를 데려가기 위해 온갖 듣기 좋은 소리로 설득하지 않았습니다. "그 집에는 바닥에 진주가 깔려 있고 은수저에 금가락지까지 없는 게 없다니까요" 하는 식의 감언이설로 설득하려고 하지 않았습니다. 그저 모든 것을 사실 그대로 이야기했습니다. 이것은 누군가 외우게 한 말이 아닙니다. 국민교육헌장을 외우듯이 달달 외워서 한 말이 아니에요.

이 당시에는 약대를 수십 마리씩 끌고 먼 곳을 다니는 카라반들이 많았습니다. 세상이 어떻게 돌아가는지 알려면 그런 사람들의 이야기를 들으면 됩니다. 그들은 아프리카의 흑인들이나 특이한 동물 이야기, 아라비아에 있는 도둑떼 이야기 등 끝이 없는 이야기를 해 주었습니다. 카라반들만 만나면 이야기를 듣느라고 밤에 잠을 잘 수가 없었

> 진실에는 힘이 있다

어요. 그들의 말에는 사실도 있었지만 거의 대부분은 과장된 이야기이 거나 지어낸 이야기이거나 거짓말이었습니다. 그러나 종의 이야기는 카라반들이 밤늦게까지 떠들어 대는 그런 우스개 소리들이 아니었습니다. 하나 하나가 진실이었고, 믿을 수 있는 이야기였고, 곧바로 리브가의 집에 적용될 수 있는 생명을 가진 이야기였습니다.

진실한 말씀,
성경

하나님께서 진리를 전해 주실 때, 우리는 그 말씀의 진실성에 놀라지 않을 수 없습니다. 우리는 단지 전해 주는 이야기만 들을 뿐입니다. 그러나 만일 누군가가 처음 하나님의 입에서 나온 말씀과 우리 귀에 들린 말씀을 비교할 수만 있다면 얼마나 진실하게 그 말씀들이 전달되는지를 보고 놀랄 것입니다.

그래서 우리는 성경을 '영감된 말씀'이라고 부릅니다. 성경의 기록은 여기저기에서 주워들은 이야기를 멋있고 재미있게 끼워 맞춘 것이 아닙니다. 놀라울 정도로 사실 그대로를 적은 것입니다. 어떻게 보면 하나님께서 불러 주신 그대로 우리에게 전달하는 듯한 느낌이 들 정도로 원래 말씀과 차이가 없습니다. 왜냐하면 말씀이 전달될 때 하나님의 성령이 함께하셔서 인간이 저지를 수 있는 모든 과장이나 삭제나 거짓된 내용들의 개입을 막으시기 때문입니다. 우리가 사용하는 성경은 번역된 성경입니다. 그러나 이 번역본이 원본과 얼마나 놀랍게 일치하고 있는지를 보면 놀라지 않을 수 없습니다.

우리는 성경이 너무 오래 전에 기록되었고 또 많은 사람들의 손을 거쳐서 우리에게 전달되었기 때문에, 이것이 정말 하나님의 말씀 그대로인지 의심할 때가 많습니다. 그러나 만일 우리가 이 말씀을 원래 하나님의 말씀과 비교해 볼 수만 있다면 그 순수함과 정확성에 놀라지 않을 수 없을 것입니다. 병균에 감염된 약이 사람을 더 아프게 하는 것처럼, 오염된 말씀은 우리를 치료할 수가 없습니다. 여러 가지 인간의 불순한 사상들이 섞여 있는 진리는 우리로 하여금 바른 결정을 내리게 할 수 없습니다. 하나님의 말씀이 우리에게 생명을 주는 것은 이 말씀이 원래 하나님의 입에서 떨어진 그대로 우리에게 전달되고 있기 때문입니다.

모세가 창세기를 기록할 때에도 혼자 모든 내용을 생각해 내지는 않았을 것입니다. 그는 분명히 이스라엘 백성들 가운데 내려오는 구전들을 참고했을 것입니다. 그러나 그 때의 구전은 책에 기록된 것 이상으로 정확했습니다. 아브라함의 종이 가장 정직하고 정확한 방식으로 그 모든 진리를 진술하고 있는 것처럼, 모세 자신도 가장 정직하고 정확한 방식으로 하나님의 진리를 진술했습니다. 그리고 그 외에 모든 선지자나 사도들도 그들의 능력 이상의 힘에 붙들린 바 되어 하나님의 입에서 떨어진 말씀을 조금도 손상하거나 오염시키지 않고 진실 그대로 전하고 있다는 것을 성경은 우리에게 보여 줍니다.

우리는 어떤 말이 한 사람의 입을 거쳐서 다른 사람에게 가는 동안에 엄청나게 변질되는 것을 많이 봅니다. 그러나 하나님의 말씀은 그렇지 않습니다. 아무리 많은 사람의 입을 거쳐서 전달되었다 하더라도 원래 그 의미 그대로 놀랍게 보전됩니다. 그것은 하나님의 성령께서 이 말씀이 전달되는 과정에 인간이 저지를 수 있는 모든 과장이나 거짓을 통제하셔서 순수한 하나님의 말씀만이 그대로 전달되게 간섭하셨기 때문입니다.

성령이 보전하신다

그래서 오늘 우리들은 성경 말씀을 들을 때 생기는 믿음에 대해서 의심할 필요가 없습니다. 그 믿음은 바로 하나님이 주시는 것이기 때문입니다. 오늘 우리들은 너무나도 많이 의심하고 있습니다. 어떤 때에는 내가 과연 누구인지, 내가 과연 존재하고 있는지까지 의심합니다.

데카르트라는 학자는 모든 것을 의심하기로 했습니다. 그래서 모든 것을 의심하고 또 의심했습니다. 한번 의심하기 시작하니까 모든 것이 의심스러웠습니다. 그런데 그가 지금 의심하고 있다는 사실, 곧 생각하고 있다는 사실 하나만큼은 의심할 수가 없었습니다. 그래서 그는 자기가 생각하고 있다는 그 사실에 모든 학문의 토대를 두기로 결심했습니다. 그 때부터 관념론이 생기게 되었습니다. 그러나 그는 인간의 생각이 얼마나 허황되며 부정확한 것인지 잘 몰랐습니다. 사람이 생각한다는 것은 사실이지만 무엇을 생각하느냐는 완전히 자기 마음에 달린 것입니다.

그러나 하나님의 말씀은 특별합니다. 우리에게 전달된 하나님의 말씀은 하나님의 세심한 배려로 인간의 어떤 과장이나 오류나 거짓이 침투하지 못하도록 막으셨기 때문에 사실 그대로입니다. 그래서 우리는 수천 년 전 모세의 말에서 하나님의 음성을 들으며, 메소포타미아에 가서 이야기하고 있는 아브라함의 종의 입을 통해 하나님의 음성을 듣는 것입니다.

2. 아브라함의 종의 적용

아브라함의 종이 리브가의 집에 와서 전한 말씀의 내용은 무엇입니까? 그가 전한 말은 크게 두 부분으로 나눌 수 있습니다. 첫 번째는 아브라함 집의 사정과 아브라함이 자신에게 내린 명령입니다. 35절 이하를 보십시오. *종의 설명*

"여호와께서 나의 주인에게 크게 복을 주어
창성케 하시되, 우양과 은금과 노비와 약대와 나귀를
그에게 주셨고, 나의 주인의 부인 사라가
노년에 나의 주인에게 아들을 낳으매
주인이 그 모든 소유를 그 아들에게 주었나이다.
나의 주인이 나로 맹세하게 하여 가로되
'너는 내 아들을 위하여 나 사는 땅,
가나안 족속의 딸 중에서 아내를 택하지 말고
내 아비 집, 내 족속에게로 가서 내 아들을 위하여
아내를 택하라' 하시기로"(24:35-38)

아브라함의 종은 무엇보다 먼저 아브라함 집의 사정이 어떤지 설명하고 있습니다. 그리고 아브라함이 자기에게 명령한 것이 무엇이며 약속한 것이 무엇인지 설명하고 있습니다.

두 번째로는 바로 이 명령을 따라 자기가 여기까지 오면서 경험한 하나님의 인도와, 리브가를 하나님께서 정하신 그 여자로 확신하게 된 이유를 설명하고 있습니다.

"내가 오늘 우물에 이르러 말씀하기를
'나의 주인 아브라함의 하나님 여호와여,
만일 나의 행하는 길에 형통함을 주실진대
내가 이 우물 곁에 섰다가 청년 여자가
물을 길러 오거든 내가 그에게 청하기를
"너는 물항아리의 물을 내게 조금 마시우라" 하여
그의 대답이 "당신은 마시라. 내가 또 당신의
약대를 위하여도 길으리라" 하면
그 여자는 여호와께서 나의 주인의 아들을 위하여
정하여 주신 자가 되리이다' 하며"(24:42-44)

종의 적용 그리고 마지막으로 이제 이 말씀에 따라서 리브가나 그의 식구들이 어떻게 반응할 것인지 결단을 촉구하고 있습니다.

"이제 당신들이 인자와 진실로 나의 주인을
대접하려거든 내게 고하시고 그렇지 않을지라도
내게 고하여 나로 좌우간 행하게 하소서"(24:49).

그는 아브라함이 자기에게 맹세하게 했을 때의 양보조항까지 설명했습니다. 여자를 발견했더라도 만약 신랑을 보지 못했다는 이유로 따라오지 않는다면 원래의 맹세에서 면제가 된다는 단서조항까지 설명해 준 것입니다.

종의 말을 들으면서 생각나는 것이 무엇입니까? 그는 원래 하나님께서 아브라함에게 주신 축복과 아브라함과 자기 사이에 맺은 언약의 내용이 무엇인지 밝히면서, 이 언약을 자기 자신에게 적용하고 있습니다. 그는 원래의 언약만을 붙들고 매일 그것을 주문처럼 외우면서 그 자리에 머물지 않았습니다. 그는 이것을 적용했습니다. 그것도 너무나도 놀라울 정도로 비약적으로 적용했습니다.

종의 말은 한 편의 놀라운 설교입니다. 그는 먼저 하나님의 말씀과 아브라함의 언약을 소개합니다. 이것이 설교의 본문이라고 할 수 있습니다. 그리고 나서 이 본문을 구체적으로 자신의 상황에 적용하면서, 리브가와 그의 식구들에게 결단을 요구합니다. 오늘 본문은 단순한 드라마가 아닙니다. 우리가 다 알고 있는 내용을 진부하게 재방송하고 있는 것이 아닙니다. 성경 저자는 한 편의 놀라운 설교를 우리에게 소개하고 있습니다.

아무리 놀라운 하나님의 말씀이라고 하더라도 적용되지 않으면 아무 소용이 없습니다. 어떤 분은 성경을 아주 놀랍게 연구합니다. 단어의 의미가 무엇이고 시제가 무엇이며 주된 메시지가 무엇인지 연구합니다. 그러나 자기에게는 적용하지 않습니다. 하나님의 말씀은 너무나도 거룩하기 때문에 감히 자기에게 끌고 와서 적용할 수 없다는 것입니다. 그러나 그는 오해하고 있습니다. 하나님의 말씀은 바로 오늘 나의 상황에 적용하라고 있는 것입니다.

진리는 적용되어야

호세아 선지자는 이스라엘 백성들을 이렇게 책망했습니다.

> 내가 저를 위하여 내 율법을 만 가지로 기록하였으나
> 저희가 관계 없는 것으로 여기도다(호 8:12).

하나님의 말씀을 아무리 많이 기록하고, 설교를 서너 시간씩 들으면 무슨 소용이 있습니까? 자기에게 적용을 해야지요. 적용하지 않는 진리는 아무 소용이 없습니다.

적용, 설교의 핵심

추론이 덕이 되지 않는 경우가 있습니다. 예를 들어서 다른 사람이 내게 한 말을 가지고 그가 무슨 의도로 그런 말을 했는지 아무리 추론을 해 봐야 남는 것은 우울증과 신경질뿐입니다. 그러나 반드시 추론해야 할 것이 있는데, 그것은 하나님의 말씀입니다. 그러니까 완전히 정신을 빼 놓고 말씀을 듣는 사람보다 어리석은 사람은 없습니다. 설교를 들으면서 '오늘 저 말씀이 나에게 이야기하는 바가 무엇인가? 나에게 적용해야 하는 것은 무엇인가? 오늘 이 말씀이 사실이라면 나는 여기에서 무엇을 건져야 하는가'를 끊임없이 생각하고 추론해야 합니다.

예수님께서는 공중에 나는 새에 대해 말씀하신 후에 곧 바로 생활에 적용하셨습니다. 당장 먹을 것과 입을 것을 가지고 염려하고 있는 제자들에게 '먹는 것이나 입는 것은 하나님이 염려하시게 하고, 너희는 어떻게 하면 그 나라와 그 나라의 바른 삶이 이 땅에 실현될 것인지를 염려하며 거기에 헌신하라'고 적용하셨습니다.

물론 성경을 적용한다고 해서 직접적으로 적용하라는 말은 아닙니다. 이삭이 결혼한다는 본문을 읽고 자신도 곧 결혼하겠다고 적용하라는 말이 아니에요. 중요한 것은 저자의 의도입니다. 하나님께서 오늘

이 본문을 통하여 말씀하려고 하는 것이 무엇인지를 알아야 합니다.

어떤 분은 설교를 들으면서 '본문 설명은 하나님의 말씀이지만 적용 부분은 목사님이 자기 멋대로 지어서 하는 말이야. 설교의 뒷부분은 확실히 권위가 떨어지고 있어'라고 딱 구분을 합니다. 그러나 여러분, 설교에서 중요한 것은 적용입니다. 적용이 없는 설교는 바퀴 없는 차와 같습니다. 적용되지 않는 진리는 쓰레기에 불과합니다.

아브라함의 종은 아브라함이 한 말을 놀랍게 적용했습니다. '내가 지금 온 길은 맞는 길이다. 그리고 지금 나는 어떤 여자가 이삭의 신부인지 모르지만 하나님이 알려 주실 것이다. 그러니까 이러이러한 식으로 확인해 보겠다.'

사실 진리의 적용은 영적인 성숙과 깊은 관계가 있습니다. 우리가 성숙하면 성숙할수록 더 적용이 예리해지고 구체화됩니다. 그럴 때 다른 사람이 보기에는 너무 심한 비약이 아닌가 싶을 정도로 적용해서 그 말씀을 붙들고 삽니다. 그러나 그만큼 성숙하지 않은 사람이라 하더라도 말씀 중에 부딪치는 말씀이 있습니다. 아무리 성숙하지 못한 초신자이고 신앙이 어린 사람이라도 그 날 자신에게 부딪치는 말씀이 한 가지는 있어요. 그것을 붙드십시오. 그 때 하나님의 말씀은 살아 있는 말씀이 됩니다.

적용,
성숙의 척도

3. 아브라함의 종이 전한 내용

아브라함의 종이 전해 준 말씀은 어떤 내용이었습니까? 하나님께서 자기 주인 아브라함을 크게 축복하셨다는 것입니다. 그 집에는 우양도 많고 은금도 많고 약대나 나귀도 수없이 많다는 것입니다. 그리고 아브라함의 부인 사라가 노년에 아브라함에게 아들을 하나 낳아 주었는데 아브라함은 그 아들에게 모든 재산을 다 물려주었다는 것입니다. 또 그가 맹세하게 하기를, 가나안 족속 중에서는 절대로 그 아들의 아내를 찾지 말고 반드시 그의 아비 집 족속 중에서 찾으라고 했다는 것입니다.

"축복의 자리로 오라"

이것은 너무나도 복된 소식이었습니다. 아브라함의 집에는 모든 것이 다 갖추어져 있었습니다. 특히 그 곳에는 하나님의 축복이 있었고 말씀이 있었습니다. 그런 곳이라면 여종으로 간다고 해도 기쁠 것입니다. 그런데 하물며 존귀와 영광이 기다리고 있는 것입니다.

아브라함의 종은 너무나도 할 말이 많았을 것입니다. 그는 하나님께서 아브라함과 함께하시면서 주신 모든 축복을 다 알고 있었습니다. 하나님의 말씀이 함께하는 그 놀라운 삶을 다 체험했습니다. 그것을 어찌 다 설명할 수가 있겠습니까? 그가 어떻게 그돌라오멜과 그 연합국을 물리쳤으며 바로와 아비멜렉의 권세에서 살아 나오게 되었는지, 하나님께서 어떻게 아브라함이 하는 일마다 함께하셨으며 그를 존귀하게 하셨는지 어찌 다 말로 설명할 수 있겠습니까? 그래서 누구나 다 알아들을 수 있도록 아주 일반적인 표현을 빌어, '우양도 많고 소도 많고 종도 많고 낙타도 많다'고 설명할 수밖에 없습니다.

다윗은 하나님과 함께하는 이 놀라운 삶에 대하여 이렇게 노래하고 있습니다.

주의 궁정에서 한 날이
다른 곳에서 천 날보다 나은즉
악인의 장막에 거함보다
내 하나님 문지기로 있는 것이 좋사오니 (시 84:10)

하나님의 말씀과 함께하는 이 영광스러운 삶을 어떻게 다 말로 표현할 수 있습니까? 어떻게 낙타의 수나 우양의 수나 종들의 수로 표현할 수 있습니까?

가나안에는 아름답고 교양 있는 여자들이 많았습니다. 그러나 하나님께서는 가나안에 있는 많은 미인들 중에서 아내를 택하지 않으셨습니다. 리브가는 여종으로 가자고 했어도 기꺼이 따라 나섰을지도 모릅니다. 그런데 하나님은 아브라함의 집의 가장 존귀한 자리를 준비해 놓고 리브가를 초청하셨습니다.

저는 이보다 더 복음을 잘 표현하고 있는 내용이 없다고 생각합니다. 하나님께서는 우리를 부르실 때 모든 것을 다 준비하고 계십니다. 그래서 예수님께서는 제자들에게 "내 아버지 집에는 거할 곳이 많다"고 말씀하셨습니다. 하나님께서 우리를 부르신 것은 말로 다 할 수 없는 영광과 존귀를 주시기 위해서입니다. 그것을 어떻게 다 말로 표현할 수 있겠습니까? 직접 경험하지 않은 사람은 절대로 이해하지 못할 것입니다. 그래서 예수님께서는 간단하게 "내가 온 것은 양으로 생명을 얻게 하고 더 풍성하게 하려는 것"(요 10:10하)이라고 말씀하셨습니다.

예수님께서 우리에게 주시는 삶은 고행자의 삶이 아닙니다. 가난한

복음의 초청

삶이 아닙니다. 그가 우리에게 주시는 삶은 영광된 삶, 풍성한 삶입니다. 그 '풍성함'은 어떤 풍성함입니까? 밥을 실컷 먹는 풍성함도 있을 것이고, 옷을 실컷 입는 풍성함도 있을 것이며, 돈을 물 쓰듯이 쓰는 풍성함도 있을 것입니다. 그러나 하나님께서 우리에게 주시려는 것은 그런 것들이 아닙니다. 말로 다 표현할 수 없는 존귀와 영광입니다.

복음은 결단을 요구한다

아브라함의 종은 리브가에게 결단을 요구하고 있습니다. 그는 이제 가부간에 빨리 대답해야 합니다. 지금 누리고 있는 것을 모두 버리고 아는 사람을 모두 떠나 생전 보지도 듣지도 못한 곳으로 종을 따라갈 것인지, 아니면 그 자리에 주저앉아서 세상에 그런 좋은 곳이 있다는 이야기를 들은 것만으로 만족할 것인지 결단해야 합니다.

아브라함의 종이 온 이유가 무엇입니까? 단순히 하나님께서 아브라함을 축복하셨고, 그에게 멋진 아들이 있다는 좋은 소식을 들려 주기 위해서가 아닙니다. 리브가를 데려가기 위해서 온 것입니다. 지금까지 리브가가 누려 온 모든 삶을 포기하게 하고 말씀과 함께하는 새로운 삶으로 초청하기 위해서 온 것입니다.

오늘날 많은 교우들이 설교를 단순히 '하루 하루의 삶에 지친 나를 위로해 주고 격려해 주는 아주 좋은 소리'로 오해하는 것은 참으로 유감스러운 일입니다. 그러나 우리에게 하나님의 말씀이 들리는 것은 우리를 데려가기 위해서입니다. 어디로 데려갑니까? 지금까지 익숙했던 모든 삶, 이 사회가 주는 특혜, 학벌이 보장하는 삶을 다 버리고 한 번도 경험해 보지 않은 말씀과 함께 사는 삶으로 데려갑니다.

오늘 하나님의 말씀은 우리로 하여금 결단하게 합니다. 지금까지 나에게 익숙했던 모든 방식을 포기하고 말씀 안에서 새로 태어날 것을 요구합니다. 세상에서 아주 똑똑하던 사람이 어느 날 갑자기 어린아이처럼 되는 변화가 없다면, 그는 말씀과는 아무 상관 없는 사람입니다. 지금까지 나에게 익숙했던 모든 방식에 대하여 죽어야 합니다. 학벌을 가지고 살아온 사람은 학벌을 버려야 합니다. 안정된 직장이 주는 편안한 삶을 가지고 살아온 사람은 그 편안한 삶을 포기해야 합니다. 그렇게 하지 않으면 절대로 하나님의 말씀대로 걸어갈 수 없을 것입니다.

아브라함의 종은 만약 리브가가 따라 나서지 않는다면 아브라함의 맹세는 리브가와 아무 상관이 없을 뿐 아니라 자기 자신과도 아무 상관이 없다고 분명히 이야기하고 있습니다. 단지 누군가에게 멋진 이야기를 들은 것으로 끝나는 것입니다. 이런 사람은 영원히 꿈꾸는 '신데렐라 교인'으로 남을 것입니다. 꿈 속에서는 왕자님이 와서 자기에게 멋진 춤을 추자고 합니다. 그는 멋진 유리 구두를 신고 모든 사람들이 보는 앞에서 춤을 춥니다. 그러나 잠에서 깼을 때는 누더기를 입은 추한 하녀의 신분으로 돌아갈 것입니다. 꿈꾸는 재투성이 처녀, 이것이 결단하지 않는 신자의 모습입니다.

여러분, 결단해야 합니다. 결단이 무엇입니까? 이 세상에서 나에게 익숙한 모든 방식을 포기하고 오직 말씀과 함께 새롭게 출발하는 것입니다. 말씀과 함께 모든 것을 잃는 것입니다.

리브가의 입장에서 한번 생각해 봅시다. 그는 아무것도 몰랐습니다. 그런데 어느 날 갑자기 손님이 찾아오더니 도저히 믿을 수 없는 엄청난 이야기를 합니다. 자기를 데려가기 위하여 왔다는 것입니다. 이 말을 믿어야 합니까, 믿지 말아야 합니까? 지금 이 사람을 따라가면 다

> 결단하지 않으면

시는 이 곳으로 돌아오지 못할 것입니다. 아버지나 어머니나 오빠를 다시는 보지 못할 것입니다. 그러나 그대로 눌러앉아 있으면 최소한 이 모든 것은 유지될 수 있습니다.

종의 기다림 손님은 밥도 먹지 않고 리브가의 결단을 기다리고 있습니다. 우리는 그가 왜 조용히 기다리고만 있는지 답답합니다. 설득이라도 좀 했으면 좋겠습니다. 저 같으면 다른 재미있는 이야기라도 하면서 이 식구들의 마음을 움직이려고 했을 텐데, 이 종은 그냥 가만히 앉아서 기다리고만 있습니다. 그 이유가 무엇입니까? 아브라함의 말 때문입니다. 그는 "하나님께서 사자를 보내어 모든 것을 준비하게 하실 것이며 만약 그들이 이 말을 듣고도 오지 않으면 너는 이 맹세에서 해제된다"는 아브라함의 약속을 생각하고 있었습니다. 종은 자기 혼자 이 곳에 오지 않았다는 것을 알았습니다. 눈에 보이지는 않지만 하나님의 천사가 자기와 함께 와서 이들의 마음을 주장하리라는 믿음을 가지고 있었습니다.

어떤 사람이 믿음의 결단을 하는 데 인간적인 노력이 필요한가 필요하지 않은가에 따라서 교리적인 차이가 있습니다. 주로 장로교 쪽은 일단 말씀만 전달한 후에 본인이 결단하게 하는 편입니다. 사람이 설득하는 것은 좋지 않으며 하나님께서 그 사람의 마음속에 감동을 주실 때까지 기다려야 한다는 것이지요. 거기에 반하여 알미니안주의는 그래도 사람이 의지적으로 믿을 수 있도록 도와 주어야 한다는 입장입니다. 그래서 설교를 한 후 믿기로 결심하는 사람은 손을 들고 앞으로 나오라고 하기도 하고, 안 믿겠다고 하면 몇 번씩 찾아가 권면해서라도 믿게 하려고 합니다. 이것이 지나치면 사람들을 동원하기 위해 여러 가지 아이디어를 궁리하게 되지요.

저는 근본적으로 사람이 다른 사람을 설득하는 데는 분명한 한계가   설득의 한계
있다고 생각합니다. 사실 복음을 전하다 보면 '예정'을 인정하지 않을
수 없습니다. 똑같은 말씀을 듣고서도 어떤 사람은 그 말씀에 완전히
사로잡히는가 하면, 어떤 사람은 전혀 알아듣지 못한 채 그냥 돌아갑
니다. 어떻게 이럴 수 있습니까? 어떻게 똑같은 말씀을 듣는데 한 사
람은 그 말씀에 사로잡혀서 변화되고 깨어지고, 어떤 사람은 전혀 알
아듣지 못한 채 돌아갑니까?

  하나님께서 감동을 주시지 않으면 믿을 사람이 아무도 없습니다. 저
는 제가 어떻게 하나님을 알게 되었으며 이런 믿음 안에 있게 되었는
지 설명할 수도 없고 이해할 수도 없습니다. 그저 날마다 신기할 뿐입
니다. 사람의 완악한 본성을 볼 때 한두 번의 전도로 말씀을 받아들일
사람은 아무도 없다고 생각합니다. 사실 아브라함의 종에게는 모든 일
이 너무나도 선하게 이루어진 것입니다. 거의 대부분의 경우에는 이렇
게 풀리지 않습니다. 수없는 설득과 간곡한 권면으로 조금씩 마음을
열고 말씀을 받아들이지요.

  리브가가 이렇게 쉽게 결단하게 된 것은 이미 이들이 하나님을 알고
있었으며 하나님이 그들의 마음에 강하게 역사하셨기 때문이라고 생
각합니다. 만일 하나님을 전혀 몰랐다면 종의 말을 알아듣는 데 이삼
년은 걸렸을 것입니다.

  그러나 우리가 다른 사람들에게 믿고 싶으면 믿고 말고 싶으면 말라
는 식으로 행동한다면 그것은 좀 무책임한 것입니다. 그들의 영혼을
볼 때 정말 불쌍히 여기는 마음이 속에서부터 끓어올라야 합니다. 저
는 설교자가 아주 냉담하게, 믿고 싶으면 믿고 말고 싶으면 말라는 식

9. 아브라함의 종의 진술

으로 설교하는 것은 무책임하다고 생각합니다. 물론 결단은 본인이 내리는 것입니다. 그러나 할 수 있으면 그가 바른 결단을 내리도록 도와주어야 합니다. 어떻게 해서든지 하나님의 말씀에 관심을 가지도록, 마음이 좀 열리도록 간곡한 말로 옆에서 도와 주어야 합니다.

오늘, 어떻게 결단할 것인가

오늘 우리는 어떤 상황에 직면해 있습니까? 하나님은 그분과 함께 사는 존귀하고 영광스러운 새로운 삶으로 우리를 초청하고 계십니다. 그러나 이 초청은 우리에게 결단을 요구합니다. 그것은 지금까지 즐기고 있고 머뭇거리고 있고 붙들고 있는 세상적인 가치관을 가지고 여기서 계속 그대로 살겠느냐, 아니면 하나님의 말씀에 붙들리기 위해 이 모든 것을 포기하고 새로운 삶을 시작하겠느냐 하는 결단입니다. 하나님은 우리를 기다리고 계십니다. 물론 우리는 리브가처럼 먼 곳으로 떠나지 않습니다. 그러나 이 두 세계는 메소포타미아와 가나안만큼이나 멀리 떨어져 있습니다. 말씀으로 사는 사람은 이 세상 방식으로 사는 사람과 결코 같을 수가 없습니다.

사랑하는 여러분, 하나님의 말씀에 한번 붙들려 보십시오. 그러면 내 속에 있는 분노가 없어집니다. 다른 사람과 싸울 이유가 없어요. 남에 대해서 그렇게 민감할 이유가 없습니다. 자기가 얼마나 존귀한 존재인지 발견하게 됩니다. 이 세상이 몇십 번 뒤집히더라도 나의 영혼은 안전합니다. 아무리 온 세상의 마귀가 날뛴다고 하더라도 나의 영혼은 절대 안전합니다.

우리에게는 리브가처럼 차라리 진짜로 멀리 떠났으면 좋겠다는 생각이 들 때가 가끔 있습니다. 원래 있던 자리에 그대로 머물면서 다른 방식으로 사는 것이 훨씬 더 어렵기 때문입니다. 리브가처럼 그냥 다 버리고 떠나 버리면 어쩔 수 없이 새로운 방식으로 살게 되겠지만, 그 자리에 머물면서 새로운 방식으로 살다 보면 "너 왜 그렇게 사니? 왜 그렇게 갑자기 바보가 됐니? 왜 그렇게 사람이 이상해졌어?" 하는 고통스러운 말을 듣게 되지요. 그러나 하나님께서는 이 세상에서 하나님의 말씀에 붙들린 삶이 얼마나 풍성하고 아름다운지 보여 주실 것입니다. 수많은 사람들은 그가 넘어지기를 바라고 실패하기를 바라며 하루아침에 멸망하기를 바라지만, 그러면 그럴수록 더 안전해지며 시온성 위에 세운 삶처럼 더 풍성해지는 것을 보게 될 것입니다. 아무리 망하라고 빌어도 빌면 빌수록 더 잘되는 것을 보게 될 거예요.

지금 우리는 우물가에서 만난 한 손님을 집에 맞아들여 놀라운 이야기를 듣고 있는 리브가와 같은 상황에 있습니다. 물론 말씀만 듣고 끝낼 수도 있습니다. 좋은 충고 감사하다는 말로 끝낼 수 있습니다. 그렇다면 이 모든 이야기는 여러분들과 아무 상관이 없습니다. 그러나 믿고 새로운 삶을 살기로 결단한다면 하나님의 말씀이 주는 그 놀라운 능력을 체험하게 될 것이고, 이 세상 모든 권세보다 뛰어난 하나님의 능력을 체험하게 될 것이며, 온 세상을 축복하는 존귀한 삶으로 이끄시는 하나님의 인도를 체험하게 될 것입니다.

10 이삭의 신부

라반과 브두엘이 대답하여 가로되
"이 일이 여호와께로 말미암았으니 우리는 가부를
말할 수 없노라. 리브가가 그대 앞에 있으니
데리고 가서 여호와의 명대로 그로 그대의 주인의
아들의 아내가 되게 하라."
아브라함의 종이 그들의 말을 듣고 땅에 엎드리어
여호와께 절하고 은금 패물과 의복을 꺼내어
리브가에게 주고 그 오라비와 어미에게도 보물을
주니라. 이에 그들, 곧 종과 종자들이 먹고 마시고
유숙하고 아침에 일어나서 그가 가로되
"나를 보내어 내 주인에게로 돌아가게 하소서."
리브가의 오라비와 그 어미가 가로되
"소녀로 며칠을, 적어도 열흘을 우리와 함께 있게
하라. 그 후에 그가 갈 것이니라."
그 사람이 그들에게 이르되
"나를 만류치 마소서. 여호와께서 내게
형통한 길을 주셨으니 나를 보내어
내 주인에게로 돌아가게 하소서."
그들이 가로되 "우리가 소녀를 불러 그에게
물으리라" 하고 리브가를 불러 그에게 이르되
"네가 이 사람과 함께 가려느냐?"
그가 대답하되 "가겠나이다."

그들이 그 누이 리브가와 그의 유모와 아브라함의
종과 종자들을 보내며 리브가에게 축복하여 가로되
"우리 누이여, 너는 천만 인의 어미가 될지어다.
네 씨로 그 원수의 성문을 얻게 할지어다."
리브가가 일어나 비자와 함께 약대를 타고
그 사람을 따라가니 종이 리브가를 데리고 가니라.
때에 이삭이 브엘 라해로이에서 왔으니 그가
남방에 거하였음이라. 이삭이 저물 때에 들에
나가 묵상하다가 눈을 들어 보매 약대들이 오더라.
리브가가 눈을 들어 이삭을 바라보고 약대에서
내려 종에게 말하되 "들에서 배회하다가
우리에게로 마주 오는 자가 누구뇨?"
종이 가로되 "이는 내 주인이니이다."
리브가가 면박을 취하여 스스로 가리우더라.
종이 그 행한 일을 다 이삭에게 고하매 이삭이
리브가를 인도하여 모친 사라의 장막으로 들이고
그를 취하여 아내를 삼고 사랑하였으니
이삭이 모친 상사 후에 위로를 얻었더라.

창 24:50-67

어느 대기업에서 승진 발표가 나자 그 발표를 본 모든 사원들은 놀라지 않을 수 없었습니다. 왜냐하면 전혀 생각지도 못했던 한 젊은 차장이 이사로 발탁되었기 때문입니다. 그 자신도 생각하지 못했을 뿐 아니라 그 회사의 다른 사람들도 전혀 예측하지 못했습니다. 그러나 이 회사를 책임지고 있는 회장은 이미 오래 전부터 이 젊은 차장을 점찍어 두고 있었습니다. 회장은 그를 아끼고 있었으며 그에 대한 계획을 가지고 있었습니다. 그가 놀란 것은 바로 이 점이었습니다. 회사에는 자기보다 유능하고 똑똑한 사람들과 학벌이 뛰어난 사람들이 많았습니다. 그러나 회장은 유독 자기를 사랑했고 자기에게 관심을 가지고 있었으며 자기에 대해 어떤 중요한 사항을 이미 오래 전부터 결정해 놓고 있었습니다. 이 사실을 알게 되었을 때 그는 다시 한 번 그 회장의 사랑과 관심에 감동하지 않을 수가 없었습니다.

리브가의 경우가 바로 그러했습니다. 당시 이삭이 살고 있는 가나안 땅에서는 누가 이 엄청난 부자의 아들과 결혼할 것인지 모두 궁금해 했습니다. 아브라함은 말이 부자이지 사실은 한 나라의 왕이나 마찬가지의 재산과 권세를 가지고 있었습니다. 실제로 하나님께서는 그에게 나라를 약속하셨습니다. 그러니까 이삭의 아내가 된다는 것은 바로 황태자의 신부가 되는 것이며 왕의 부인이 되는 것과 같은 것입니다. 가나안 여자들 중에는 예쁘고 상냥한 여자들이 많았습니다. 아마 겉모습만 보고 따진다면 이 가나안 여자들보다 더 예쁜 여자들이 없었을지도 모릅니다. 아마 거기 있는 여자들 중에는 은근히 김칫국부터 마시는 사람도 있었을 것입니다. 그러나 이미 오래 전부터 가나안 여자들은 신부감에서 제외되어 있었습니다.

신부는 이미 정해져 있었다

오늘 본문에서 우리가 깨닫게 되는 것은 이삭의 신부가 이미 오래 전부터 하나님에 의해 결정되어 있었다는 사실입니다. 이삭의 신부를 결정한 사람은 아브라함의 종이 아니었습니다. 아브라함도 아니었습니다. 이삭도 아니었습니다. 아브라함의 아들 이삭의 신부를 결정하신 분은 바로 하나님이셨습니다. 사람들이 알지 못하는 가운데, 오래 전부터 하나님의 마음속에는 이미 리브가가 이삭의 신부로 결정되어 있었습니다.

리브가는 특별한 것이라고는 하나도 없는 평범한 시골 처녀였습니다. 리브가가 놀란 것이 바로 이 점이었습니다. 자기는 알지도 못하는 가운데 하나님은 자기를 사랑하셨고 자기에 대한 놀라운 계획을 가지고 계셨던 것입니다. 리브가는 다른 여자에 비해 나은 것이 아무것도 없었어요. 특히 가나안의 아름다운 여자들에 비하면 하나도 내세울 것이 없는 평범한 여자였습니다. 내세울 것이 있다면 물항아리를 어깨에 메고 뛰는 이 건강함과 아름다운 마음뿐인데 그런 것은 표시가 잘 안 납니다. 그러나 하나님은 그를 알고 계셨고 그에 대한 계획을 가지고 계셨습니다. 이것이 리브가나 그의 모든 식구들로 하여금 뜨거운 마음으로 하나님을 찬양하게 만들었습니다. 아브라함의 종이 여기까지 온 것은 여러 처녀 가운데 한 명을 고르기 위해서가 아니었습니다. 이미 결정되어 있는 그 한 명의 신부를 찾기 위해서였습니다.

리브가는 자기에 대한 하나님의 뜻이 있었다는 사실을 전혀 알지 못했습니다. 적어도 아브라함의 종의 말을 듣기 전까지는 자기가 그렇게 중요한 사람인지 알지 못했고, 자기 한 사람을 찾기 위하여 얼마나 많은 사람이 동원되었으며 얼마나 많은 시간이 흘러야 했는지 전혀 깨닫지 못했습니다. 그러나 아브라함의 종의 말을 듣고 보니 자기에 대한 하나님의 사랑이 너무나도 놀라우며 하나님께서 자기를 너무나도 귀하게 생각하고 계신다는 것을 깨닫게 되었습니다.

<small>리브가가 깨달은 것</small>

이것은 바로 오늘 우리 한 사람 한 사람에게 적용되는 사실입니다. 하나님의 말씀을 듣기 전까지는 우리 한 사람 한 사람이 하나님 앞에서 그렇게 중요한 사람들인 줄 알지 못합니다. 하나님께서 이미 오래 전부터 나를 알고 계셨고, 나를 사랑하셨으며, 나에 대한 큰 축복의 계획을 가지고 계셨다는 사실을 알지 못합니다.

그러나 성경이 우리에게 말씀하고 있는 것이 무엇입니까? 내가 하나님을 몰랐을 때에도 하나님은 나를 알고 계셨으며, 내가 하나님을 미워했을 때에도 하나님은 나를 사랑하셨고, 내가 태어나기 전에도 하나님은 나에 대한 계획을 가지고 계셨다는 것입니다. 단지 그 뜻이 이제서야 드러난 것은, 우리가 하나님 앞에서 아무 가치 없는 자들이라는 것을 깨닫고 그 모든 영광과 감사를 하나님께 돌려 드리게 하기 위해서입니다.

1. 하나님의 뜻이 나타나다

이삭의 결혼에서 가장 특이한 점은 이삭의 신부를 결정한 이가 결혼 당사자나 그 아버지가 아니라 하나님이셨다는 사실입니다. 이것은 그의 결혼이 얼마나 복된 결혼인지를 보여 주며, 이 결혼이 하나님의 영원하신 뜻에 의해 결정되었고 이 두 사람은 하나님의 영원한 예정 가운데서 선택된 사람들이라는 것을 보여 줍니다.

리브가 가족이 깨달은 것

종의 설명을 들은 리브가의 식구들은 이 모든 일이 하나님의 뜻에 의해 이루어졌다는 것을 인정하지 않을 수가 없었습니다. 그래서 이렇게 말합니다.

> 라반과 브두엘이 대답하여 가로되
> "이 일이 여호와께로 말미암았으니
> 우리는 가부를 말할 수 없노라.
> 리브가가 그대 앞에 있으니
> 데리고 가서 여호와의 명대로
> 그로 그대의 주인의 아들의 아내가 되게 하라"(24:50, 51).

리브가가 이삭의 아내가 되는 것은 이미 하나님께서 결정하신 일이기 때문에 사람이 가라 마라 할 성질의 문제가 아니라는 것입니다. 그냥 무조건 데리고 가서 이삭의 신부를 삼으라고 대답하고 있습니다.

그들이 깨달은 것이 무엇입니까? 이삭을 이 세상에 태어나게 하신 분은 하나님이시며 지금까지 결혼하지 않고 기다리게 하신 분도 하나

222 죽음의 한계를 넘어선 신앙

님이라는 사실입니다. 아브라함의 종의 걸음을 인도하여 여기까지 오게 하신 분도, 그로 하여금 리브가를 만나기 위한 기도를 하게 하신 분도, 그 기도가 끝나기도 전에 리브가를 그 종 앞에 나타나게 하신 분도 하나님이시라는 것입니다. 이미 오래 전부터 하나님께서 결정하신 것에 대하여 자신들이 감히 이래라 저래라 할 권리가 없다는 것을 리브가의 식구들은 알았습니다.

오늘 우리가 깨닫게 되는 것이 무엇입니까? 리브가가 전혀 알지 못하는 가운데 하나님께서는 그를 사랑하셨으며, 그에 대한 선한 뜻을 가지고 계셨다는 사실입니다. 리브가는 하나님이 자기를 이토록 사랑하시는지 몰랐습니다. 어쩌면 하나님은 자기에게 전혀 관심도 없고 돌보시지도 않는다고 생각했을지도 모릅니다. 그러나 하나님은 리브가를 알고 계셨고 이미 오래 전부터 그에 대한 결정을 해 놓고 계셨습니다.

> 창세 전에 택하셨다

사실 이삭은 지금 적은 나이가 아닙니다. 이삭은 40세에 결혼합니다. 왜 지금까지 기다릴 수 밖에 없었습니까? 리브가 때문입니다. 리브가는 이제 열몇 살 정도 된 아주 어린 소녀입니다. 이삭이 더 일찍 결혼했더라면 리브가와의 결혼은 상상할 수도 없었을 것입니다. 이것이 오늘 우리에게 가장 신비로운 부분입니다. 하나님께서는 리브가가 태어나기도 전, 영원 전부터 리브가에 대한 계획을 가지고 계셨습니다.

우리에 대한 하나님의 사랑과 은혜를 파고들어가 보면 가장 깊숙한 부분에 가장 비밀스러운 진리가 하나 있습니다. 예를 들면 어느 부잣집의 가장 깊숙한 곳에 들어 있는 금고 속 문서 같은 것입니다. 그것은 그 집에서 가장 귀중한 것이기 때문에 어느 누구에게도 공개하지 않습니다. 우리에게는 그것이 무엇입니까? 나에 대한 하나님의 계획입니다. 내가 존재하기도 전에, 이 세상에 아무것도 창조되기도 전에 하나님의 비밀스러운 계획 안에 나에 대한 하나님의 사랑과 축복이 들어있었다는 것입니다. 그래서 에베소서에는 이런 말씀이 있습니다.

> 곧 창세 전에 그리스도 안에서
> 우리를 택하사 우리로 사랑 안에서
> 그 앞에 거룩하고 흠이 없게 하시려고 (엡 1:4)

하나님께서 리브가를 사랑하신 것은 아브라함의 종이 그 집에 도착하기 훨씬 전부터였습니다. 리브가가 아름다운 처녀가 되기 훨씬 전부터였습니다. 리브가가 태어나기도 전부터였습니다. 하나님께서는 어느 피조물도 만들어지기 전에 리브가를 생각하셨고 그를 택하셨으며 복 주시기로 결정하셨습니다.

<small>예지냐, 예정이냐</small>

이것은 바로 우리에 대한 진리입니다. 하나님은 우리가 아무것도 모르고 죄만 짓고 있었을 때에도 우리를 사랑하셨으며 우리에 대한 선한 뜻을 가지고 계셨습니다. 이에 대하여 어떤 신학자는 하나님이 아무나 택하신 것이 아니라 그 사람이 나중에 변해서 착한 사람이 될 줄을 미리 알고 택하셨다고 설명합니다. 이것을 '예지'라고 합니다. 우리가 나중에 말씀을 듣고 변하여 착한 사람이 될 줄 미리 아시고 전도해서 믿게 하셨다는 것입니다.

그러나 이것은 성경적이지 않습니다. 하나님께서는 우리가 전혀 착하지도 않았고 하나님 앞에서 아름답지도 않았을 때 우리를 사랑하셨습니다. 전적으로 죄 가운데 있었을 때 우리를 택하셨습니다. 무조건 우리를 예정하셔서 복받을 사람으로 만드신 것입니다. 하나님의 영원한 작정 가운데 어떤 사람은 그 은혜로 하나님을 알고 그 뜻대로 변화되어 흠 없고 티 없는 사람으로 만들어져서 영광 가운데 있게 되는 반면, 어떤 사람들은 그의 고집과 회개치 않는 본성에 따라 영원한 멸망 가운데 버려집니다. 그러나 우리는 어떤 사람이 구원받으며 어떤 사람이 멸망받을지 전혀 알지 못합니다. 이 점에 대해서는 예측조차 해서는 안 됩니다. 이것은 비밀 중의 비밀입니다. 그러나 구원받은 자에게는 하나님께서 그 사실을 알려 주십니다.

이처럼 우리가 하나님을 알게 된 것은 우연이 아니라 하나님께서 미리 우리를 알고 다가오신 것입니다. 우리의 머리로는 도저히 이해할 수 없지만 우리가 만들어지기도 전에, 이 세상이 창조되기도 전에 우리는 하나님의 뜻 안에서 이미 복받을 자로 정해져 있었습니다. 단지 오늘까지 우리에게 그 사실이 드러나지 않은 것은, 우리를 우리의 부패한 본성과 타락 가운데 일시적으로 내버려 두심으로써 이 모든 것이 하나님의 은혜이며 자기 자신이 얼마나 구원받기에 부적합한 사람인지 깨닫게 하기 위해서입니다.

리브가가 선택받는 이 과정을 통하여 모든 이스라엘 백성들이 깨닫게 된 것이 무엇입니까? 이 결혼은 하나님께서 정하신 것이며, 하나님께서 시작하셨기 때문에 하나님께서 반드시 이루신다는 것입니다. 하나님은 어떤 일을 시작하셨다가 중간에 포기하시는 일이 없습니다. 한번 시작하신 일은 반드시 완성하십니다. 이스라엘 백성들은 이삭의 결

시작한 것은 반드시 이루신다

혼을 통하여 하나님 나라의 완성을 보았습니다. '하나님께서 이 나라를 시작하셨으면 반드시 이루실 것이다. 우리는 연약함과 무지 가운데 있지만, 하나님께서는 자신이 시작하신 일을 중간에 그만두시지 않을 것이다.'

'예정'에 어떻게 반응할까?

하나님께서 우리를 미리 택하셨다는 이 진리를 전하시는 것은 우리에게 혼란을 겪게 하기 위해서가 아닙니다. 누가 구원받고 누가 멸망받는가 하는 문제로 하나님을 불공평하게 생각한다거나, 내가 정말 구원받은 사람인지 시험하기 위해 스스로 더 죄에 빠지게 하려고 이 비밀을 알려 주신 것이 아니에요. 이 비밀이 우리에게 전해진 이유는 우리가 아무리 연약하다 하더라도 하나님께서 한번 시작하셨으면 반드시 완성시키시며, 구원은 우리의 연약함이나 능력에 달려 있는 것이 아니라 전적으로 하나님의 선하신 뜻에 의해 이루어진다는 사실을 깨닫게 하려는 것입니다.

모든 사람이 다 구원받는 것은 아닙니다. 모든 여자가 다 이삭의 아내가 될 수 없는 것처럼 모든 사람이 다 하나님의 자녀가 될 수는 없습니다. 어떤 사람은 하나님의 자녀가 되는가 하면, 그렇게 말씀을 듣는데도 불구하고 완악해져서 버림받는 자들도 있습니다. 예를 들어서 어떤 부자가 고아원에서 아들을 입양할 때 모든 원생들을 다 입양할 의무가 있는 것은 아닙니다. 그에게는 자신의 뜻에 따라서 자기가 원하는 아이만 입양할 권한이 있습니다. 중요한 것은 자기도 모르는 사이에 그 복받은 사람의 아들로 선택되었다는 사실입니다.

만약 우리가 "하나님은 왜 저 사람을 선택하시지 않습니까?"라고 질문한다면 바로 그 순간 하나님을 부정하는 것입니다. 물론 좀더 많은 아이들이 입양되기를 바랄 수는 있습니다. 한 사람이라도 더 구원받기를 바랄 수 있어요. 그러나 하나님께 "왜 저 사람은 구원하지 않습니까?"라고 묻는다면 우리는 벌써 하나님을 그 보좌에서 끌어내리고 스스로 하나님 행세를 하고 있는 것입니다.

우리에게 중요한 것은 아무 자격도 없는 나를 하나님께서 영원 전부터 복받을 자로 택하시고 정해 놓으셨다는 사실입니다. 내 머리로는 도무지 이해할 수 없지만 이미 영원 전부터 하나님은 나를 사랑하셨다는 그 사실입니다. 이 세상에 아무리 죄악이 들끓고 내 믿음이 약하다 해도 하나님께서는 나를 더 순수하게 하시고 더 아름답게 하시고 더 완전하게 하시고 더 영광스럽게 하실 이 일을 결코 중단하지 않는다는 것을 이 진리는 우리에게 가르쳐 주고 있습니다.

"감사합니다!"

이 세상에 유명하고 똑똑한 사람들이 얼마나 많습니까? 그러나 하나님께서는 그런 자들을 택하지 않으시고, 아무 볼 것도 없고 자랑할 것도 없는 우리를 택하셔서 모든 영광과 존귀로 관 씌워 주시기로 작정하셨습니다. 그러므로 오늘 우리는 서로를 보면서 이 놀라운 사실로 인하여 축복해야 합니다. "아주 먼 옛날 이 세상에 아무것도 없을 때부터 하나님은 당신을 알고 계셨고 복받을 자로 정해 놓으셨습니다. 당신은 아주 복받은 사람입니다." 이렇게 서로 축복하고 존귀하게 여기는 역사가 예배 가운데 나타나야 합니다.

2. 신부대금

고대에 신랑이 신부와 결혼하려면 막대한 신부대금을 지불해야만 했습니다. 이것을 비판적으로 보는 사람들이 많았습니다. 특히 서양 신학자들이 그랬습니다. 결혼이라는 것은 사랑으로 이루어져야 하는 일인데 돈을 주고 신부를 산다니 말도 안 된다고 생각한 것입니다.

신부대금이 필요한 이유

그러나 사랑의 감정은 늘 있는 것이 아닙니다. 잘 사랑하다가도 마음이 변하면 금방 식어 버리는 것이 인간의 감정입니다. 고대 사회에서는 인간이 얼마나 변덕스러운 존재인지 잘 알고 있었기 때문에 신부대금이나 결혼지참금으로 결혼 관계를 더 확고히 하고자 했습니다. 그래서 신부의 집에서 여자를 도로 데려갈 때에는 신랑에게 받았던 신부대금을 돌려주어야 했습니다. 이 때는 주로 여자들이 귀할 때입니다. 자기 딸을 줘 놓고도 아까워서 다시 데려갈 수 있습니다. 그런데 그렇게 다시 데리고 가려면 신부대금을 돌려주어야 합니다. 소 열 마리를 받았으면 열 마리를 그대로 돌려줘야 해요. 그것이 아까우니까 다시 데려가지 못하는 것입니다. 또는 남자가 지참금을 받을 때도 있습니다. 이 때는 남자가 귀할 때입니다. 남자가 여자를 버릴 때에는 이미 받은 결혼지참금을 돌려주어야 합니다. 여자를 구하면 얼마든지 핑계를 대서 아내를 쫓아낼 것입니다. 그런데 결혼지참금을 받았기 때문에 여자를 쫓아내지 못하는 것입니다. 돈이 아까워서 이혼하지 못하는 것이지요.

한때 아프리카에 이런 지참금 제도가 있었는데, 서양 선교사들이 맹렬하게 비판했습니다. 결혼이 사랑으로 이루어져야지 어떻게 돈거래로 이루어지냐면서 아들이나 딸을 가지고 장사를 하면 안 된다고 가르쳤습니다. 그래서 결혼지참금 제도와 신부대금 제도가 없어져 버렸습니다. 그러나 그 결과는 대단히 비극적이었습니다. 그 때부터 남자들이 아무 부담 없이 여자들을 버리게 된 것입니다. 결국 그 여자들은 도시의 창녀로 전락할 수밖에 없었습니다. 인간의 사랑이나 감정은 얼마든지 변할 수 있는 것이기 때문에 아무리 많은 줄로 몇 겹씩 묶어 놓는다고 해도 문제 될 것은 없습니다.

오늘 본문에서는 결혼 승낙이 떨어지자마자 아브라함의 종이 은금 패물과 의복을 리브가에게 주고 그의 가족들에게도 보물을 주는 모습을 볼 수 있습니다. 리브가에게 준 것은 선물이었겠지만, 가족에게 준 것은 신부대금이었을 것입니다.

종이 대금을 지불하다

아브라함의 종이 그들의 말을 듣고
땅에 엎드리어 여호와께 절하고
은금 패물과 의복을 꺼내어 리브가에게 주고
그 오라비와 어미에게도 보물을 주니라 (24:52,53).

그 당시에 대개는 소나 양 같은 가축을 신부대금으로 지불하였습니다. 그러나 야곱 같은 경우에는 양이나 소가 없어서 7년 간 종살이를 해야 했습니다. 그는 아내가 두 명이었기 때문에 14년 간 억울한 종살이를 했고, 종살이가 끝난 후에도 이 대금이 잘 지불된 것인지 아닌지 자신이 없어서 몰래 도망을 쳐야만 했습니다. 또 아브라함의 종처럼 먼 길을 여행해야 하는 사람은 보물로 신부대금을 대신했습니다.

아무리 하나님께서 정하신 결혼이라 해도 그들은 세상적인 관습이나 관행을 전혀 무시하지 않았습니다. 아브라함의 종은 하나님의 뜻을 내세우면서 마치 새가 병아리를 채어 가듯이 리브가를 채어 가지 않았어요. 충분히 예의를 베풀고 주어야 할 것을 줌으로써 그들을 위로하고 축복했습니다.

지나치게 이론적이거나 영적인 사람의 특징은 현실적인 문제를 전혀 고려하지 않는 것입니다. 돈 이야기가 나오면 아예 머리를 절레절레 흔들면서 자기와는 아무 상관 없는 속물적인 것으로 생각합니다. 제가 얼마 전에 지방에서 어느 목사님과 한 교인의 집을 방문하게 되었습니다. 그런데 목사가 두 명이나 있어서 그런지 정말 재미가 없었어요. 모든 이야기가 영적이었습니다. 저는 '훨씬 더 재미있고 유익한 교제를 나눌 수도 있었을 텐데……' 하는 아쉬운 생각이 들었습니다.

너무 '영적'인 것은 좋지 않습니다. 지나치게 영적이라서 하나님의 뜻만 생각하는 사람들은 다른 사람의 행복을 쉽게 파괴시킬 수 있습니다. 하나님의 뜻이 분명한데 무슨 잔소리가 많냐는 식입니다. 그러나 저는 하나님의 뜻이 그렇게 무례하다고 생각하지 않습니다. 오히려 하나님의 뜻 편에 서 있는 사람은 더 조심하고 더 주의해야 합니다. 그렇지 않으면 하나님의 뜻이라는 미명하에 자기 멋대로 모든 것을 결정할 가능성이 많습니다.

무너진 가정을 세우려면

지금까지 우리 나라에서 결혼의 안정을 지탱해 온 것은 강한 가족관계였습니다. 신부의 집에서는 '시집간 사람은 출가외인'이라고 해서 한번 시집가면 그 집에서 죽으라고 가르쳤습니다. 또 남자가 불륜에 빠지면 첩 제도를 통하여 합법화시키거나 '남자가 그럴 수도 있지' 하면서 넘어갔습니다. 그러니까 지금까지 우리 나라에서 가정의 안정은 주로 여자들의 일방적인 희생으로 이루어진 셈입니다.

그러나 이제 그렇게 강한 가족관계는 모두 깨져 버렸습니다. 요즘에는 결혼한 여자들에게도 애인이 있어야 한다고 생각하는 사람들이 많아졌습니다. 어떤 드라마가 방영되고 난 후에 너도 나도 애인이 있어야 한다는 이야기들이 많이 오갑니다. 또 요즘에는 이혼도 너무 쉽게 이루어지고 있습니다. 물론 이제는 이혼을 해도 여자들이 먹고 살 수 있는 길이 많이 열려 있지만, 대개는 여자들이 일방적으로 피해를 입습니다.

어떻게 하면 가정을 다시 강한 사슬로 매어 놓을 수 있을까요? 이제는 돈으로도 안 되고 사회 제도로도 안 됩니다. 오직 교회가 결혼을 바로 가르치는 수밖에 없습니다. 어떤 사람들은 신앙이 없을 때 결혼한 배우자는 하나님이 짝지워 준 사람이 아니라고 생각합니다. 그러나 그렇지 않습니다. 한 남자와 한 여자가 결혼하는 일은 하나님의 뜻에 의해서 이루어지는 것입니다.

> 올바른 결혼관이 필요하다

우리는 이삭의 결혼을 나의 결혼에 적용해서는 안 됩니다. 예를 들어 나에게도 하나님이 영원 전부터 정해 놓은 여자나 남자가 따로 있으리라고 생각해서는 안 된다는 것입니다. 이삭의 결혼은 아주 구원론적인 의미를 가지고 있습니다. 구원은 예정에 의해 이루어지지만 우리가 하루 하루 살아가는 일은 예정에 의한 것이 아닙니다. 이삭은 어디까지나 그리스도의 예표로서 구원에 대한 진리를 보여 주고 있을 뿐입니다. 야곱이 네 명의 여자와 결혼한 것이나 다윗이 여러 명의 아내를 둔 것을 모두 하나님의 예정으로 생각한다면 하나님을 죄짓게 하는 일밖에 되지 않습니다.

　결혼은 신앙의 유무를 떠난 하나님의 보편적인 법칙입니다. 한 남자는 한 여자와 결혼해야 하고, 일단 결혼했으면 하나님의 뜻으로 보고 서로 맞추어 가면서 살아야 해요. 주님께서는 부정의 이유 외에 아내나 남편을 버리는 것을 간음이라고 말씀하심으로써 정욕적인 이혼이나 재혼이 하나님께 대한 범죄임을 분명히 하셨습니다.

　저는 교회가 결혼을 앞두고 있는 많은 젊은이들에게 결혼에 대해 신중하게 생각할 것을 가르쳐야 한다고 봅니다. 그래서 일시적인 감정이나 기분에 따라 결혼하지 않도록, 그리고 일단 결혼한 이들은 자기 자신을 주장하지 말고 서로가 서로를 만들어 갈 수 있도록 해야 합니다. 아무리 총각 때 인격이 뛰어났고 처녀 때 성숙했다고 해도 결혼하면 처음부터 다시 시작해야 합니다. 한 인격체로 함께 자라 가야 합니다.

3. 하나님의 뜻에 파고드는 유혹

"머물다 가라"

　이제 하나님의 뜻이 다 드러났습니다. 그러나 리브가의 식구들에게는 한 가지 아쉬운 마음이 들었습니다. 막상 리브가를 보내려니 아쉽습니다. 그래서 어떻게 했습니까? 적어도 열흘은 자기들과 함께 있어야 한다고 하면서 아브라함의 종을 잡았습니다.

　　이에 그들, 곧 종과 종자들이 먹고 마시고 유숙하고
　　아침에 일어나서 그가 가로되

"나를 보내어 내 주인에게로 돌아가게 하소서."
리브가의 오라비와 그 어미가 가로되
"소녀로 며칠을, 적어도 열흘을 우리와 함께 있게 하라.
그 후에 그가 갈 것이니라."
그 사람이 그들에게 이르되
"나를 만류치 마소서.
여호와께서 내게 형통한 길을 주셨으니 나를 보내어
내 주인에게로 돌아가게 하소서"(24:54, 56).

이제 문제가 무엇입니까? 리브가를 바로 데리고 가느냐, 아니면 열흘쯤 있다가 석별의 정을 나누고 가느냐 하는 것입니다. 우리 생각에는 한 열흘 정도 더 머문다고 해서 사정이 달라질 것은 없을 듯합니다. 이미 이삭의 신부를 찾았고 결혼 승낙도 떨어졌으니 말입니다. 그 동안 너무나 긴장하면서 이 곳까지 왔으니 이제 슬슬 쇼핑이나 하면서 한 열흘 정도 대접받고 떠난들 좀 어떻겠습니까?

그러나 아브라함의 종은 달랐습니다. 굳이 그 다음 날, 날이 밝자마자 주인에게 돌아가겠다고 했습니다. 얼마나 인정머리 없고 인간미가 없습니까? 그러나 이 종의 자세는 대단히 중요합니다. 우선 이 종은 이렇게 리브가를 만나게 된 것이 예외적인 은혜라는 사실을 알았습니다. 하나님의 특별한 간섭이 없었다면 이렇게 당장 만날 수도 없고, 이렇게 금방 승낙할 리도 없다는 걸 알았어요. '이것은 대단히 예외적인 은혜야. 보통 일이 아니라고. 이럴 때 주저하면 안 돼. 이럴 때 주저하고 늑장을 부리다가는 사탄이 틈타고 말 걸'이라고 생각한 것입니다.

종의 자세

10. 이삭의 신부 *233*

한번 생각해 보십시오. 이렇게 순적하게 하나님의 뜻이 이루어지고 성취되는 경우는 그리 흔치 않습니다. 종은 하나님의 뜻이 이렇게 빨리 이루어지는 것을 보면서 하나님의 시간이 급하다는 것을 깨달았습니다.

우리는 이와 비슷한 경우를 민수기에서 볼 수 있습니다. 이방 선지자 발람은 돈을 좋아하는 사람이었습니다. 모압 왕은 돈을 줄 테니 와서 이스라엘을 저주해 달라고 그를 초청했습니다. 그러나 성령이 그의 악한 마음을 억제하셔서 이스라엘 백성들을 저주하지 못하고 축복하게 했습니다. 이것은 정상적인 일이 아닙니다. 발람은 돈을 받으면 저주가 나오게 되어 있는 사람입니다. 그런데 그 입에서 축복의 말이 나왔다는 것은 하나님의 특별한 간섭이 있었다는 표시입니다.

머뭇거리지 마라

평소에 대단히 교만하고 하나님의 뜻을 업신여기던 친척이나 상관이 어느 날 갑자기 너무나도 유순하게 수련회 가라고 돈까지 쥐어 줄 때, 그냥 그러려니 생각하면 안 됩니다. 그것은 성령이 예외적으로 간섭하셔서 그를 꼼짝 못 하게 굴복시키신 것입니다. 그 때는 주는 돈 받고 빨리 수련회를 떠나야 합니다. 거기서 머뭇거리면 돈 도로 내놓으라고 하면서 더 많은 일을 시킬 거예요. 그런 일이 어디 한두 번입니까?

어떤 사람은 다음 주부터 교회에 나가겠다고 다짐을 합니다. 이번 주에 가고 싶지만 너무 빨리 교회에 가면 하나님이 놀라실까 봐 다음 주부터 가야겠다고 다짐합니다. 그런데 그 다음 주가 1년이 되고 2년이 되어 버립니다. 그런 일이 한두 번이 아닙니다. 또 어떤 사람은 한 주일만 교회에 빠지겠다고 합니다. 아무래도 신앙적으로 진도가 너무 많이 나간 것 같으니까 약간 쉬어야 할 것 같아요. 그래서 일주일 동안만 세상적인 일에 빠지기로 마음먹습니다. 그런데 정신을 차렸을 때는 이미 두 달이나 세 달이 지난 상태입니다. 그 후에도 계속 교회에 빠질 일들이 생깁니다.

아마 아브라함의 종이 그 곳에 잡혀서 열흘을 보냈다면 열흘 후에 또 열흘, 또 한 달을 잡혔을 겁니다. 못 떠납니다. 그뿐 아니에요. 어느 날 "아예 이삭을 데려오는 게 어때?" 하면 포도주에 취해서 "그럴까요?" 하게 됩니다. 모든 일을 망치는 것입니다.

하나님께서 기회를 주실 때 여유를 가지고 거들먹거리면 쏜살같이 세월이 지나가 버리고 되는 일이 아무것도 없습니다. 그래서 현명한 사람은 하나님께서 기회를 주실 때 혼신의 힘을 다하여 그 일을 이루어 드리려고 애를 씁니다. 왜냐하면 이것은 예외적인 일이기 때문입니다. 이 기회를 놓치면 이 일 뒤에 어떤 유혹이 도사리고 있을지 전혀 예측할 수가 없습니다. 반드시 사탄이 공격해 옵니다.

종의 유혹은 어떤 것이었을까요? 어느 정도 수고했으니 보상을 받고 싶다는 마음이 있었을 겁니다. '이제 나도 할 만큼 했다'는 생각이 파고들었을 거예요. 그러나 임무를 맡은 사람은 잠시라도 틈을 가지면 안 됩니다. 그 일을 완전히 이룰 때까지 최선을 다해야 하고, 그 후에는 다른 임무를 맡을 자세를 취해야 합니다.

사사기를 보면 이와 똑같은 일이 일어나고 있습니다. 어떤 타락한 레위인이 도망간 첩을 베들레헴에 가서 도로 찾아 데려오려고 하는데 장인이 하루만 자고 가라고 붙듭니다. 레위인은 그 곳에서 하루 하루 대접받고 쉬다가 마침내 안 되겠다 싶어서 억지로 출발합니다. 그런데

머뭇거리다 망한 사람들

10. 이삭의 신부 *235*

도중에 기브아에서 동성연애자들의 공격을 받아 첩이 윤간을 당한 후 죽습니다. 결국 이 여자의 죽음 때문에 이스라엘에는 무서운 내란이 일어납니다.

또 여로보암 때 어떤 선지자는 하나님께서 분명히 아무것도 먹지도 말고 마시지도 말라고 명령하셨음에도 불구하고, 자기에게도 하나님의 말씀이 임했다는 늙은 선지자의 말에 현혹되어 음식을 얻어먹다가 사자에게 물려 죽었습니다.

임무를 맡은 사람은 여유를 가지면 안 됩니다. 자기가 맡은 일에 최선을 다 해야 합니다. 그 임무 외에 대접받는 일에 열중하는 사람을 하나님이 얼마나 싫어하시는지 모릅니다. 일이 잘 된다고 해서 여유를 가졌다가 비참한 지경에 빠진 사람이 한두 명이 아닙니다. 이것은 하나님 앞에 무서운 죄입니다.

아브라함의 종은 이 결혼에 하나님이 간섭하셨으며 어떤 인간적인 생각이나 인정이 개입해서는 안 된다고 생각하고 리브가를 곧장 데리고 가려고 했습니다.

4. 리브가의 아름다운 성품

또 한 번의 유혹

리브가의 식구들은 아브라함의 종을 설득하기 어려우니까 리브가 본인의 의사를 물어 보자고 제안했습니다. 이것은 마지막으로 리브가를 잡아 둘 수 있는 방법이었습니다. 한편으로는 하나님의 뜻에 순종하는 척하고 다른 한편으로는 리브가의 뜻을 존중하는 척하면서, 실제로는 기회만 있으면 하나님의 뜻을 더디게 이루어 드리려고 하는 인간의 나쁜 본성이 여기에 나타나고 있습니다. 여자에게 물으면 누구나 다 엄마와 더 있다가 가겠다고 하지 어느 누가 곧장 가겠다고 하겠습니까? 너무나 그리운 남자가 있다면 몰라도 생전 보지도 못한 나이 많은 남자에게 빨리 가서 좋을 게 뭐가 있겠습니까?

그러나 리브가는 준비된 여자였습니다. 이삭의 아내로서 전혀 손색이 없습니다. 그는 단호하게 이 종을 따라가겠다고 합니다. 라반은 아마 리브가에게 물어 보자고 한 것을 후회했을 것입니다. 그러나 이미 늦었습니다. 결국 그들은 리브가를 축복하면서 보냈습니다. 60절을 보십시오.

리브가의 선택

리브가에게 축복하여 가로되
"우리 누이여, 너는 천만 인의 어미가 될지어다.
네 씨로 그 원수의 성문을 얻게 할지어다."

기쁨으로 축복한 것이 아닙니다. 어떻게 해서라도 잡아 놓으려고 했는데 잡아 놓을 방법이 없어서 할수없이 축복한 것입니다.
리브가와 종이 목적지에 도착했을 때 무엇을 보게 되었습니까?

때에 이삭이 브엘 라해로이에서 왔으니 그가 남방에
거하였었음이라. 이삭이 저물 때에 들에 나가 묵상하다가
눈을 들어 보매 약대들이 오더라(24:62, 63).

묵상하는 이삭

이삭은 종을 보내 놓고 나서 늘 이 들에서 혼자 묵상하는 시간을 가졌습니다. 여기서 '묵상하다'에 사용된 단어는 구약성경에서 단 한 번 나오는 단어인데 '묵상하다'라는 뜻도 있고 '기도하다'라는 뜻도 있습니다. 이삭은 종을 보낸 후 그 일을 잊어버리고 다른 일에 빠져 있지 않았습니다. 계속 조용히 묵상하면서, 종이 정확히 하나님의 뜻에 따라 모든 일을 해낼 수 있도록 기도하는 시간을 가졌습니다.

참으로 남자들은 결혼을 앞두고 묵상하는 시간을 가져야 합니다. 요즘 라디오 광고를 들어 보니, 한참 지휘하다가 잠깐 결혼하고 오겠다면서 나갔다 오는 어떤 지휘자를 자기 일에 열중하는 멋진 남자로 표현하던데 그런 사람은 절대로 멋진 남자가 아닙니다. 조용히 아내를 기다리면서 모든 일이 잘 이루어질 수 있도록 기도하는 남자가 멋진 남자지요.

저는 미혼의 형제와 자매들이 결혼이 안 된다고 화만 낼 것이 아니라 저녁에 교회에 와서 좀 묵상하는 시간을 가져야 한다고 생각합니다. 조용히 자신을 돌아보면서 준비해야지요. 아내 될 사람을 그리워하며 기다려야 합니다.

이제 리브가의 아름다운 모습을 보십시오.

리브가가 눈을 들어 이삭을 바라보고
약대에서 내려 종에게 말하되
"들에서 배회하다가 우리에게로 마주 오는 자가 누구뇨?"
종이 가로되 "이는 내 주인이니이다."
리브가가 면박을 취하여 스스로 가리우더라(24:64, 65).

리브가는 미련한 여자가 아닙니다. 남편이 오든 말든 낙타 위에서 **리브가의 변화**
졸거나 잡담하는 여자가 아닙니다. 리브가는 멀리서 오는 사람이 자신의 남편감인 것 같다는 느낌을 가졌습니다. 그래서 종에게 확인한 후 자기 스스로 면박을 씁니다. 이것은 순결한 처녀의 태도였습니다. 리브가는 자신의 남편 될 사람을 낙타 위에서 맞이하지 않습니다. 아무도 가르쳐 주지 않았는데도 모든 것을 스스로 알아서 지혜롭게 잘 처신하고 있습니다.

우리가 리브가에게서 볼 수 있는 것이 무엇입니까? 아브라함의 종을 만나기 전까지는 정말 평범한 시골 소녀였지만, 종의 이야기를 듣고 난 후부터 일분 일초가 다르게 변하고 있다는 것입니다. 리브가는 분별력 있고 지혜롭게 변하고 있습니다. 그 속에 잠재되어 있던 모든 아름다운 성품들이 마치 꽃이 피듯이 자동적으로 발산되고 있는 것 같습니다.

바로 이것입니다. 하나님의 사람들은 말씀을 듣고 자신의 가치를 깨달을 때까지는 다른 이들과 별로 다를 게 없습니다. 그러나 하나님의 놀라운 사랑과 계획을 깨닫는 순간부터 일분 일초가 다르게 사람이 마구 변합니다. 누가 가르쳐 주지 않았는데도 스스로 알아서 예의를 지키고 분별력 있게 행동합니다.

이삭이 리브가를 통하여 얼마나 큰 위로를 받았는지 보십시오.

이삭이 리브가를 인도하여 모친 사라의 장막으로 들이고
그를 취하여 아내를 삼고 사랑하였으니
이삭이 모친 상사 후에 위로를 얻었더라 (24:67).

10. 이삭의 신부

남자는 여자 없이는 살 수 없습니다. 자기 혼자 힘으로는 완전해질 수가 없어요. 이삭은 그 동안 어머니로부터 채움을 받았습니다. 어머니가 그의 모든 것이었습니다. 그래서 어머니가 돌아가신 후 도저히 채워지지 않는 마음의 공백이 있었습니다. 이미 어머니가 돌아가시고 세월이 많이 지났는데도 여전히 이삭의 마음속에는 허전함과 공허함이 있었습니다. 바로 그 부분을 이제 리브가가 채워 주게 된 것입니다. 남자는 여자 없이는 완성될 수 없는 미완성 작품입니다.

이삭에게 리브가가 필요했듯이

이것은 우리 주님에 대해 놀라운 사실을 보여 줍니다. 주님은 육신을 입으셨습니다. 육신을 입은 주님께 필수적인 것은 성도들이 완성되는 일입니다. 백성 없는 메시아는 존재할 수 없습니다. 교회가 없는 주님은 존재할 수 없으며 몸이 없는 머리는 존재할 수 없습니다. 주님이 육신을 입으시기 전에는 우리가 필요 없었습니다. 그러나 주님은 육신을 취하심으로써 스스로 우리 없이는 완전할 수 없는 분이 되셨습니다. 그러므로 우리 한 사람 한 사람이 신앙적으로 성숙해지고 온전해지는 것이 주님께 얼마나 큰 기쁨과 위로가 되는지 모릅니다.

오늘 본문이 우리에게 말씀하시는 것이 무엇입니까? 리브가가 모르는 가운데서도 하나님은 이미 오래 전부터 그를 아셨으며, 사랑하셨고, 그에 대한 놀라운 계획을 가지고 계셨다는 사실입니다. 이것은 우리 한 사람 한 사람에게도 적용됩니다. 이 사실을 깨달음으로써 주님을 더 의지하며, 그가 시작하신 일을 그가 반드시 마치실 것을 믿읍시다. 이 세상에서 먹고 사는 것을 목표로 삼을 것이 아니라, 나를 향한 하나님의 뜻이 온전히 이루어지도록 더 헌신하는 것을 목표로 삼읍시다. 하나님의 뜻이 순조롭게 이루어진다는 것이 얼마나 예외적인 일이며 얼마나 특별한 하나님의 간섭인지를 깨닫고, 교만이나 게으름이 우리 마음에 파고들지 못하도록 열심을 다하여 주님을 섬깁시다. 리브가는 하나님의 부르심을 받은 후 일분 일초가 다르게 변화되었습니다. 우리도 믿음 안에서 온전하게 자라기를 더디하지 맙시다.

주님은 우리를 필요로 하고 계십니다. 우리가 아름답게 주님께 헌신할 때, 미련과 고집을 버리고 주님의 뜻에 따라 일분 일초가 다르게 변화될 때, 주님은 크게 기뻐하실 것입니다.

11 아브라함의 죽음

아브라함이 후처를 취하였으니 그 이름은
그두라라. 그가 시므란과 욕산과 므단과
미디안과 이스박과 수아를 낳았고
욕산은 스바와 드단을 낳았으며
드단의 자손은 앗수르 족속과 르두시 족속과
르움미 족속이며 미디안의 아들은 에바와
에벨과 하녹과 아비다와 엘다아니
다 그두라의 자손이었더라.
아브라함이 이삭에게 자기 모든 소유를 주었고
자기 서자들에게도 재물을 주어
자기 생전에 그들로 자기 아들 이삭을 떠나
동방, 곧 동국으로 가게 하였더라.
아브라함의 향년이 175세라.
그가 수가 높고 나이 많아 기운이 진하여 죽어
자기 열조에게로 돌아가매
그 아들 이삭과 아스마엘이 그를 마므레 앞
헷 족속 소할의 아들 에브론의 밭에 있는
막벨라 굴에 장사하였으니,
이것은 아브라함이 헷 족속에게서 산 밭이라.
아브라함과 그 아내 사라가 거기 장사되니라.
아브라함이 죽은 후에
하나님이 그 아들 이삭에게 복을 주셨고
이삭은 브엘 라해로이 근처에 거하였더라.

창 25:1-11

가끔 신문에 우리 사회에서 가장 큰 영향을 미치던 장관이나 정치가들의 은퇴 후 모습이 사진으로 실릴 때가 있습니다. 그 사진을 보면 서슬이 시퍼렇던 한때의 모습은 어디에도 없고 오직 평범한 늙은이의 모습만 있을 뿐입니다. 그것을 보면서 권력은 그 자리에 있을 때 좋은 것이지 일단 물러나면 아무것도 아니며, 그런 권력을 가졌던 사람도 결국 한 평범한 인간에 불과하다는 것을 깨닫게 됩니다.

자녀들이 자라면서 부모에게 느끼는 감정도 이와 비슷할 것입니다. 어렸을 때 부모는 자녀들에게 절대적인 존재입니다. 그 말씀 하나 하나가 그토록 지엄할 수가 없습니다. 그러나 다 자란 후에 부모를 보면 불쌍한 느낌이 듭니다. 그 한창 때의 패기나 힘은 온데간데없고 노인이 되어 방 한쪽을 차지하고 있습니다. 때로 밥을 늦게 준다고 투정하거나 용돈이 적다고 불평하는 것을 보면서 '옛날에 그 위풍당당하던 아버지의 모습은 어디 갔을까?' 하는 안타까운 마음이 생깁니다. 또 때로는 병들어서 누군가 수발하지 않으면 일어서지도 못하는 부모를 보면서 '부모님도 늙으면 어쩔 수 없는 인간에 불과하구나' 라고 느끼

기도 합니다.

이 세상에 있는 권력자들이 그토록 힘이 있고 영광스러운 이유가 무엇입니까? 하나님께서 자신의 권력과 영광의 일부를 나누어 주셨기 때문입니다. 모든 권력은 하나님으로부터 온다는 말이 바로 이런 의미입니다. 하나님께서 자신의 권력과 영광의 일부를 나누어 주시지 않으면 권력자가 그렇게 절대적인 권력을 휘두를 수 없습니다. 부모도 마찬가지입니다. 우리가 부모를 공경해야 하는 이유가 어디에 있습니까? 하나님께서 자신의 영광과 권한의 일부를 부모에게 나누어 주셨기 때문입니다. 우리가 부모를 공경하고 부모에게 엎드려 절하는 것은 우상 숭배가 아닙니다. 왜냐하면 그렇게 하도록 하나님께서 자신의 영광의 일부를 부모들에게 나누어 주셨기 때문입니다. 그러나 부모가 늙으면 역시 그분들도 한 인간이지 그 이상은 아니라는 것을 느끼게 됩니다.

아브라함의 죽음을 보면서

우리는 오늘 본문에서 믿음의 조상 아브라함이 한평생 하나님과 동행했던 삶을 마치고 죽는 것을 보게 됩니다. 그가 70세에 하나님의 말씀에 붙들려서 175세에 죽었으니까 105년을 하나님과 함께 동행한 셈이 됩니다. 무척이나 긴 시간입니다. 이 긴 시간 동안 아브라함은 참믿음이 어떤 것인가를 너무나도 잘 보여 주는 삶을 살았습니다. 한 인간의 삶에서 아브라함보다 더 이것을 잘 보여 준 사람은 없습니다. 그래서 성경은 아브라함을 '믿음의 조상' 이라고 부르고 있습니다.

그러나 그도 죽어서 하나의 작은 무덤을 남기고 생애를 마치는 것을 볼 때, 아무리 위대한 아브라함이라 하더라도 결국 한 인간이며 한 시대의 인물이라는 느낌을 금할 수가 없습니다. 아브라함은 모든 것을 다 누리지 못했고 약속의 성취를 다 경험하지도 못했습니다. 오직 자기 시대에 주어진 상황에 최선을 다했을 뿐이었고, 많은 문제를 미결 상태로 남겨 놓은 채 이 세상을 떠나야만 했습니다.

1. 아브라함에게 주신 또 다른 아들들

하나님은 아브라함의 노년에 이삭 외에 다른 많은 아들을 주셨습니다. 아브라함은 그두라라는 여자를 후처로 취하여 많은 아들을 낳았습니다.

<small>이삭 외에 다른 아들이 필요했을까?</small>

> 아브라함이 후처를 취하였으니 그 이름은 그두라라.
> 그가 시므란과 욕산과 므단과
> 미디안과 이스박과 수아를 낳았고
> 욕산은 스바와 드단을 낳았으며 드단의 자손은
> 앗수르 족속과 르두시 족속과 르움미 족속이며
> 미디안의 아들은 에바와 에벨과 하녹과
> 아비다와 엘다아니 다 그두라의 자손이었더라.
> 아브라함이 이삭에게 자기 모든 소유를 주었고
> 자기 서자들에게도 재물을 주어 자기 생전에 그들로
> 자기 아들 이삭을 떠나 동방, 곧 동국으로
> 가게 하였더라(25:1-6).

우리는 아브라함이 이삭을 낳은 후에 또 다른 후처를 얻어서 이렇게 많은 아들들을 낳는 것을 보고 하나님의 축복을 받았다는 생각보다는 참 주책이라는 느낌을 금할 수 없습니다. 여기서 우리는 수천 년에 이르는 문화 간격을 느낍니다.

오늘날에는 아들을 많이 낳는 것을 하나님의 축복으로 생각하지 않습니다. 오히려 아들을 많이 낳으면 '저 여자는 왜 저렇게 사서 고생을 할까?' 하는 눈으로 바라보는 세상입니다. 어떤 부인이 수퍼에 물건을 사러 갈 때 아들을 열 명씩 데리고 간다고 생각해 보십시오. 모두 눈이 휘둥그래져서 쳐다볼 겁니다.

<small>고대의 축복관</small>　　그러나 고대에는 하나님의 축복이 가시적인 것으로 표현되었습니다. 고대인들은 많은 아들과 많은 가축, 긴 수명처럼 구체적으로 눈에 보이는 것들을 하나님의 축복으로 여겼습니다. 아무래도 그 때에는 하나님의 축복을 깨닫는 정도가 미약했기 때문입니다. 고대인들은 사람 안에 있는 내면적인 것의 가치를 깨닫지 못했습니다. 그래서 마음의 평강 같은 것은 축복으로 치지도 않았고, 분노 같은 감정을 잘 이해하지 못했습니다. 고대인들은 요즘 말하는 열등감이나 마음의 상처 같은 것들이 무슨 말인지 몰랐어요.

만일 그런 시대에 하나님께서 물질적으로 주시는 것 없이 마음의 평강만 주셨다면 사람들은 그것을 하나님의 축복으로 생각하지 않았을 뿐만 아니라 하나님의 존재도 알지 못했을 것입니다. 그들은 마음의 평강보다는 하루 먹을 떡을 더 원했습니다. 마음의 평강보다 배고픈 것이 더 문제였어요. 그래서 구약성경은 '분노하지 말라'고 하는 대신 '살인하지 말라'고 했고, 하나님께서는 그들을 심령의 평안으로 축복

하셨을 뿐만 아니라 눈에 보이는 재물이나 자식이나 오래 사는 것 같은 구체적이면서도 눈에 보이는 것으로 확인시켜 주셨습니다. 아브라함에게 이삭 외에 다른 많은 아들을 주신 것도 그가 참으로 아브라함을 사랑하셨고 그의 삶을 축복하셨다는 사실을 아브라함 자신이나 다른 사람들이 깨닫게 하시기 위해서입니다.

우리의 구원은 철저하게 심령에 이루어지는 것입니다. 내 마음에 하나님의 은혜가 임하고 내 마음이 새로워지는 것이 구원입니다. 그러나 만일 마음만 평안하고 그 외에는 아무것도 없다면 우리는 곧바로 의심에 빠지고 영적으로 침체될 수밖에 없을 것입니다.

구원의
또 다른 측면

예를 들어 죄와 방탕에 빠졌던 어떤 사람이 복음을 듣고 예수를 믿었다고 합시다. 마음은 너무나도 기쁩니다. 그런데 직장이 없어서 매일 생라면을 뜯어 먹으면서 살고 아내는 병들어 자리에 누워 있다면 어떻겠습니까? 자기 자신이 참으로 초라하게 느껴지면서, 하나님께서 베풀어 주신 구원이 보잘것없게 보일 것입니다. 우리는 구원만으로 먹고 살 수가 없습니다. 또 다른 것들이 필요합니다. 옷도 필요하고 직장도 필요합니다.

물론 지금까지 하나님을 모르고 눈에 보이는 것만 전부인 줄 알고 살아왔을 때와는 분명히 다릅니다. 그러나 우리가 비록 하나님을 알고 구원을 받았다 하더라도 구원만으로는 우리의 삶이 풍성해지지 않습니다. 그래서 하나님께서는 또 다른 많은 것을 우리에게 허락해 주심으로써 우리의 구원이 단순히 말만으로만 이루어진 것이 아니라는 것을 알게 하시며 구원이 얼마나 풍성한 것인지 체험하고 누리게 하셨습니다.

II. 아브라함의 죽음

이스마엘과 다른 점

아브라함은 이삭을 낳기 전에 이스마엘이라는 아들을 낳았습니다. 이스마엘과 그두라의 아들들은 근본적으로 성격이 다릅니다. 이스마엘은 구원을 대신하려고 했던 아들입니다. 다시 말해서 그것은 하나님이냐 세상이냐, 하나님이냐 공부냐, 하나님이냐 결혼이냐 하는 것과 같은 선택의 문제였습니다. 이스마엘은 아브라함에게 우상이었습니다. 하나님이 아들을 주실 것을 믿지 못해서 낳은 아들이었기 때문입니다. 그러나 그두라가 낳은 아들들은 이런 선택의 문제가 아니었습니다. 이삭이냐 이 아들들이냐 하는 문제가 아니라 이삭 위에 더하여 주신 하나님의 선물이었습니다. 그래서 이스마엘을 내보낼 때에는 아무 것도 주지 않고 내쫓았지만 이들은 많은 재물을 주어서 보냅니다.

무슨 말인지 이해하십니까? 같은 아들이라 하더라도 우상이 될 수도 있고 하나님의 축복이 될 수도 있다는 것입니다. 같은 공부를 하더라도 이스마엘이 될 수도 있고 그두라의 아들들이 될 수도 있습니다. 결혼을 하더라도 그것이 우상이 되는가 하면 하나님의 구원의 선물이 되기도 합니다. 그 차이가 어디에 있습니까? 구원에 우선하느냐 우선하지 않느냐, 말씀을 대신하느냐 대신하지 않느냐에 있습니다.

우리가 하나님의 백성이라고 해서 매일 기도만 하고, 긴 치마나 검은색 바지만 입고, 농담이나 유머 하나 없이 누룩 없는 딱딱한 빵만 먹고, TV도 보지 않고, 전철도 타지 않고, 부부의 성생활도 자식을 낳기 위한 수단으로만 한정해서 그 이상은 음란하다고 생각한다면 구원은 너무나도 답답한 것이 될 것입니다.

신앙이 필요하고 좋은 줄은 알면서도 쉽사리 결단을 내리지 못하는 젊은이들이 많은 이유는 신앙이 자기의 모든 즐거움이나 재미를 빼앗아 갈 것이라고 생각하기 때문입니다. '친구들과 어울려서 술 마시고 영화도 보고 나 하고 싶은 대로 하면서 살고 싶은데, 신앙을 가지면 일요일마다 교회에 나가야 하고 술도 못 마시고 거짓말도 못 할 테니 얼마나 답답할까' 하는 생각에 신앙을 가지지 못하는 경우가 많아요.

물론 우리는 신앙을 가지기 위해서 우상을 버려야 합니다. 때로는 공부도 버려야 하고 사귀던 사람이나 야망도 버려야 합니다. 하나님이 아니면서 나의 삶에 절대적인 영향을 주려고 하는 것들을 우리는 포기해야 합니다. 그러나 버리는 것이 구원의 전부는 아닙니다. 하나님께서는 우리에게 다른 많은 선물들을 주셔서 우리의 삶을 풍성하게 하십니다. 그 선물이 늘그막에 새로 시작한 공부일 수도 있고, 얼마 전에 결혼한 남편일 수도 있으며, 새로 얻은 직장일 수도 있습니다. 하나님께서 구원에 더 얹어 준 이 선물을 누리는 것을 주책이라고 생각하는 사람은 진짜 신앙이 무엇인지 모르는 사람입니다. 이것은 하나님께서 우리에게 주신 선물이며 영원한 천국의 예표입니다.

> 구원은 풍성한 것!

이처럼 구원에는 단순히 버리고 빼앗기는 부정적인 측면만 있는 것이 아니라 풍성함과 부요함이 있습니다. 주님은 우리에게 "양으로 생명을 얻게하고 더 풍성히 얻게 하려는 것이라"(요 10:10하)고 약속하셨습니다. 우리가 이런 선물들을 마음껏 누리고 기뻐하기를 하나님은 원하십니다. 사도 바울이 우리에게 말씀하고 있는 것이 무엇입니까?

너희는 다시 무서워하는 종의 영을 받지 아니하였고
양자의 영을 받았으므로 아바 아버지라 부르짖느니라
(롬 8:15).

우리는 두려워하는 종의 영을 받지 않았습니다. 종의 영은 어떤 것입니까? 언제나 긴장하고 있고, 언제나 처벌받을까 봐 두려워하며, 언제나 옆에 있는 사람 눈치를 보면서 겁을 집어먹은 채 지내는 것입니다. 그러나 신앙은 그런 것이 아닙니다. 어떤 사람들은 늘 떨어진 옷을 입고 다녀야 거룩한 것이고, 늘 걸어다녀야 신앙이 좋은 것이며, 금식을 해야 영성이 깊은 것이라고 생각합니다. 그러나 그것은 종의 영입니다.

물론 때로는 경건을 위하여 절제해야 하며, 때로는 죄를 회개하기 위하여 모든 생활의 편의를 버린 채 하나님 앞에서 통곡하고 금식하며 무릎을 꿇어야 합니다. 그러나 그것이 신앙의 전부는 아닙니다. 하나님께서는 우리에게 그의 무한한 풍성함을 맛보게 하기 위해 많은 선물을 주심으로써 하나님 앞에서 기뻐하고 찬양하게 하십니다. 물론 우리가 누리는 물질적인 삶에 빠져서 하나님을 잊어버린다면 그것은 축복이 아니라 우상이 됩니다. 우리는 하나님께서 주신 부요함을 통하여 하나님을 더 가깝게 느껴야 합니다.

<small>우상이냐, 선물이냐</small>

아브라함이 깨달은 것이 바로 이것입니다. 이스마엘을 낳았을 때는 하나님과 멀어졌습니다. 무려 10년이 넘게 하나님과 아브라함의 교제는 끊어져 있었습니다. 그러나 그두라의 아들들을 낳았을 때는 그렇지 않았습니다. 아들을 낳으면 낳을수록 하나님과 더 가까워졌고 하나님을 더 생각하게 되었으며 날마다 하나님께 더 나아갈 수 있었습니다.

이것이 바로미터입니다. 내가 가진 것을 하나님 앞에서 빼앗기지 않으려고 움켜쥐고 있으며 그것 때문에 하나님과 멀어지고 있다면, 그것은 하나님이 주신 선물이 아니라 버려야 할 우상입니다. 돈 한 푼 주지 말고 사정없이 내쫓아야 할 이스마엘입니다. 그러나 아무리 많이 가지고 있어도 하나님 앞에서 문제가 되지 않고 하나님과 나 사이를 갈라놓지 않으며 오히려 하나님께 더 가까이 나아가게 하는 것은 하나님이 주신 선물입니다.

2. 아브라함의 연주(演奏)

우리는 아브라함의 삶을 통해 그가 단순히 이 세상에서 주어진 삶을 잘 마쳤을 뿐만 아니라 끝까지 자신의 삶을 잘 연주해 냈다는 사실을 보게 됩니다.

> 아브라함의 향년이 175세라.
> 그가 수가 높고 나이 많아 기운이 진하여
> 죽어 자기 열조에게 돌아가매(25:7,8)

우리가 아브라함의 삶에서 발견하게 되는 것이 무엇입니까? 그는 결코 천사의 삶을 살지 않았다는 사실입니다. 그는 때때로 하나님의 뜻을 몰라서 방황하기도 했고 영적 침체에 빠지기도 했으며 의기소침해지기도 했습니다. 하나님을 믿는다고 하면서도 인간적으로 염려하거나 실수하기도 했습니다. 아브라함은 결코 실수하지 않는 완벽한 사람이 아니었습니다.

그럼에도 불구하고 그는 말씀만을 붙들고 철저하게 하나님과 동행

아브라함의 삶, 믿음의 연주

했습니다. 그의 삶은 그냥 삶이 아니라 음악이었고 작품이었으며 연주였습니다. 아브라함은 자신의 삶을 통하여 진정한 믿음이 어떤 것인지 아주 생생하게 보여 주었습니다. 이 세상에 수많은 믿음의 사람들이 있었지만, 아브라함처럼 자신의 삶 전체를 통해 믿음이 가지는 모든 국면들과 그 풍성한 의미를 잘 보여 준 사람은 없습니다.

그의 믿음은 어떤 종교적인 의식이 아니었습니다. 그는 모세의 율법은 알지도 못했습니다. 그는 수도원적인 삶을 살지 않았습니다. 그의 믿음은 오직 말씀에 붙들림으로 시작되었습니다. 물론 예전에도 하나님을 알았고 갈대아 우르를 떠나기 전에 여호와의 종교로 개종했습니다. 그러나 그가 자신의 삶을 연주하기 시작한 것은 하란에서 하나님의 말씀에 붙들린 후부터였습니다.

말씀에
붙들린 후

믿음이 무엇입니까? 하나님의 말씀에 붙들려서 자신의 삶을 연주하는 것입니다. 그것은 구체적으로 이 세상 사람들의 삶의 방식을 따르지 않고 하나님의 말씀에 따라 사는 것을 의미합니다. 아브라함도 하나님의 말씀을 버리고 싶은 충동이나 위기를 느낄 때가 많았습니다. 가나안 땅에 흉년이 들었을 때 그는 말씀을 버리고 싶었습니다. 그래서 애굽으로 내려갔습니다. 조카 롯이 비옥한 소돔 들판을 선택했을 때에도 '이런데도 계속 하나님의 말씀을 붙들어야 하나' 의심하지 않을 수 없었습니다. 하나님께서 아들을 주겠다고 약속하시고서 아들을 주시지 않았을 때에는 말씀을 계속 붙드는 일이 정말 힘들었습니다. 그러나 아브라함은 끝까지 하나님의 말씀을 붙들고 살았습니다. 그리고 하나님께서는 위기 때마다 늘 그와 함께하셔서 말씀을 버리지 못하게 하셨습니다. 이삭을 바치라는 말씀에도 아브라함은 자신의 생각보다는 하나님의 말씀을 더 붙들었습니다. 그는 "이삭에게서 나는 자라야 네 씨라 칭하리라"는 말씀을 붙들고 모리아 산에서 이삭을 바쳤습니다.

아브라함은 자신의 삶을 통하여 우리에게 너무나도 많은 것을 보여 주고 있습니다. 그는 믿음으로 자기가 가지고 있는 땅과 자기를 도와줄 수 있는 사람들과 가족을 버리고 떠났습니다. 그리고 믿음으로 애굽에서 다시 올라왔고, 갈등을 일으키는 롯과 헤어지면서 그에게 우선권을 양보했습니다. 그는 믿음으로 그돌라오멜의 연합군을 격파했고, 소돔의 모든 재물을 거부했습니다. 그는 믿음으로 하나님 앞에서 의롭다는 인정을 받았으며, 믿음으로 400년 후에 이스라엘 백성들에게 일어날 일을 맹세의 형태로 하나님께 받아 냈습니다. 그는 믿음으로 이삭을 낳았고, 믿음으로 이삭을 바쳤습니다. 그는 이 세상에서 끝까지 믿음으로 살았습니다.

아브라함의 삶은 음악이었고 연주였습니다. 그는 최상의 여건에서 믿음의 삶을 산 것이 아니었습니다. 전혀 실수를 하지 않은 완벽주의자도 아니었습니다. 처음부터 하나님의 모든 뜻을 다 알고 걸어간 사람이 아니었어요. 그는 때때로 방황했고 때때로 넘어졌으며 때때로 의기소침해졌습니다. 위기에 빠질 때도 많았습니다. 그러나 그는 어려울 때마다 하나님의 은혜와 자비를 붙들었고, 하나님의 도우심을 바라면서 그 앞에 부르짖었습니다.

우리는 아브라함의 삶을 보면서 믿음이 무엇이며 믿음으로 산다는 것이 어떤 것인지 그림처럼 생생하게 보게 됩니다. 믿음의 삶은 어떤 것입니까? 하나님께서 내 안에 사시는 것입니다. 나의 모든 욕심과 의

믿음의 본

지를 하나님께 복종시킬 때 어느 누구도 상상하지 못할 최고의 삶을 연주할 수 있습니다.

최고의 연주를 마치고

지금 아브라함의 연주가 막 끝났습니다. 그가 연주를 마치고 내려올 때, 이 세상에서는 몇 명 안 되는 그의 자녀들만이 지켜보고 있습니다. 그러나 하늘에서는 허다한 무리의 천군 천사들과 성도들이 이제 막 끝난 아브라함의 삶의 연주에 우레 같은 박수를 보내고 있습니다.

그가 연주해 낸 삶의 난이도는 말로 다 할 수 없을 정도로 높은 것이었습니다. 믿음으로 본토, 친척, 아비 집과 자기가 의지하는 것을 다 버린다는 것은 쉬운 일이 아닙니다. 믿음으로 그돌라오멜의 연합군을 격파한다는 것이 쉬운 일이 아니에요. 그는 믿음으로 이삭을 낳았으며 이스마엘을 내보냈습니다. 그리고 믿음으로 사라의 무덤을 막벨라 동굴로 정하고, 엄청난 바가지를 뒤집어쓰면서까지 그 동굴을 샀습니다. 그러나 역시 최고의 연주는 이삭을 모리아 산에서 제물로 바친 일이었습니다. 그는 이 일을 통해서 하나님과 그 아들 예수 그리스도의 모습을 너무나도 생생하게 보여 주었습니다. 이제 이 어려운 연주를 마친 아브라함은 수많은 천사들과 성도들의 박수를 받으면서 무대에서 영광스럽게 내려오고 있습니다.

오늘날 많은 사람들이 이 세상에서 사는 목적이 무엇입니까? 할 수 있는 한 많은 것을 소유하고 많은 것을 누리는 것입니다. 그러나 이 세상에서 많은 것을 소유한다고 해서 영원히 자기 것이 되지는 않습니다. 이 세상은 그냥 밥 먹고 살라고 있는 곳이 아닙니다. 밥만 먹고 사는 사람은 짐승 같은 사람입니다. 이 세상은 나의 삶을 연주하는 곳입니다. 사람마다 자신이 연주해야 할 곡이 있습니다. 자신이 짊어져야 할 십자가가 있습니다. 자신의 삶을 통해 보여 주고 증거해야 할 진리가 있습니다.

성경의 진리 중에서 단순히 이론적인 것은 하나도 없습니다. 이것은 모두 우리의 삶에서 연주되어야 할 진리들입니다. 신학교에 가면 조직신학에서 신론(神論)이 나오고 인간론이 나오고 성령론, 교회론, 종말론이 나옵니다. 그 하나 하나가 다 연주해야 할 진리들입니다. 그냥 머리로 받아들일 진리가 아니에요. 나의 구체적인 삶을 통해서 보여 주어야 하고 실천해야 하는 진리입니다.

남들보다 못한 조건에 있으면 화를 내는 사람, 남들이 먹는 것을 먹지 못하고 남들이 누리는 것을 누리지 못하면 하나님을 원망하는 사람은 어리석은 성도요 미련한 자입니다. 말로는 믿는다고 하면서도 너무나 미련하고 깨닫지 못하는 성도들이 많습니다. 진리는 배우는 것이 아닙니다. 연주하는 것입니다. 머리로만 배울 수 있는 교리가 어디 있습니까?

아벨은 가인과 다른 예배를 드렸습니다. 그는 피의 제사를 드렸습니다. 하나님을 바로 알았기 때문입니다. 그의 형 가인은 이 피의 제사를 싫어했고 업신여겼지만 아벨은 끝까지 이 제사를 지켰습니다.

에녹은 하나님과 동행했습니다. 그 시대에는 하나님과 동행하는 사람이 아무도 없었습니다. 신은 신전에 있거나 이론으로만 존재하는 것이지, 생활 속에서 신과 함께한다는 것은 웃기는 일이었습니다. 그러나 에녹은 하나님을 집안에 모셔 놓거나 신전 안에 처박아 놓지 않았습니다. 그는 항상 하나님과 함께 행동했고, 하나님 없이는 아무것도 하지 않았습니다.

진리를 연주한 사람들

노아는 종말론을 믿었습니다. 노아는 하나님의 심판에 대한 말씀을 듣고 자신의 전 삶을 바쳐서 심판을 대비했습니다. 다른 사람들은 전부 먹고 마시고 시집가고 장가가는 세속적인 삶에 빠져 있었지만, 그만은 심판의 말씀을 믿고 배를 만들었습니다.

사라는 믿음으로 아들을 하나 낳았습니다. 아들을 많이 낳아서, 하나는 장관이 되고 하나는 판사가 되고 또 하나는 과학자가 되었기 때문에 모든 사람의 어머니가 된 것이 아닙니다. 사라는 아들 딱 하나를, 그것도 아주 늙은 나이에 낳았습니다. 그러나 믿음으로 이 아들을 낳았기 때문에 모든 믿는 사람의 어머니가 되었습니다.

진정한 자랑 어떤 사람들은 믿음으로 아이를 키웁니다. 병들었다고 해도, 심각한 장애가 있다고 해도 믿음으로 키웁니다. 다른 애들은 달리기에서 1등 하는데 자기 아들은 침을 흘리면서 걸어 나온다 해도 그 아이를 붙들고 "내 아들아, 사랑한다"라고 말합니다. 그것이 믿음으로 키우는 것이고, 그런 어머니가 장한 어머니입니다. 학교에서 공부 좀 잘한다고 좋아서 입이 벌어지는 부모는 벌어진 입을 반창고로 붙여 놓아야 합니다. 부모들은 왜 입만 벌리면 그렇게 자랑을 하는지 모르겠습니다.

"나는 아이를 낳지 못했다가 믿음으로 딱 하나 낳았습니다."

"언제 낳았는데요?"

"아흔 살에요."

이런 것을 자랑해야지요.

어떤 사람은 믿음으로 가난을 견뎌 냅니다. 얼마든지 잘살 수 있는데도 가난하게 삽니다. 또 어떤 사람은 자신의 전 삶을 기울여서 작은 교회 하나 목회하다가 죽습니다. 어떤 사람은 믿음으로 독신의 삶을 삽니다. 남들처럼 가질 것 다 가지고 누릴 것 다 누린다면 믿음이 도대체 왜 필요하며, 이 세상에서 그리스도인들이 다를 것이 무엇입니까?

믿음은 내가 배운 진리를 연주하는 것입니다. 작곡가의 곡은 연주되지 않는 이상 의미가 없습니다. 악보만 있으면 무슨 의미가 있습니까? 성경에 있는 모든 교리들은 실천되어야 합니다. 중요한 것은 누가 이 교리들을 더 완벽하게 소화해서 깊고 풍성하며 영광스럽게 보여 주느냐, 그 진리가 가지고 있는 그 세미한 국면들을 어떻게 완전히 살려 내느냐 하는 것입니다.

아브라함이 이 멋진 믿음의 연주를 마칠 수 있었던 것은 항상 자신의 삶에 하나님을 초청했기 때문입니다. 그는 자기 혼자만의 힘으로 그런 삶을 살 수 있다고 생각하지 않았습니다. 오히려 한 순간이라도 하나님께서 함께하시지 않으면 넘어질 수밖에 없다는 것을 알았습니다. 그래서 어려움 중에 늘 하나님의 이름을 불렀고, 자신이 처한 어려운 상황 가운데 하나님을 초청했습니다. 그는 자신을 믿지 않았습니다. 늘 자신을 죽이고 부정하면서 하나님의 말씀을 붙들었습니다. 가장 멋진 연주는 실수나 실패가 전혀 없는 완벽한 것이 아닙니다. 실패하고 넘어지면서도 최선을 다할 때 비로소 최고의 연주가 되는 것입니다.

> 내 삶에 오소서

하나님은 우리의 삶을 채점하고 계십니다. 이 세상에서 완전히 실패하는 자들이 누구입니까? 완벽하지 않으면 아무것도 하지 않으려는 사람입니다. 넘어질 것이 두려워서 공중돌기를 시도조차 하지 않는 사람입니다. 혹시 다른 사람에게 웃음거리가 될까 봐 고난도의 연기는 아예 빼 놓고 넘어가는 사람입니다. 자기는 아무것도 하지 않으면서

남이 실수하는 것을 보고 욕하고 비난하는 사람입니다. 그런 사람은 "저렇게 할 바에야 나는 시작도 않겠어"라고 말합니다. 그러나 마침내 자신의 삶을 마쳤을 때, 그는 머리로 많은 것을 알았는데도 실천은 전혀 시도조차 하지 않은 것에 대해 심판받을 것입니다. 우리는 음악평론가가 아닙니다. 직접 연주를 해야 하는 연주자들입니다. 우리에게는 다른 사람의 삶에 대하여 이러쿵저러쿵 할 여유가 없습니다. 그것은 하나님이 하실 일입니다.

<small>최악의 여건, 최고의 연주</small>

상황이 좋아질 때를 기다리지 마십시오. 최고의 연주는 최고로 어려울 때 나옵니다. 가난하고 굶주릴 때, 심리적인 압박 가운데서 그 모든 것을 극복하고 하나님 앞에 나의 삶을 드릴 때, 어느 누구도 해 보지 않은 최고의 연주가 나옵니다. 그러므로 상황이 좋지 않을 때 오히려 기뻐하십시오. 질병이 왔을 때 온전히 감사하십시오. 이 때야말로 진리가 진리로 표현될 수 있는 기회입니다. 어려움도 없고 건강하고 돈 잘 벌 때에야 못 할 것이 뭐가 있습니까? 최악의 경우지만 믿음으로 하나님을 바라볼 때 이 아브라함 같은 삶이 나오는 것입니다.

3. 한 시대의 사람, 아브라함

우리가 아브라함의 죽음을 보면서 느끼게 되는 것은 그도 역시 한 인간이며 결국 한 시대의 인물일 수밖에 없었다는 사실입니다.

그 아들 이삭과 이스마엘이 그를 마므레 앞

> 헷 족속 소할의 아들 에브론의 밭에 있는
> 막벨라 굴에 장사하였으니
> 이것은 아브라함이 헷 족속에게서 산 밭이라.
> 아브라함과 그 아내 사라가 거기 장사되니라(25:9,10).

아브라함은 참으로 놀라운 믿음의 삶을 살았습니다. 그러나 그도 역시 한 인간이었기에 하나님 나라의 완성을 보지 못하고 사라가 묻힌 막벨라 동굴에 함께 묻혀야만 했습니다. 그는 여전히 하나님 나라의 완성을 기다리면서 잠들어 있어야만 했습니다.

인간의 한계를 생각한다

여기서 우리는 두 가지 사실을 생각할 수 있습니다. 하나는 이 세상에 사람이 살면서 그토록 영광스럽고 특별할 수 있는 것은 하나님께서 자신의 영광의 일부를 나누어 주셨기 때문이지 순전히 자기 혼자 힘으로 된 것은 아니라는 것입니다. 그리고 다른 하나는 아무리 위대한 사람이라 하더라도 그 역시 한 시대의 사람으로서 그 시대의 문제나 상황을 완전히 뛰어넘을 수는 없다는 것입니다.

이 세상에서 큰 권세를 휘두르는 사람들이 위대하게 보이는 것은 하나님께서 그렇게 하도록 하셨기 때문입니다. 하나님께서는 확실히 이 세상의 통치자들에게 자신의 권세의 일부를 나누어 주십니다. 그래서 그 자리에 있을 동안에는 신처럼 절대적인 권력을 휘두를 수 있습니다. 그러나 그가 그 자리를 물러나거나 죽는 것을 보면 다른 사람들과 하나도 다를 바가 없는 평범한 인간이라는 것을 알게 됩니다.

부모의 경우도 그렇습니다. 그리스도께서는 우리에게 하나님을 아버지라고 부르게 하셨습니다. 아이들이 부모를 그토록 존경하고 절대적으로 느끼는 것은 하나님께서 부모들에게 하나님의 부성적인 권위와 사랑을 나누어 주셨기 때문입니다. 그러나 부모가 늙어 가면서 그 부성적인 권위나 힘도 함께 약해지는 것을 볼 수 있습니다. 이 때는 오히려 부모에게 자녀들의 도움과 이해가 필요해서, 자녀들이 이해하지 못하면 굉장한 섭섭함을 느낍니다. 그래서 어떤 부모들은 어떻게 해서든지 자녀들에게 약한 모습을 보이지 않으려고 온갖 노력을 다합니다. 일본에서는 아버지가 실직하면 아무 소리 없이 집을 나가 버린다고 합니다. 그렇게 공원에서 먹고 자다가 추우면 얼어 죽습니다. 자식들에게 피해 주기 싫고 약해진 모습을 보여 주기도 싫어서지요.

아브라함의 삶이 그토록 영광스러울 수 있었던 것은 그의 삶에 하나님께서 적극적으로 함께하셨기 때문입니다. 이것이 그의 삶의 비결이며 이 세상 권력과의 차이입니다. 이 세상 권력은 그 자리에 있는 동안만 영광스러울 수 있고 절대적일 수 있습니다. 그러나 하나님의 백성들은 자리와 상관없이 영원히 영광스러울 수 있습니다. 그 이유는 하나님께서 그의 영광과 능력을 항상 나누어 주시기 때문입니다. 그러므로 우리가 이 세상에서 끝까지 추하지 않게 아름답고 영광스럽게 살려면 항상 하나님을 나의 삶 가운데 모시고 살아야 합니다.

아브라함의 한계

그러나 아브라함이 아무리 하나님과 함께했더라도 그 역시 한 인간이었습니다. 아브라함은 중요한 몇 가지 약속의 성취를 보지 못하고 잠들어야만 했습니다. 그 중요한 것 하나가 씨에 대한 약속입니다. 하나님께서는 아브라함의 자손 중에 사탄의 머리를 깨고 온 세상을 구원할 후손을 주겠다고 약속하셨습니다. 그러나 그는 그 후손을 보지 못했습니다. 단지 믿음의 눈으로 멀리서 바라보며 기뻐했을 뿐입니다.

여러분, 때로는 눈을 들어서 멀리서 바라보십시오. 아직 성취되지 않은 하나님의 약속을 멀리 바라보고 웃으십시오.

그뿐 아니라 아브라함은 자기 후손이 강력한 나라가 되는 모습을 보지 못했습니다. 그가 들었던 말씀이 언약의 형태로 돌에 기록되는 일이나 하나님께서 그 백성 가운데 거하시는 성전이나 이스라엘 나라의 모습을 보지 못했습니다. 그것은 모세를 통하여 430년 후에야 이루어졌습니다. 아브라함은 이 강력한 하나님의 나라가 주위에 있는 죄악의 나라들을 심판하는 모습도 보지 못했습니다. 하나님께서는 가나안 족속의 죄를 심판하시겠다고 말씀하셨습니다. 아브라함이 생각해도 가나안 사람들은 심판받아야 했습니다. 그러나 그는 이 가나안 나라가 심판받는 것을 보지 못했습니다. 오직 소돔과 고모라만 하나님의 특별한 섭리로 불바다가 되는 것을 보았을 뿐입니다. 가나안 나라가 본격적으로 심판받은 것은 여호수아의 칼날을 통해서였습니다. 그러나 더 완전하게 심판된 것은 사사기를 거쳐서 다윗의 때를 통해서입니다. 그리고 가장 최종적인 심판은 예수 그리스도가 두 번째 오실 때 이루어질 것입니다. 이런 것을 볼 때 아브라함은 역시 그 시대의 아들이며 자신의 상황을 뛰어넘을 수 없는 한 인간이었다는 것을 보게 됩니다. 이것이 아브라함을 겸손하게 만들었습니다.

하나님의 나라는 어느 한두 사람의 힘으로 만들어지지 않습니다. 모세를 보십시오. 모세가 얼마나 큰 구원을 이루었습니까? 예수 그리스도를 제외하고 모세보다 더 큰 구원을 이룬 사람이 어디 있습니까? 그러나 그 역시 출애굽 세대였고 그들과 함께 가나안 땅에 들어가지 못한 채 광야에서 자신의 삶을 마쳐야만 했습니다. 여호수아도 가나안

나는 그 나라의 일부일 뿐

땅의 정복을 완수하지 못했고 다윗 때까지 기다려야만 했으며, 주위에 있는 모든 불의한 나라들을 심판하고 정의와 공평으로 다스리는 의로운 왕으로 등극한 다윗도 성전을 직접 짓지 못하고 아들 솔로몬의 때를 기다려야만 했습니다.

이 모든 것이 의미하는 것이 무엇입니까? 우리 삶의 중심에 하나님을 모실 때 우리는 하나님처럼 영광스럽고 능력 있게 살 수 있습니다. 그러나 그것은 거대한 하나님 나라의 아주 작은 한 부분에 불과합니다. 하나님의 나라는 수많은 사람들로 구성된 우주적인 나라입니다. 한두 사람의 힘으로 만들어지지 않습니다. 우리 한 사람 한 사람은 자기에게 주어진 상황에서 최선을 다해서 봉사할 뿐입니다.

그러므로 겸손하라

우리는 하나님께서 참으로 축복하신 수많은 믿음의 선배들이 있는 것을 자랑스럽게 생각합니다. 그들 가운데는 교회나 신앙 양심의 순결을 위하여 죽음의 길을 택한 순교자들이 있습니다. 하나님의 진리를 신학이나 설교의 형태로 놀랍게 밝힌 주의 종들도 있습니다. 또 자신의 삶을 통하여 아름다운 그리스도인의 모습을 실천한 믿음의 아버지와 어머니들도 있습니다. 그러나 그들이 죽고 난 후 그들도 역시 하나님 나라의 아주 작은 부분을 차지할 뿐이라는 것을 깨닫게 됩니다. 아직도 많은 부분에서는 또 다른 종들을 기다리고 있습니다. 과거에 아무리 놀랍게 설교되었다고 하더라도 그 다음에 또 다른 종들이 더 깊고 더 풍성하게 하나님의 말씀을 밝혀서 설교하는 것을 어느 누구도 막을 수 없습니다. 그러므로 내가 아무리 진리를 잘 안다고 해도 마치 청동 거울을 보는 것처럼 희미한 것이며 엄청난 하나님의 진리 중 작은 한 부분에 불과하다는 것을 깨닫고 겸비해야 합니다.

지금까지는 그리스도인들이 수적으로 많아지는 것을 곧 하나님 나라의 확장으로 생각했습니다. 구원받는 사람들이 많아져야 하나님의 나라가 확장될 것 아닙니까? 그러나 이런 생각 역시 한 시대의 산물입니다. 오늘날에는 많은 젊은 목회자들이 교회가 커지고 자라는 것 외에, 하나님의 진리가 더 많이 밝혀지며 그리스도인들이 진리대로 사는 것이야말로 더 분명한 하나님 나라의 확장이라고 생각하기 때문입니다. 우리에게도 역시 우리 믿음의 후손을 통해 또 다시 정정되고 비판 받을 부분이 있을 것입니다. 우리가 키운 사랑하는 제자에게서 '역시 당신은 진리의 한 부분만 보았을 뿐입니다' 라는 이야기를 듣게 될 때가 올 것입니다.

아브라함의 신앙은 막벨라 동굴로 요약될 수 있습니다. 그는 앞으로 믿음으로 만들어질 하나님 나라의 징검다리로 막벨라 동굴을 정했습니다. 그는 걸림돌이 아니라 좋은 징검다리로 자신의 삶을 마쳤습니다. 우리는 '나 한 사람이 모든 것을 다 하겠다' 는 생각을 버려야 합니다. '나 아니면 안 된다' 는 생각도 버려야 합니다. 하나님의 나라는 수 많은 종들을 통하여 이루어지는 나라입니다. 나의 생애에 이루어지지 않은 일은 후세대에게 맡기고 나는 내 삶에서 징검다리 하나를 놓기 위해 무릎꿇고 고민하면서 조심스럽게 최선을 다해야 합니다. 내 세대에서 내가 끝장을 보려고 할 때 항상 무리수가 나오게 되어 있습니다.

주의 백성들이 자기 아집과 욕심 때문에 징검다리가 아니라 큰 걸림돌이 되는 경우를 많이 봅니다. 자기 생각과 맞지 않는 일에 끝까지 양보하지 않다가 큰 걸림돌을 놓고 죽는 것입니다. 그렇게 하는 것은 목욕물을 버리다가 아기까지 버리는 것과 같습니다. 부분적으로 하는 말

하나의
징검다리를
놓기 위해

은 다 맞아요. 그러나 그 중심에는 교만과 분노와 자기 자신을 주장하려고 하는 마음이 가득 차 있는 것을 볼 수 있습니다. 이런 마음으로는 아무것도 바꿀 수 없습니다.

이 세상에서 훌륭한 사람은 많은 일을 하는 사람이 아닙니다. 자기 한 사람이 아무리 뛰어 봐야 무슨 일을 하겠습니까? 다른 사람이 움직일 수 있도록 신뢰해 주고 다른 사람이 움직일 수 있도록 겸손하게 설득해 나가는 사람이 위대한 사람입니다. 겸손과 사랑이 아니면 아무도 움직일 수 없습니다.

아브라함의 작은 동굴은 수많은 믿음의 후손을 부르는 장소였습니다. 그는 무덤 가운데 침묵으로 누워 있었지만 그 침묵의 죽음이 수많은 믿음의 후손들로 하여금 이 가나안 땅을 향해 올라오게 했습니다. 하나님 나라는 나 혼자의 힘으로 이룰 수 없습니다. 우리가 최선을 다해서 사는 이유는 믿음의 후손들에게 좋은 징검다리를 하나 놓아 주기 위한 것입니다. 그러나 징검다리는 하나이지만 수많은 사람들이 이 징검다리를 밟고 진리로 돌아오게 될 것입니다.

여러분, 지금 무엇을 위해서 살고 있습니까? 우리는 인간입니다. 늙으면 별 수 없어요. 우리도 늙으면 자식의 도움와 이해를 구해야 합니다. 그럼에도 불구하고 자신은 아직도 똑똑하고 능력이 있기 때문에 혼자 힘으로 모든 것을 다 할 수 있다고 생각하는 사람은 미련한 사람입니다.

여러분이 가지고 있는 미래의 꿈은 무엇입니까? 눈을 들어서 멀리 바라보십시오. 몇백 년을 내다보면서 내가 연주해야 할 음악은 무엇이며, 내가 놓아야 할 징검다리는 무엇인가를 생각하십시오. 한때는 잘

했지만 두고두고 걸림돌이 되는 일이 없도록, 내 삶을 진리로 연주해야 합니다. 기억하십시오. 성경에서 배우는 것들은 머리로 배우는 것이 아닙니다. 내가 연주해야 할 음악입니다.

믿음의 글들

NO.	제목	저자	NO.	제목	저자
1	낮은 데로 임하소서	이청준	47	기도해 보시지 않을래요?	미우라 아야꼬/김갑수
2	재를 남길 수 없습니다	김훈	48	십자가의 증인들	임영천
3	사랑의 벗을 찾습니다	최창성	49	이들을 보소서	이재철
4	그분이 홀로서 가듯	구상	50	새롭게 하소서 ② (전2권)	고은아 엮음
5	당신의 날개로 날으리라	D.C. 윌슨/정철하	51	거지들의 잔치	도날드 비셸리/송용필
6	새벽을 깨우리로다	김진홍	52	내 경우의 삼청교육	임석근
7	사랑이여 빛일레라	구상·김동리 외	53	목사님, 대답해 주세요	박종순
8	나 여기에 있나이다 주여	박두진	54	위대한 신앙의 사람들	제임스 로슨/김동순
9	침묵	엔도 슈사꾸/공문혜	55	두번째의 사형선고	김훈
10	새롭게 하소서 ①	기독교 방송국	56	구약의 길잡이	쟈끄 뮈쎄/심재율
11	생명의 전화	생명의 전화 편	57	신약의 길잡이	쟈끄 뮈쎄/심재율
12	울어라 사랑하는 조국이여	앨런 페이튼/최승자	58	이상구 박사의 복음과 건강	이상구
13	제2의 엑소더스	신시아 프리만/이종관	59	이 민족을 주소서	한국기독여성문인회
14	기탄잘리	R. 타고르/박희진	60	믿음의 육아일기	나연숙
15	성녀 줄리아	모리 노리꼬/김갑수	61	전도, 하면 된다	박종순
16	마음의 마음	김남조	62	영혼의 기도	이재철
17	이제와 우리 죽을 때에	김남조	63	주 예수 나의 당신이여	이인숙
18	위대한 몰락	엔도 슈사꾸/김갑수	64	뒷골목의 전도사	김성일
19	예수의 생애	엔도 슈사꾸/김광림	65	내 집을 채우라	김인득
20	그리스도의 탄생	엔도 슈사꾸/김광림	66	보니파시오의 회심 ①	권오석
21	너희에게 이르노니	B.S.라즈니쉬/김석환	67	보니파시오의 회심 ② (전2권)	권오석
22	땅끝에서 오다	김성일	68	빛을 위한 콘체르토 ①	신상언
23	당신은 원숭이 자손인가	김석길	69	빛을 위한 콘체르토 ② (전2권)	신상언
24	세계를 변화시킨 13인	H.S. 비제베노/백도기	70	사랑은 죽음같이 강하고	김성일
25	어디까지오니이까?	김훈	71	너 하나님의 사람아 ①	서대운
26	주여 알게 하소서	테니슨/이세순	72	너 하나님의 사람아 ② (전2권)	서대운
27	고통의 하나님	필립 얀시/안정혜	73	속, 빛을 마셔라	김유정
28	각설이 예수	이천우	74	구원에 이르는 믿음	신혜원
29	라브리	에디드 셰퍼/박정관	75	엄마, 난 하나님의 선물이에요	이건숙
30	땅끝으로 가다	김성일	76	홍수 以後 ①	김성일
31	광야의 식탁 ①	오성춘	77	홍수 以後 ②	김성일
32	광야의 식탁 ②(전2권)	오성춘	78	홍수 以後 ③	김성일
33	어머니는 바보야	윤기·윤문지	79	홍수 以後 ④ (전4권)	김성일
34	벌거벗은 임금님	백도기	80	히말라야의 눈꽃 썬다 싱의 생애	이기반
35	여자의 일생	엔도 슈사꾸/공문혜	81	여섯째 날 오후	정연희
36	이 땅에 묻히리라	전택부	82	주부편지 ①	한국기독여성문인회
37	말씀의 징검다리	정장복·김수중	83	하나님을 사랑한다는 것은	찰스 콜슨/안정혜
38	해령(海嶺) 上	미우라 아야꼬/김혜강	84	거듭나기 ①	찰스 콜슨/이진성
39	해령(海嶺) 下 (전2권)	미우라 아야꼬/김혜강	85	거듭나기 ② (전2권)	찰스 콜슨/이진성
40	나는 어떻게 크리스찬이 되었는가?	우찌무라 간조/김갑수	86	이 때를 위함이 아닌지	임영수
41	지금은 사랑할 때	엔도 슈사꾸/김자림	87	가정, 그 선한 싸움의 현장	이근호
42	두려움을 떨치고	애블린 해넌/박정관	88	땅끝의 시계탑 ①	김성일
43	빛을 마셔라	김유정	89	땅끝의 시계탑 ② (전2권)	김성일
44	제국과 천국 上	김성일	90	하나님 하나님, 사랑의 하나님	이상구
45	제국과 천국 下 (전2권)	김성일	91	손바닥만한 신앙수필	김호식
46	천사의 앨범	하마다 사끼/김갑수	92	부부의 십계명	전택부·윤경남

(다음 면에 계속)

NO.	제 목	저 자	NO.	제 목	저 자
93	저녁이 되며 아침이 되니	정연희	139	미팅 지저스	마커스 보그/구자명
94	임영수 목사의 나누고 싶은 이야기	임영수	140	내 인생, 내 마음대로 할 수 있나요	김석태
95	사해(死海)의 언저리	엔도 슈사꾸/김자림	141	마음의 야상곡	엔도 슈사꾸/정기현
96	다가오는 소리	김성일	142	예수의 道	이기반
97	질그릇 속의 보화	낸시 죠지/ 김애진	143	청정한 빛	서중석
98	그 그을음 없는 화촉의 밤에	이혜자	144	사랑은 스스로 지치지 않는다	샤를르 룡삭/정미애
99	주부편지 ②	한국기독교여성문인회	145	빛으로 땅끝까지 ①	김성일
100	「믿음의 글들」, 나의 고백	이재철	146	빛으로 땅끝까지 ② (전2권)	김성일
101	양화진	정연희	147	평양에서 서울까지 47년	김선혁
102	무엇을 믿으며 어떻게 살 것인가	임영수	148	예수에 관한 12가지 질문	마이클 그린/유선명
103	실존적 확신을 위하여	구 상	149	내 잔이 넘치나이다	정연희
104	맹집사 이야기	맹천수	150	천사 이야기	빌리 그레이엄/편집부
105	무거운 새	김광주	151	도사님, 목사님	김해경
106	성탄절 아이	멜빈 브랙/손은경	152	이것이 교회다	찰스 콜슨/ 김애진 외
107	삶, 그리고 성령	임영수	153	현대인에게도 하나님이 필요한가	해롤드 쿠시너/유선명
108	왜, 일하지 않는가	찰스 콜슨·잭 엑커드/김애진	154	배신자	스탠 텔친/김은경
109	겸손의 송가	문홍수	155	잊혀진 사람들의 마을	김요석
110	김수진 목사의 일본 개신교회사	김수진	156	사이비종교	위고 슈탐/송순섭
111	산 것이 없어진다	이재왕	157	하나님이 고치지 못할 사람은 없다	박효진
112	기독교 성지순례와 역사	박용우	158	열린 예배 실습보고서	에드 답슨/박혜영·김호영
113	주여, 사탄의 왕관을 벗었나이다	김해경	159	죽음, 가장 큰 선물	헨리 나웬/홍석현
114	꼴찌의 간증	이건숙	160	우리는 낯선 땅을 밟는다	김호열
115	노년학을 배웁시다	윤경남	161	나의 세계관 뒤집기	성인경
116	일터에 사랑	토니 캄폴로/이승희	162	행동하는 사랑, 헤비타트	밀라드 풀러/김선형
117	시인의 고향	박두진	163	아브라함 ①	김성일
118	사도일기	나연숙	164	아브라함 ② (전2권)	김성일
119	믿는 까닭이 무엇이냐	임영수	165	회복의 목회	이재철
120	내게 오직 하나 사랑이 있다면	전근호	166	아가(雅歌)−부부의 성에 관한 솔로몬의 지혜	조셉 딜로우/김선형·김용교
121	땅끝의 십자가 ①	김성일	167	대천덕 자서전−개척자의 길	대천덕/양혜원
122	땅끝의 십자가 ② (전2권)	김성일	168	예수원 이야기−광야에 마련된 식탁	현재인/양혜원
123	가정의 뜻, 금혼잔치 베품의 뜻	전택부	169	희망의 문	장 바니에/김은경
124	너의 남자를 진정으로 사랑하려면	린다 딜로우/양은순	170	친구에게−우정으로 양육하는 편지	유진 피터슨/양혜원
125	사랑은 언제나 오래 참고	김성일 신앙간증집 ②	171		
126	썬글라스를 끼고 나타난 여자	조연경 꽁트집	172		
127	회개하소서, 십자가의 원수된 교회여	허 성	173		
128	남자의 성(性), 그 감추어진 이야기	아취볼드 디 하트/유선명	174		
129	새신자반	이재철	175		
130	아바 ①	정문영 전작장편소설	176		
131	아바 ② (전2권)	정문영 전작장편소설	177		
132	즐거운 아프리카 양철교회	파벨칙/추태화	178		
133	공중의 학은 알고 있다 ①	김성일 전작장편소설	179		
134	공중의 학은 알고 있다 ② (전2권)	김성일 전작장편소설	180		
135	이 또한 나의 생긴 대로	김유심	181		
136	들의 꽃 공중의 새	이기반	182		
137	아이에게 배우는 목사 아빠	이재철	183		
138	공짜는 없다	정구영	184		

설교집 / 어린이를 위한 책 / 기타

NO.	제 목	저 자	NO.	제 목	저 자
	설 교 집			**역 사 서**	
	하나님의 형상, 사람의 모습 (창1-3장)	김서택		독일사	앙드레 모로아/전영애
	대홍수, 그리고 무지개 언약 (창4-11장)	김서택		소련사	제프리 호스킹/김영석
	약속의 땅에도 기근은 오는가 (창12-17장)	김서택		중국사	구쯔마/윤혜영
	불의한 시대를 사는 의인들 (창18-21장)	김서택		중국 개신교회사	김수진
	죽음의 한계를 넘어선 신앙 (창22-25장)	김서택			
	하나님의 불붙는 사랑 (호세아/전2권)	김서택		**기 타**	
	가시 같은 이웃 (오바댜)	김서택		예수꾼의 놀이꺼리-겨울편	전국재
	건축술로서의 강해설교	김서택		묵상의 숲 속에서	이기반
	요한과 더불어-여덟 번째 산책 (요18-19장)	이재철		스위트필그림의 기적	클레이튼 설리번
	요한과 더불어-아홉 번째 산책 (요20장)	이재철		실베스트르, 나의 어린 왕자	프랑스와즈 르페브르
	요한과 더불어-열 번째 산책 (요21장)	이재철		그 어느 날, 한 마리 개는	모니끄 마르땡 그림
	'99 예배와 설교 핸드북	정장복		세상에서 가장 멋진 프로포즈	조연경 · 조소희
				여호와는 나의 목자시니	곽정명 그림
	어 린 이			얏호! 군대 간다	문현덕 글 · 그림
	꼬마성경 구약 (전8권)	프랜 쌔쳐 그림		대학생활 길잡이	학원복음화협의회 편
	노아				
	요셉				
	모세				
	여호수아				
	룻				
	다윗				
	다니엘				
	요나				
	꼬마성경 신약 (전8권)	프랜 쌔쳐 그림			
	첫 번 크리스마스				
	예수님은 특별한 아이였어요				
	예수님은 가르쳐 주셨어요				
	예수님은 놀라운 일을 하셨어요				
	예수님은 고쳐 주셨어요				
	예수님은 이야기해 주셨어요				
	예수님은 재판을 받으셨어요				
	첫 번 부활절				
	쌔미와 숨바꼭질 (전4권)	다니엘 제이 훅스타터 그림			
	걱정많은 참새 투덜이	메릴 드니			
	음치 종달새 딱구	캐롤라인 나이스트롬			
	보물나무	트렌트 · 스몰리/주디 러브			
	성서대전(구약)-하나님과 나	리비 위드 · 짐 파게트			
	성서대전(신약)-예수님과 우리	리비 위드 · 짐 파게트			
	성경전과 - 구약	샐리나 헤이스팅즈 · 에릭토마스			
	성경전과 - 신약	샐리나 헤이스팅즈 · 에릭토마스			
	시 집				
	실낙원의 연인들	최일도 · 김연수			
	기탄잘리	R. 타고르/박희진